未来十大趋势

商业 文化 消费

〔美〕玛丽安·萨尔兹曼 (Marian Salzman) 著

杨晨光 译

THE NEW MEGATRENDS
Seeing Clearly in the Age of Disruption

中国出版集团
中译出版社

Copyright © 2022 by Marian Salzman
All rights reserved including the right of reproduction in whole or in part in any form.
This edition published by arrangement with Currency, an imprint of Random House,
a division of Penguin Random House LLC
Simplified Chinese Translation Copyright © 2023 by China Translation & Publishing House
All rights reserved.

著作权合同登记号：图字 01-2023-2079 号

图书在版编目（CIP）数据

未来十大趋势：商业、文化、消费 /（美）玛丽安·萨尔兹曼（Marian Salzman）著；杨晨光译 . -- 北京：中译出版社，2024.1

书名原文：THE NEW MEGATRENDS: Seeing Clearly in the Age of Disruption

ISBN 978-7-5001-7364-9

Ⅰ.①未… Ⅱ.①玛… ②杨… Ⅲ.①世界经济—经济发展—研究 ②文化发展—研究—世界 ③消费趋势—研究—世界 Ⅳ.① F11 ② G11 ③ C913.3

中国国家版本馆 CIP 数据核字（2023）第 168315 号

未来十大趋势：商业、文化、消费
WEILAI SHI DA QUSHI SHANGYE WENHUA XIAOFEI

出版发行 / 中译出版社
地　　址 / 北京市西城区新街口外大街 28 号普天德胜科技园主楼 4 层
电　　话 / （010）68005858，68358224（编辑部）
传　　真 / （010）68357870
邮　　编 / 100088
电子邮箱 / book@ctph.com.cn
网　　址 / http://www.ctph.com.cn
策划编辑 / 郑　南
责任编辑 / 孙运娟
营销编辑 / 白雪圆　喻林芳
版权支持 / 马燕琦
封面设计 / 潘　峰
排　　版 / 北京铭轩瑞雪文化传播有限公司
印　　刷 / 北京盛通印刷股份有限公司
经　　销 / 新华书店
规　　格 / 710 毫米 ×1000 毫米　1/16
印　　张 / 18.75
字　　数 / 260 千字
版　　次 / 2024 年 1 月第 1 版
印　　次 / 2024 年 1 月第 1 次
ISBN 978-7-5001-7364-9　　定价：89.00 元

版权所有　侵权必究
中　译　出　版　社

献给你们，是你们让我在这 50 年中坚信这个世界是我尽情挥洒的舞台。

这个世界的确如此，而且愈加丰富多彩。

前　言

你可以把这本书当作时间旅行者的向导，它会带你回溯到20年前，回到千禧年交替之际，剖析那个混乱年代的各种关键事件。随后，它会再将你送到当今这个"大重启"时代的20年后——2038年。在这个时间跨度下，我们将探讨国际事务、技术革新、社会运动和大流行病是如何结合在一起，形成未来的各种趋势的，这些趋势又如何改变我们的身份、塑造我们的未来，并重塑我们的过去。

你是不是急于弄明白这短短20年的历史，如何会对塑造明天的趋势造成这么大的影响？你是一名领导人或企业家吗？你希望通过预测带来机遇或在遭遇危机时刻，能迅速做出反应，从而赢得优势吗？你准备好面对冷酷无情的现实了吗？而不是祈祷迫在眉睫的灾难会神奇地消失。如果答案是肯定的，那么这本书就是为你而写的。

我希望可以帮助你了解导致这个世界怨声载道，甚至面临系统性崩溃危机的种种力量。而最重要的是让你清楚地意识到，我们如何才能及时地化解危机。我预测的终点是2038年，我会在后面进一步解释这其中的原因。这个时间框架让我能有理有据地进行预测，而不是在科幻小说那虚拟的世界中徜徉。

我在书中着眼于文化趋势、商业趋势和消费趋势，将它们化为地标和图示，引导你对全球未来进行展望。史无前例的变革，甚至"混乱"，将成为未来的标志。这些对未来的展望是基于我一生的经验，不仅包括我长期作为一名趋势分析师、职业沟通者和人性观察家的经验，还包括我同时生活在两个大洲、三个家乡，却处处无以为家的生活经历。

"趋势"这个字眼带着一丝肤浅的意味，因为它时刻暗示着人们在娱乐、时尚和时髦辞藻上的喜新厌旧。本书将涉足这些领域，但它们不是本书的重点。在21世纪，对于未来的任何严肃的预测都必须抓住那些更为重大的事件——气候变化、技术应用和政治极化，生活中的方方面面构成了文化的诸个方面。"预先警觉，提前武装，做好准备就胜利了一半。"塞万提斯说得没错。

人们经常会问，围绕着趋势做了差不多40年的工作是什么体验。我认为那是一趟漫长的旅程。许多深深沉浸其中的研习以及出人意料的（有时是糟糕的）曲折，构成了这趟旅程中的风景。

20世纪80年代，我认识到什么是全球化和放松管制，那是"大爆炸"时期，一个突然金融自由化的时刻。20世纪90年代初，我接触了那时还鲜为人知的"信息高速公路"的概念，在赛博空间中开办了第一家在线市场研究企业。我在荷兰生活和工作的时候，正逢欧盟成立，还有"波德模式"的出现，那是用于共识决策的一流方法。1998年，我来到纽约从事全职工作（但我在荷兰的公司和团队仍维持运转多年，并且我从未完全切断与荷兰的关系）。2001年9月，我在公寓里目睹了3 000米之外的双子塔的倒塌（飞机撞击大楼时，我先打电话给我的父母，随后联系的第一个人就是我在阿姆斯特丹的执行助理。她到现在仍然记得我的恐惧和不安）。我对男性时尚的消费研究正中热点，引发了一场全球媒体的"爆炸"。多年之后，我帮助推动了非营利组织美国创业（Venture for America）的成立。这个组织的成立者杨安泽，在那场希望渺茫的总统竞选中，自始至终向众多美国人和非美国籍人士介绍全民基本收入的概念。

我的一个朋友把我称为"小阿甘"。事实上，许多人的命运都像我一样，与正在形成的历史有着千丝万缕的联系。不同之处在于，我会对这些联系进行深刻的反思。作为一个趋势分析师，我的工作就是解开这千丝万缕的联系，让它们化作一幅路线图，帮助我们以一种理性的方式前进。

在你阅读本书之前，有一点需要注意的是，我不喜欢平铺直叙，更愿意在种种可能的情景中，以及决定了其发展方向的诸多因素之间跳跃。宛如穿越峡谷和高山般曲线前进，恰恰反映了这些时代日趋复杂的性质。尽管我时刻密切关注着美国，这个在最近50年中发起无数文化运动的国家，但本书中的预测是全球性的。趋势分析的美丽之处在于对沿途风景的沉浸。尽管有着这样的丰富多彩，但我承诺，最终我会把你送到一个值得深思的目的地和一个值得奋斗的潜在未来。

目　录

引言　趋势预测　　1

第一部分　大画卷　　21

第一章　千年危机　　30

第二章　2000—2020 年：一场慢放的幻灯片　　43

第三章　气候的真相　　58

第四章　当前的混乱　　72

第五章　分裂的美国　　84

第二部分　我们的生活方式　　97

第六章　谁与你风雨同舟　　101

第七章　跨界与重新定界　　116

第八章　小就是新的大　　128

第九章　自由与时间的奢侈　　150

第十章　财富的不平等　　163

第三部分　我们是谁　　　　　　　　　　　　183

第十一章　未来真的属于女性吗　　　　　　　186

第十二章　男性问题　　　　　　　　　　　　211

第十三章　摆脱性别和顺性别　　　　　　　　222

第十四章　我、自我和本我　　　　　　　　　233

第四部分　未来会怎样　　　　　　　　　　　　249

第十五章　2038年的世界　　　　　　　　　　257

结论　这会给我带来什么　　　　　　　　　　　284

引 言
趋势预测

在我们即将穿越时空回到20年前时,我想花几分钟解释一下我这个有些不同寻常的职业的工作方法、发展历史,以及它存在的意义。

趋势预测并不是构建趋势,也不是对文化运动施加影响。顾名思义,趋势预测是抓住并理解迅速出现的社会变化,预测事态接下来的发展方向,并运用这个预测来指导行动,以获取个人和职业上的优势。你们也许会期待有更为神奇的解释,但我只能很遗憾地告诉你们,这件事与占卜和神秘主义毫无关系。我不用塔罗牌,也不喝魔法药水来产生幻象,我和神灵也没有什么特殊的联系。至于魔法,那只是我手法的巧妙罢了。

不过,我的确对未来略知一二。

我之所以能够预知未来,是因为我善于观察和分析种种事件和模式,而这些事件和模式有可能揭示未来的趋势。这就像水手不仅要研究海图,还要从大海和天空中寻找迹象。我先窥视过去,身兼思想文化历史学家和未来学家,去观察过去如何一步步地塑造了现在。我的目标是通过学习过去,从而引导我走向更好的未来。

　　你也许在想，这有什么了不起？难道不是每个人都会借鉴过去，来思考现在和未来吗？很不幸，不是的。有太多的人用一种理想化的过去来衡量现在。一些人怀念白人拥有无可争议的权威的年代。在那个年代，移民和少数民族都知道自己的地位，而女人只配在丈夫的房子里操持家务。另一些人所怀念的过去则是以更亲近土地和自然的旋律为标志的，人人都尽职尽责，正直善良。其实从来没有存在过这样的过去，至少不是以他们所想象的方式存在的。生活在技术更为落后、节奏更为缓慢的年代，并不一定代表着人们更加纯朴、更加富有责任心、更加幸福，或者得到更多的公平。人们容易戴上浪漫主义的眼镜去看待那些"过去的美好时光"，而忽略那些时代的弊端。要想获得清晰、敏锐的视角，趋势预测者在分析历史和展望未来之前，就必须避免这些成见。只有准确地分析过去，我们才能避免让浪漫的玫瑰色或其他颜色沾染我们对未来的展望。

　　能够认真地去理解社会趋势的人，会知道我们生活在一个错综复杂、相互联系的世界。趋势分析者对于未来究竟什么样是不确定的，往往更是不安的。我们并不是要去预测机器人可以为我们制作的美味大餐，或钞票能从金闪闪的摇钱树上掉到我们怀里来，而是希望获得在财务和职业决策上的优势。我们想要工具、线索和洞察力，去看清楚那些可能影响我们生活的、概率各异的种种未来情境。反过来，我们就可以对现状施加一定的影响。如果我们能够正确地找到塑造未来的种种力量，我们就可以改变它们的轨道。

归根结底，大多数人会问一个问题：这对我有什么好处？这个问题并非如字面意思那么赤裸裸的自私自利。当然，趋势预测可以带来个人或商业的优势，比如准确地构建一个正确的开局，从而在某个迅速形成的趋势中登上风口，抢在竞争对手之前预测到重大的变革，从而做出合理的商业决策。就像埃米莉·韦斯利用人们对美妆博客的喜爱，一手打造出全球美妆品牌"格罗斯沃"（Glossier），还有"别样肉客"（Beyond Food）的成立者伊桑·布朗预测到了迅速增长的素食市场，从而一手打造了这个国际品牌。不过，除此之外，预测未来趋势也有着社会学上的意义。在一个以混乱和挑战为标志，并且可能彻底颠覆的世界中，要为变革做好准备。无论是在情感上，还是在实践中，都有着极为重要的优势。

在窥视历史深处的过程中，我们有两个极为重要的透镜。一个是定量，基于统计数字和历史事件本身；另一个是定性，探索历史事件的情感层面，代入不同的视角，体验先入为主的情绪色彩。定量和定性的结果共同决定了我们当今的体验，并构成了我们所有人心中共同的历史。人们对于过去的看法永远无法完全一致，我们的想法和观点不可避免地会受到种族、财富、性别、文化、生活经历，以及其他因素的影响。只有了解了我们是如何一路走到今天，趋势预测者才能展望未来，而这也是本书的逻辑脉络所在。

我在本书中分享的观点必然是由我的性格、经历，以及我走过的道路所塑造的。从我还是新泽西州里弗埃奇区的一个孩子时，对于未来的强烈好奇心就定义了我的性格。这座小城坐落在哈德孙河的另一边，人口只有 11 000 人。尽管它与曼哈顿遥遥相对，但二十世纪六七十年代，我在这里长大的时候，却没有受到曼哈顿城市文化的影响，至少没有太大的影响。即使是现在，里弗埃奇也是美国乡村的一个缩影，以受过教育的、积极向上的白人为主的美国乡村的缩影。

十几岁时，我一心只想逃离这种乡村生活，再也不想回到我以为的单调无聊的拼车、课外运动、仔细修剪草坪的生活，还有一年一度的社区聚会中去了。大学毕业后，我径直去了曼哈顿，投身广告产业。在三十多年的时间里，我打造了自己的职业生涯，撰写了（或与他人合著）十几本书，用了八九年的时间运营一家全球公共关系企业。在这条路上，我做出了一个肯定会吓到十几岁时的自己的决定：把纽约市抛在了身后，去追求城郊生活的些许变奏。2010 年，我成了一位律师兼法学教授的生活伴侣。他常在亚利桑那州和康涅狄格州两州间奔走，而我也在这两个州各有了一处居所。2018 年初，我就任一家跨国企业全球沟通部门的负责人，在瑞士的沃州新添了第三处居所。

然而，真相却是，我有很多处居所，却没有一个称得上真正的"家"。在新冠肺炎疫情暴发前，我的很多工作都是在飞机上和旅馆中完成的，有时候我甚至忘记了自己身在何处，又要去往何地。多年以来，像许多行色匆匆的飞机常客一样（疫情期间，就像许多远程办公的居家者一样），通过屏幕联系着我的世界，联系着在不同大洲的人们和企业。当有人问我住在哪里时，我要强忍冲动不去回答"在云端"。当然，一方面这的确是事实，另一方面也是开玩笑，甚至有些自怨自艾。

引言　趋势预测

　　我的旅程影响了我对趋势的预测，我很早就发现机场和当地超市能够给我带来很多灵感和顿悟，正如我的其他生活经历一样。也许在这些生活经历中，对我影响最大的是为了摘除那个典型的脑膜瘤（所谓的"良性脑瘤"，似乎真有这种东西似的）而接受的三次外科手术（以及这期间的过程）。那些手术让我变得更有耐心（这从来不属于我的特点），更能把控制权让渡给别人（这稍稍属于我的特点），以及对于趋势预测至关重要的是，我获得了一种全新的视角，知道了如何更好地去应对人生的变幻莫测。

　　我发现主观与客观的结合是趋势预测和趋势分析中无比有趣的一件事。它不仅仅是涉及数据分析和临床观察的科学，还是从独特而高度个性化的个人经历（从重大人生事件到私密对话）中汲取灵感的一门技艺。使趋势预测走向普及的人——约翰·奈斯比特，本身就是一个重要的例证。他在1929年股市大崩溃的9个月前出生在盐湖城。他的父亲是货车驾驶员，母亲帮别人缝补衣服。说他拥有一个美满的童年实在有些言过其实。高中毕业之后，他加入海军陆战队。随着《退伍军人权利法案》的颁布，他接受了高等教育。后来他结了婚，在妻子怀孕期间花光了家里的所有积蓄。于是，他在伊士曼柯达公司找到一个给高级管理人员写发言稿的工作。随后，他历经多个公共关系职位，其中之一是为政府工作。他负责研究"大社会计划"对美国社会造成的影响。为了开展研究，他订阅了50份美国各地的报纸。"3个小时后，我发现美国正在发生的社会变革，真是让我大吃一惊。"他回忆说。那些发现激发奈斯比特创办了一家顾问公司，结果却失败了。不久后，他离婚并破产了。不过，他一直坚持演讲，分析那些将影响美国社会的重大变革。后来，他把这些理念写成了一本书——《大趋势：改变我们生活的十个新方向》。

奈斯比特纯粹是个乐观主义者，总能看到事物的光明面。他写道："美国人辛苦劳作的时代过去了。后工业经济和20世纪60年代反文化运动（诸如个人主义、女性主义和唯灵主义）会带来一个经济繁荣和文化自由的黄金时代。"1982年，《大趋势：改变我们生活的十个新方向》出版后，那些理念与罗纳德·里根总统所倡导的"美国的早晨"遥相呼应。在长达两年的时间里，《大趋势：改变我们生活的十个新方向》一直高居《纽约时报》的畅销书榜单，在57个国家售出1 400万本。奈斯比特成了美国白宫的常客和英国前首相玛格丽特·撒切尔的好友，而趋势预测则成为美国媒体的热门话题。

可能其他趋势研究者也读了50份报纸，却无法看到奈斯比特所发现的理念。我认为，奈斯比特之所以能够在这些报纸中发现趋势预测的奥秘，正是因为他那悲惨的童年、早期的失败，以及他对于成功的强烈渴望，使他的神经受到了冲击，提前看到了繁荣和光明的未来。因为它们有着存在的迹象，也是因为他需要看到它们。

我是在晴朗的蓝天下长大的，但我并没有意识到这一点，直到我（以及我的许多同龄人）被一起意外事件所震惊：小肯尼迪（又被称为约翰·F.肯尼迪二世）和他的妻子、姐姐在1999年的飞机失事中遇难（我们完全没有预料到，就在两年后，"9·11"事件会让这个悲剧黯然失色）。小肯尼迪是布朗大学比我低两届的学弟，而我们有很多共同的朋友。我和我的校友们荫庇在他的光环之下。对于我的许多同辈来说，无论政治倾向如何，他都代表着无限的可能性，象征着一个更加光明的未来。小肯尼迪和他的妻子卡罗琳，以及他的姐姐劳伦·贝塞特的逝去标志着在20世纪70年代末和80年代初（正是奈斯比特所颂扬的年代）成长起来的一代人所共有的信念开始崩塌。

我们这些出生在20世纪50年代末和60年代上半期的人，一直不安地存在于婴儿潮一代和X世代之间的边缘地带。我们理解后者的焦虑，但却感觉不到前者的权利和自信。我们和婴儿潮时期出生的老年人所共有的是一种普遍的乐观主义，相信我们能够坚持下去的信仰。我们这些出生于"琼斯一代"的人，在大学或高中毕业的时候，恰逢通货膨胀，高企和工作岗位流向海外的时代。而现在，正如每一代的情况一样，关于灾难的噩兆一直是我们媒体上的"主菜"：从大流行病和气候变化到不再那么"合众"的美利坚合众国中煞有其事的内战前兆；从民粹主义领袖的崛起到网络恐怖主义问题。

尽管这些日子有着各种各样的坏消息，但并非所有的消息都令人沮丧。法国道德学家弗朗索瓦·德·拉罗什富科写道："没有人能长时间凝视太阳或死亡。"乐观和希望是难以消灭的，因此，我至少偶尔是一个乐观主义者。我不会盲目地追求幸福的明天，但我也不渴求世界末日的场景。我所寻求的是远见卓识，以及一定程度的确定性，在不确定的世界中航行的一种方式。一种对"为什么"的认知感帮助我去忍耐"是什么"的现实，甚至去重塑这个现实。

在不确定的世界中航行的第一步就是打开你的眼睛和耳朵。

趋势会随时随地出现，所以你必须提高注意力（并且喜欢多管闲事）。

2002 年，我在纽约的 SOHO 区遇到了一位正在遛狗的直男朋友。这没什么不寻常的，但我注意到狗绳是亮粉色的。在那段时间，我还注意到美发沙龙里有很多年轻男性。很快到了 2003 年，我就利用我所发现的这一现象来解读年轻男性热爱时尚、高端美妆和家庭装饰的一个更为广泛的运动趋势。为了把这个迅速形成的社会运动公之于众，我借用了一个时髦的字眼儿——metrosexual（意为都市中性男）。这个词汇最初是由记者马克·辛普森用来形容男同性恋群体的，但我完全改变了它的含义，用来描述我在年轻直男中所发现的这一趋势。这个词汇和这一趋势迅速传播开来，很快迎来了无穷无尽的媒体需求。在 2003 年，你无法避开 metrosexual 这个词汇，美国方言协会甚至把它列为当年的年度词汇。

metrosexual 并不是昙花一现、流于表面的狂热，它代表着许多男性对于显性气质的定义的根本改变，这是在复杂而矛盾的过程中形成的一种改变。在男性的光谱上，一端是"都市美型男"和坚定的女权主义者，另一端则是美国极右翼组织"骄傲男孩"、禁欲者（非自愿禁欲的男性）和塔利班，定义什么是"真男人"的战斗直到今天仍然在激烈地进行着。

我在广告业和传播业的工作不仅围绕着像"都市美型男"和"全球肥胖化"这样的文化变革，也着眼于商业和消费趋势，像时刻在线的媒体环境，高度定制化的零售业和窄带广播。30 年多年来，我每年都会发布一篇报告，对接下来的一年中将要出现的趋势进行预测。我预测到网红的兴起、个人隐私的丧失，以及在气候变化时代大自然的"报复"。可另一方面，我在使用 Chindia（中印）这个词汇上却大错特错。在许多方面，印度仍然止步不前，而中国已经成为一个有实力的国家。我还在"年龄没有代沟"这件事上犯了错，与其说相互融合，不如说各个年龄段的人们在相互开战。

我在2019年底发布的关于2020年的预测中，没有预测到新型冠状病毒的出现。虽然我的确预测到了会有更多的人开始戴口罩，但我的理由是由于糟糕的空气质量，而不是一种新型冠状病毒。我也预测到了人们会增加对生活必需品的储备，但我以为那会是从20世纪90年代起就阴魂不散的"末日生存"运动的延伸。在撰写2020年报告时，我确实知道，我们正生活在一个日益失控的世界，我称之为"混乱是新常态"。这句话很准确，但这种混乱很快就加剧了，超出我的想象。

如果你看到过一大群椋鸟，你可能会对美好的事物有一种全新的感叹。这是由近百万只椋鸟属鸟类组成的巨大群体，它们飞得那么近，看起来就像是一个单独的有机体，时而横扫天空，时而俯冲，形成令人目瞪口呆的壮观景象。它们飞得那么快，却不知何故，它们从不会相互碰撞。

这些椋鸟的沟通是那么准确而迅速，就像它们拥有共同的大脑一样。这告诉我们，它们的组织不是自上而下的，它们中没有头鸟。这也告诉我们，它们没有意识到它们是一个更大的群体中的成员，它们只意识到周围有六七只鸟。

椋鸟为什么会形成这样一个巨大的鸟群？显然，是为了保护自己免受掠食者的攻击。它们所制造的噪声简直震耳欲聋，它们突然的行动足以迷惑掠食者。一眨眼，这些小鸟就调转了方向，从而让整个鸟群看起来就像一块坚不可摧的盾牌。

从某种意义上来说，这些椋鸟形成了一个完美的社会。全体椋鸟有着即时的、同步的直觉，而且这直觉如此准确，甚至让人难以相信。

现在有一个坏消息……至少对于北美人来说是这样的。

椋鸟并不是北美大陆土生土长的物种。在19世纪90年代，尤金·席费林从欧洲进口了100只椋鸟，并在纽约中央公园把它们放归自然。这些鸟在纽约生活了一段时间，因为它们是候鸟，所以后来它们都飞走了。

现在，在美国生活着大量的椋鸟，由成千上万只椋鸟所组成的鸟群并不少见。它们能吃光整片田地的粮食，一天吃掉20吨土豆。它们的粪便能引起组织胞浆菌病，这是一种由真菌引起的肺部疾病，还能引发弓形虫病，这种传染病会侵害孕妇和胎儿。

椋鸟还能让人丧命。1960年，一架洛克希德"伊莱克特拉"型四发涡轮螺旋桨客机从波士顿洛根机场起飞，上万只椋鸟撞上了这架飞机，堵塞了它的引擎，62人在空难中遇难。

人们为控制生活在美国的2亿只椋鸟做出了许多努力，但没有人成功。在油管（YouTube）网站上为椋鸟在天空集体飞翔起舞的视频而惊叹的网民往往会忽略一个残酷的事实：美丽是有代价的，而你几乎永远无法提前知道这个代价是什么。

在思考互联网对文化和社会的影响时，我常常会想起椋鸟。

我记得在世纪之交的时候，互联网评论家和死之华乐队的词曲作家约翰·佩里·巴洛写下了一则清晰的预言。在一则《网络空间独立宣言》中，他描写了一个全新的、平等的世界。在这个世界中，反传统主义和其他所有的信仰都会受到欢迎，所有传统的法律概念，诸如财产、表达、身份等将不复存在。

不幸的是，巴洛想象的这个理想化的世界并没有成为现实。这位词曲作家忽视了一个亘古不变的人类法则：意外后果定律。

过去20年的故事就是椋鸟群的故事：大大的梦想、美丽的景象和预期之外的影响。

那么，未来20年会发生什么呢？毫无疑问，2020—2021年发生的一系列灾难性事件几乎将一切重启了。更具有挑战性的是要弄清楚哪些变革是短期的，而哪些变革会带来长期影响。要分辨这两类变革，首先我会回顾2000—2020年的事件，以及我们在这段刚过去的历史中所经历的一系列文化变革。2038年1月19日这一天有两个代号——"Y2038"和"Epochalypse"，也称为2038年问题。它有一个鼎鼎大名的表亲——千年虫（缩写为"Y2K"），那是一个让人恐惧的计算机故障。当我们在2000年1月1日（比新千年正式开始的日期提前了一年，但现在的人没有耐心进行细致地区分）进入本千年时，这个计算机问题为新年的庆祝蒙上了一层阴影。"2038年问题"的技术解释非常烦琐复杂，但基本的意思是：一些计算机科学家认为，在2038年1月19日03时14分07秒（世界标准时间），世界上所使用的所有数字设备的时间编码空间会耗尽。

当我第一次了解到Y2038时，它就作为本书的一个自然的终点而打动了我。分别以 Y2K 和 Y2038 作为本书的起点与终点，我们就拥有了大约 40 年的时间跨度来进行剖析、取样。在这个时间跨度之中，数字技术出现在本书中你将遇到的每个趋势上，也在 21 世纪所有人类的生活中留下了沉重的印记。

合理警告：本书中的一些预测也许会让你想远远地逃到洞穴里。我能感同身受，构想那些最糟情况下的情景，不止一次让我拿着一包薯片或一盒饼干蜷缩在床上。但我依然回到我们当代困境要面对的首要事实：我们也许有着石器时代的头脑，却生活在太空时代的技术世界。这不仅给我们带来了挑战，也带来了潜在的解决方案。

让我们从当前的 4 个全球观察开始，了解我们的处境：

"群居而独处"已经成为现在的普遍现象。多亏了技术发展，我们现在可以建立高度个性化的环境。在这个环境中，我们在自己的设备上，（独自）听着定制化的歌单，（独自）看着流媒体的娱乐视频。如果我们选择这样做，我们可以如隐士般封闭在自己偏爱的媒体泡沫和回音室中，生活在我们自己的世界里。

经济不平等呈指数级增长。从 20 世纪 70 年代中期开始，在许多国家，这种现象为大量社会底层民众和少数上流社会人士建立了完全不同的体验和预期。当被剥夺权利，甚至日渐衰落的中产阶级被证明无力对抗那些权贵（他们可不会放任自己的财富和权力流失）强大的暗箱操作时，就导致社会安全网支离破碎，尤其是在美国（与其他工业化国家相比）。

自我中心已经成为我们的世界观。每个人，包括孩子们，都被鼓励建立和培养他们自己的"个人品牌"。

同时，**我们更重视分享体验。**与朋友和家人的视频聊天胜过了对自拍照的需求，尤其在大流行病时期，这种需求更加强烈。在商务世界，我们看到人们再一次重视亲密的人际关系，与合作有关的一切都变得更为重要。

在我们周围，我们能看到现实在一方面是这样，在另一方面是那样。阴与阳，隐士般的封闭世界与社区，自我中心和越来越多的人意识到社会不公平正在影响到其他人。这些趋势的性质在不同程度上与反趋势构成平衡。尽管我们看到一些国家的民族主义和宗族主义有所抬头，但另一些国家也重新认识到地球上各民族之间的相互联系。人们开始认识到，除非所有的国家都是安全的，否则没有任何国家在病毒（或其他重大威胁）面前是安全的。有组织的宗教正在衰败，同时灵学和新的信仰系统正在兴起。

在2038年还有什么在等待着我们呢？以下是我在后面的章节中将探讨的一些趋势。

政府：社会对于当前政府体系的信赖将进一步崩裂。民主制作为最优的政府体系，将受到更强烈的质疑。但这些质疑的提出者往往是渴望极权的政客，或者是想回到"过去的好时光"的民众，回到依赖于种族、经济、社会不平等的社会中（这些"过去的好时光"只是他们心中理想化的存在）。

新的世界秩序：在约翰·奈斯比特2006年出版的《世界大趋势》一书中，他警告掌控世界的权力正在任人争夺。欧洲人蓄势待发，想要夺取这项权力。在接下来的几年中，当欧洲社会在经济停滞所带来的财政问题中挣扎，以及奈斯比特和他的妻子，也是他的合著者——多里斯·奈斯比特后来所描述的欧洲大陆"对社会福利的广泛剥削"之时，中国却慢慢崛起。不过，这个国家不是唯一崛起的力量。这些逐鹿世界权力的新主宰者，还包括那些很有手段的高净值人士和科技巨头，都在奋力追求着他们所向往的未来。

网络世界中的仇恨：在 20 年中，日渐增长的不安激荡着空气中弥散的仇恨。新的技术路径积蓄了这些仇恨，并远远地传播开来。更糟的是，因匿名机制而放心大胆的普通人在社交媒体上所发泄的充满敌意和仇恨的谩骂、言论已经变得司空见惯。这些仇恨的影响已经远远地超出了互联网的范畴，并根据外交关系委员会所说，它已经与"全球范围内针对少数群体的暴力事件的增加，包括大规模枪击事件、私刑和种族清除"联系在一起。圣战主义者、白人至上主义者和民族主义者群体会越来越善于利用群众的仇恨来实现他们自己的目的。

日渐消失的中间层：在这个极化的时代，中立和中庸之道并不受欢迎。那些"热血人物"喜欢引用英国前首相、被称为"铁娘子"的玛格丽特·撒切尔的名言："站在马路中间是非常危险的，道路两边的车都有可能撞到你。"小马丁·路德·金博士写道："白人的温和派热衷的是'秩序'，而不是'公平'。"那些自我标榜为进步派的人士指出，这正是黑人自由道路上的巨大绊脚石。如今，保持中庸之道，在最好的情况下也会被人嘲笑成优柔寡断，最糟的时候甚至会遭遇危险，哪怕许多人渴望更加温和的时代和领导人。随着社会政治的不满日益增加，越来越多的人脱离了中立地带，而趋向于更激进的立场。

部落：部落会变得像国家忠诚一样重要。部落是现实世界的还是虚拟世界的？是虚拟世界的部落可能性更大。随着民主在西方城市化的世界里分崩离析，我们将更难以确定现实意义上的部落。除了我们的亲朋好友和近邻之外，谁会是我们的救生之舟？我们会出于心理需求而加入各种各样的团体，并最终将其视为我们生存的关键。

隐私的终结：就在我撰写本书的过程中，伦敦已经有大约691 000个监控摄像头，相当于平均每千名居民有73个摄像头。这是一个庞大的数字，但是这仅仅让英国的首都——伦敦，在全球监控摄像头数量前20名的城市中位列第三。在全世界，我们正在通过技术手段，使数字控制的艺术趋于完美，而监控摄像头只是一个开始。可供选择的还有人工智能算法、个人GPS定位，以及可以监控个人情绪状态的穿戴设备。在一些国家，我们看到的趋势是，一些以"健康设备"名义进行兜售的设备开发者实际上却在把用户信息卖给出高价的买家。在另一些国家，我们可能会看到政府强制佩戴的身份手环。这种手环不仅能够提供商业信息，也能对政治信息做出响应，去衡量用户的政治观点，并监测不同政见。我们有可能反抗吗？当然可以（除了那些最极权主义的社会）。一种数字戒毒，通过关闭电子设备和离开信息高速公路来"脱离网络"，不论是一周还是永远，都是一种状态的象征。因为"我越脱离网络，就越不容易受到数字控制"。

科学两极分化：2020年的上半年，全世界的人们都在渴望获得一种保护他们免受新型冠状病毒感染的疫苗。他们以为疫苗的研发需要很长一段时间。然而，在不到一年的时间里，科学家就完成了病毒的采样和测序，研发了多种用于临床测试的疫苗。到2021年10月中旬，近乎一半的世界人口都接种了至少一剂新型冠状病毒疫苗。这个惊人的科学成就不仅令世人钦佩，也引起了人们的猜疑和恐惧，从预期的担心（潜在的长期副作用）到极端的猜疑（疫苗是植入微芯片的掩护；疫苗干扰人类 DNA）。自从1998年一种有缺陷的 MMR 疫苗（麻疹、风疹和腮腺炎）的研发激起了全球范围的反疫苗运动以来，科学已经变成了阴谋论的一个导火索，而基因干预技术的进步让情况变得更糟。即使是已故的斯蒂芬·霍金也表达过对富人和其他优势群体利用全新的科学技术建立一个基因强化的精英阶层的忧虑。科学，为人类带来了巨大的希望。现在，同样是科学，成为人类社会巨大的分裂因素。

人口再分配：在历史上，城市曾经是居住成本最高的地方。随着更多的工作岗位可以远程办公，更多的零售商和文化机构进行了虚拟化营销，那些有钱人会放弃城市的繁华而去追求更加宜人的田园生活吗？乡村和小镇已经开始变得越来越受欢迎，生活成本也越来越昂贵。农村地区将努力吸收这些迁移的人口，而免不了要面对本地居民的抱怨。

与欧美人口逃离大都市恰恰相反的是，在世界上许多地方，城市人口将出现巨大的增长。到2025年，将会出现29个大都市（人口超过1 000万的城市），包括亚洲的拉合尔、雅加达和深圳，拉丁美洲的波哥大和利马，非洲的金沙萨。而我们也将看到新的、高度规划的城市出现，比如前沃尔玛的亿万富翁马克·洛雷就建议在美国西部某地建造他的乌托邦——特罗沙城。

娱乐：由于人工智能和越来越高端的算法，媒体和娱乐内容将越来越善于直击我们的心灵。我们会迫不及待地屈服。这一方面是因为娱乐业变得越来越擅于抓住我们大脑中产生快乐的神经递质受体，而且无论我们是在杂货店里排队，还是在逛街，甚至泡在浴缸里，都可以随时随地享受这些娱乐内容。另一方面是因为娱乐常常为我们提供了令人难以抗拒的逃离现实的出口，因此对心理造成的影响往往也是非常强烈的。

性别：在美国Z世代（1995—2000年出生）的每6个成年人中，就有一个是性少数群体。这反映了一个新的现实，那就是人们越来越把性别视为社会建构，而且人们对性别的认知与早期人们所接受的概念相比具有更高的可塑性。与性别可塑性起到平衡抵消作用的是一些群体要"复兴"传统的性别特征，并尝试回到更严格的性别区分规范。

金钱：我们早就该实施一个没有现金的经济体制。对于许多永久失业和未充分就业的人来说，全民基本收入将不再引起那么激烈的争论。而在一些地方，它将成为保障社会稳定的必要措施。加密货币？NFT（允许数字内容交易的非同质化代币）？后者已经催生出相应的网络社区——"胖企鹅"（Pudgy Penguins），不是吗？我们可以肯定，在未来的15年中一定会出现与2021年6月"加密朋克"（Crypto Punk）7523 NFT 在苏富比拍卖行拍出1175万美元天价一样令人震惊的事件。随着中国已经宣布严厉打击加密货币，全球监管该行业的努力也将进入高速挡。

气候：面对日渐迫近的气候灾难，我们会看到内燃机的逐步淘汰、航空旅行的减少、可再生能源技术的发展，以及建立对自然影响更低的新常态。"环保少女"格蕾塔·通贝里这一代人会使用智能技术去实现他们在道德上的追求，并以某种对自然破坏更小的方式生活下去（正如他们对其他人要求的那样）。企业家也会找到解决方案，一方面满足人们的需求，另一方面也不会在环保问题上让良心亏欠。比如巴黎一家名为"Midnight Trains"的旅行公司计划于 2024 年推出午夜列车服务，将提供从巴黎到十几个欧洲城市的夜间火车旅行，既使旅客们节省了旅馆支出，又使所产生的碳排放量远远少于航空旅行。

购物：传统的购物中心将被淘汰，更多的大型商务楼宇会成为多用途的园区，包括工作室、教育中心和小型（也称为微型）公寓的复合体。在那些高端消费中，主流的消费哲学将是"越简洁，越高级"，更看重消费者的消费体验，而不是产品。同时，人们越来越在意让自己的小家更加别具一格，以及能够快速地用到最新科技产品，这些领域的相关产业都能保持相当的商业流。而网店会找到方法，让线上购物更加具有社交性和娱乐性，确保购物作为一种"运动"和"爱好"，永远不会消失。

（非）奢侈品：奢侈品将一如既往地定义为大众无法企及的物品，但最具价值的奢侈品却在改变。那些发光的饰品越来越失去它们的价值，而我们会日益看重更加宽松的空间（如飞机上的商务舱、宽敞的家居空间等）、闲散的时光、自然环境、（相对）没有污染的水、空气和食物，以及高质量的医护服务。权贵永远想要更多，但在未来，他们会越来越不在乎物质财富，而是看重生活的质量。对于主流群体，还要加上以社会秩序、政府稳定、种族构成一致，以及有效的移民壁垒为标志的社区生活空间。

综上所述，以上的预测勾画了一幅画卷，创想了一个由不确定性、不可预测性（人类社会活动所导致的意外后果）所定义的未来。社会变革所需要的时间比人们想象的要长得多，但是，当社会达到崩溃的临界点时，它的内爆也会比所有人所想象的要快得多。

自始至终，本书将探讨的是那些影响我们未来的事件和问题，而我希望它能够启发你去思考种种问题的潜在答案。这些问题包括：在这个我们可能随时随地受到监视或监控、毫无隐私可言的世界中，我们对自我改变会有着怎样的感知？我们可以采取哪些措施来抑制大型科技公司的力量，让我们的社交媒体平台恢复社交性？我们要简化生活中的哪些方面才能更好地掌控我们的人生？面对现代生活的混乱，我们是信赖具有资质的专家，还是归隐到"回音室"里，进一步自我封闭起来？上一辈人的人生大事，诸如求学、找个文职工作、养育子女、买房子等，是注定陈腐过时或者根本行不通了吗？极右翼民粹主义的抬头和新冠肺炎疫情会怎样影响人们对国际机构的态度和信任？资本主义有能力应对（更不用说解决）我们面临的最复杂的挑战吗？我们是否会失去对人工智能的控制？或者我们这些操纵者已经变成了被操纵者吗？网络攻击是否能取代现实的战争？而最重要的是，当我们被新闻所淹没时；当"历史"意味着昨天发生的一切，而与昨天之前毫无关系时；当我们的生活变成永无止境的迷茫时，我们就仅仅无动于衷吗？

这是我们所有人都无力承担之重。

01

第一部分

大画卷

回望过去的三个世纪，我们能够想象工业革命（更不用说两次世界大战）带来多么巨大的不确定性。而当今的混乱局面（即使在新型冠状病毒出现之前）似乎更为广泛，并且带来了更为烈性的毒药（贫富差距、种族歧视、社会失衡、民族主义、歧视女性、极端主义）。造成这种混乱也许是因为我们面临着人类可能让地球走向毁灭的命运；也许是因为数字技术，让我们更加了解世界各地发生的每一个恐怖事件，不管这些恐怖事件离我们多么遥远，或不太可能直接影响我们。

在这些不安和忧虑之下，存在着两个相互矛盾的大趋势，我称之为"大分裂"和"大重启"。

大分裂

两极分化是当今混乱的重要组成部分。即使新技术让世界变得更小，但人与人之间却变得更加疏离。2011年，我描写过"极度疯狂"的人，主要是因为在美国感受到的一种现象。10年转瞬即逝，愤怒和挫折在全球爆发。在法国，"黄马甲"抗议不受欢迎的燃料税，移民因计划中的疫苗护照而与警察在街头爆发冲突。这样的例子不胜枚举，而我们都知道它会继续增多。

左翼与右翼的对立；激进派与保守派的对立；反法西斯主义与"骄傲男孩"所代表的新法西斯主义的对立；年轻人与老年人的对立；白人与有色人种的对立；受教育者与未受教育者的对立；男性和女性的对立；女权主义者与非自愿独身者的对立；全球主义者与孤立主义者的对立。

难以逃避的真相是，社会政治、代际与人际的分裂就像数字技术一样成为现代社会的重要组成部分。而它们之间的交集如素描中的交叉影线一样，代表着不同派别之间的重叠。

这些冲突点并不总是自发的，制造和激化这些分裂是有利可图的（政治和经济利益）。在政治光谱中的各种公众人物深谙误导之术和拉帮结派的力量。商业也在从矛盾冲突的脉络中汲取利益。在这个过程中，建立了商业分裂：黑步枪咖啡公司和我的枕头（My Pillow）在右翼，星巴克和巴塔哥尼亚在左翼，我们的收银小票已经变成了准选票。

在我们所有人面临真正重大的威胁时，有人还以为大家会团结一心，共同找到解决方法呢。现实却恰恰相反，人们只是把自己的怨气和咒骂倾泻到身边最合适的谴责对象身上。显而易见，我们生活在一个愤怒的时代，一个我们敌对他人的时代。

大重启

一如既往，与这些已经出现的分裂力量构成平衡的反趋势业已形成。我们看到人们对于团体归属感的渴望，对更充实、更公正的生活方式的渴望，要比过去的10年更加强烈。但在新冠肺炎疫情的背景下，这种反趋势更呈现出极度的紧迫性。新冠肺炎疫情造成的社会中断，翻转了我们的生活，并且让我们中的许多人在多年中（也许是一生中）第一次有机会停下来，深深地反思这些重大问题：我们现在的生活是最好的吗？我们为社会做出贡献了吗？我们的人际关系和家庭关系是处于我们希望的状态吗？社会正在朝着正确的方向前进吗？如果不是，我们需要做些什么来纠正呢？

一些人会争论说，这个反省并要求改变的时期太短暂了，只要疫情的威胁一消退，人们就会回到他们原来的生活状态中。我并不同意这种观点，我坚信，新冠肺炎疫情和它所造成的种种问题（从"大暂停"到低收入工人上升的意识，再到更多的人认识到许多经济系统在基础上的不公平）将有着长期的影响。许多工人不愿意再接受他们在疫情之前视为理所当然的工作条件——无论是较长的通勤距离、恶劣的工作环境，还是微薄的薪金。这个致命的病毒让人们认识到了他们的价值，认识到了事情不一定非得是他们现在所需要的样子。人们也会质疑自己的人生选择，从人际关系到职业抱负，再到工作地点的偏爱。在所有这些混乱中，我们中的大多数人都会推动这场剧变，不过是以一种可控的、积极的方式。我们坚持变革，变革既关系到个人，也关系到整个系统，而我们在坚持变革的过程中所具备的明确和清晰的方向是我们许多人在疫情之前所不具备的。

面对仇恨、褊狭和两极分化的上升，总有一些力量会集合起来，抵消和平衡这些趋势。而在思考这些力量的时候，我发现了几个会长期存在并逐渐增强、影响深远的变革。其中包括：

同盟情谊的增强： 即使面对社会的仇恨，很多人也会做出努力，不仅追求与他人的共存，还会倾力支持那些与自己差异巨大的人群。这种趋势源远流长，可以追溯到远古的人类历史。但是在 2020 年，随着乔治·弗洛伊德被一名明尼阿波利斯的警察杀害之后，越来越多的人（即使在美国之外）开始质疑社会的偏见和不公，这一趋势得到了增强。尽管最初爆发的反对种族歧视的街头抗议被镇压了下去，但主流人群会继续寻求机会支持边缘化人群，包括在他们的商店里购物、推广他们的事业，以及寻找各种途径来反抗制度化的偏见和歧视。

从"什么"和"如何"到"为什么"的转变：这次新冠肺炎疫情已经推动个人、企业和政府以更严格的标准来考虑什么是"必要的"。在其最基本的层次，这是围绕着更用心消费、精简和极简主义的一种趋势。越来越多的人开始拒绝过度消费。不过，它又超越了这一层含义，构成了涵盖着我们个人和企业选择的更大画卷。我们为什么以现在的方式运营我们的企业？我们坚持让工人每周5天到岗工作的意义何在？我们的薪金结构是否倾向于激励和留住企业各个层次的优秀员工？政府的税务结构是否支持更广泛的利益，还是仅仅让顶层的权贵受益？人们会坚持以更认真的态度去审视我们为什么以现在的方式去工作和生活，以及有哪些改变现状的选项存在。

对于谎言的排斥：你能预料到当今媒体可以公然地去操纵事实的尺度吗？你能相信一些国家的众多公民会欢迎"另一种事实"和"假消息"吗？社交媒体和它所传播的假消息让这种情况趋于恶化。在美国，由 NewsGuard（由记者创建，是评估网站可信度和透明度的工具）进行的一项研究发现，社交媒体用户在2020年所消费的"有问题、不准确或可疑的"新闻数量比2019年多了一倍。而皮尤研究中心发现，80%的美国人称在疫情的前几周遇到了关于新型冠状病毒的假新闻。社交媒体巨头将着手减少和消灭假消息和谣言，但它们的动作缓慢，收效不大。随着外部压力的不断积累，以及更多的人工智能方案的采用，我们将看到情况的改善。不过，最终还是要靠社交媒体的用户站起来反对谎言，并追究那些传播谣言的同谋者的责任。

> **时空雷达：**
>
> 到2038年，我们会看到，由于外包和人工智能的进步而出现的更为有效的、在线的实时事实验证机制——通过弹出窗口驳斥页面上的假新闻、质疑网站上的偏见、警告潜在的欺诈，并推荐经过验证的新闻内容。对偏见的追责和审查机制也将更加充分。

对真实的追求：这可能是影响最深远的变革。许多人对他们的人生，对现代生活的空虚、造作和空洞感到极度绝望。我们可以通过抑郁、不安、疏离和自杀发生率的上升看出这一点，也可以通过网络上下人们所自由表达的愤怒感受到这一点。除非被真正激怒，否则幸福、充实的人没有理由去攻击他人，他们也不太可能通过在网络上挑衅他人来获得满足感。新冠肺炎疫情所带来的"大暂停"，迫使我们中的许多人去面对人生中的不足，而它也为我们提供了一个机会，让我们可以重新审视我们当前的状态与所期望的状态之间的差距。面对未来的改变，人与人之间会存在着巨大的差异，但这些改变都会有一个共同的主题，那就是从虚伪造作回到真实，从数字回到本质，从盲目、迷茫回到善于思考。

《极乐之邦》的作者阿兰达蒂·洛伊，用优美的辞藻描述了我们现在所面临的选择：

在历史上，疫情曾经迫使人们与过去割裂，并重新想象他们的世界。这个世界并没有什么不同，它是一个入口，一个连接这个世界与另一个世界的通道。我们可以选择穿过它，把我们的偏见和仇恨的尸体、贪婪、数据库和毫无生气的思想、死气沉沉的河流和乌烟瘴气的天空拖在身后；我们也可以轻松地穿过它，不带任何行李，想象另一个世界，并准备为之而奋斗。

是大分裂，还是大重启？你更青睐哪一种未来？

为了帮助你思考上面的这个问题，我会先邀请你和我一起踏上前往过去的旅程，去往一个危机时刻。很幸运，这个危机没有充分地发挥它的破坏力。20世纪90年代末，千年虫漏洞激发着人们的想象、灌输着恐惧，并且让人们发狂地为它的到来进行准备。我们几乎毫发无损地经历了这场危机，却没有想到这只是这把"全球弓"早早射出的第一箭，警告我们数字技术和系统故障很快会带来的问题。新冠肺炎疫情之后，我们是不是会有同样的解脱感，而全然无法理解这个病毒所预示着充满同样危险的未来？据《每日邮报》报道，在英国每6名购物者中就有1人宣称购买不到生活必需品。当我们读到（或亲身经历）英国的食品短缺时，我们难以想象这种食品短缺、恐慌性抢购、供应链断裂，以及员工短缺成为生活常态，也无法想象日渐严重的全球能源危机的后果，哪怕黎巴嫩已经断电、欧美天然气价格在飙升。千年虫问题已经过去了20年，但我们需要回望历史，为即将到来的未来做更好的准备。

在这一部分中，我们还将审视我们所面临的最重大的生存威胁——气候变化、持续的生态破坏，以及作为我们新常态的社会混乱的突现。随后，我将探讨美国与中国这两个国家的文化、经济和政治，它们已经在全球形成了巨大的影响，并将帮助我们决定未来。

第一章
千年危机

1999年年末，就在全世界准备迎接新千禧年的时候，一连串令人担忧的新闻报道几乎冲散了这喜庆的氛围。

当时，超过一半的美国家庭拥有计算机，但大多数美国人（就像全世界大多数电脑用户一样，即使在今天也是如此）并不了解那个大大的机箱里面究竟是怎么回事。而普通计算机用户也肯定不明白为什么当时针转过12月31日午夜12点的时候，他们的个人计算机，无论是PC机还是Mac机，抑或是这个日益网络化的世界中的其他数字设备会统统发生故障。

"Y2K"，又叫千年虫。这听起来有些吓人的名字，究竟是何方神圣？

回溯到20世纪60年代——计算机的更新纪。在大型计算机上存储信息的成本昂贵，而在流行的商用计算机上提供存储空间却是计算机制造商不愿承担，而或者转嫁到客户身上的一笔开销。他们的解决方案是，最大限度地缩减存储。如果你在20世纪90年代初买了一台IBM计算机，那个硕大的机箱里仅有2千字节的存储空间（与之相比，如今iPhone手机的存储空间是它的3 200万

第一章 千年危机

倍）。除了成本因素外，还有人的因素。在20世纪60年代，哪个程序员会远虑2000年的事情呢？

为了节省宝贵的存储空间，程序员将年份从四数位压缩到两数位。1999年变成了99年，1999年12月31日就存储为12/31/99。

在之后的几十年里，这种方法一直很有效。可为什么到千禧年前夕就出了问题呢？到2000年1月1日，计算机上的日期将回滚为01/01/00。但计算机能识别"00"表示的是2000年，而不是1900年吗？

1985年，在一个互联网新闻组中首次提到了2000年问题，但似乎在政商两界并没有人在意。1993年，《计算机世界》杂志发出的一则警告被称为"信息时代的午夜骑士保罗·里维尔[①]"。在这篇文章中，一名出生在南非的加拿大人——彼得·德亚赫警告道："计算机对于年份的错误识别可能会引发巨大的灾难，扰乱金融市场、电话系统等。"这则警示也被大多数人所忽视了。

长期以来，大众始终对千年虫漠不关心。直到1997年，电信巨头AT&T公司宣布，计划将全公司正常商务总量中"60%的时间和成本"，用于测试为了应对千年虫漏洞而做出的代码调整。即使有人行动但在此之后，仍有很多人没有意识到问题的严重性。在1998年的一场针对准备工作所进行的调查表明，在接受调查的美国13个行业中，政府部门为迎接所谓的千年虫所做的准备工作

---

① 保罗·里维尔（Paul Revere，1734年12月21日—1818年5月10日），一名美国银匠，也是美国独立战争时期的爱国者。在列克星敦和康科德战役前夜，警告殖民地民兵，英军即将来袭。——译者注

最少。

到 1999 年，人们为应对千年虫所做出的改进工作达到了一个狂热的高潮。据估计，在美国、英国、加拿大、丹麦和荷兰，为应对千年虫问题而支出的公共和私人金额总计高达 2 000 亿～8 580 亿美元。同时，政治领导人发出可怕的警告。在英国，一项名为"2000 年行动"的公共教育计划已经启动。在丹麦，据某家庭专题邮件服务机构称，丹麦政府向所有的丹麦家庭都发送了关于千年虫潜在危险的宣传手册。

"这可不是一部你在看到恐怖的片段时，可以闭上眼睛的夏日电影。"时任美国总统的比尔·克林顿警告道。在 20 世纪 90 年代末的一次美国国会听证会上，分别代表康涅狄格州和犹他州的美国参议员克里斯·多德和罗伯特·贝内特描绘了一幅悲观的画面（有些半开玩笑的意味，贝内特其后表示），说在 2000 年新年前夕他们可不想身处三个地方，那就是"电梯、机场和医院"。同为美国参议员的丹尼尔·帕特里克·莫伊尼汉同样发出了警告："我并不是说世界将进入《启示录》第 20 章所描述的那样，一个世界末日般的千禧年。但我们大家都清楚地看到了，一个曾经看起来毫无危险的电脑故障也能引起世界浩劫。"私下里，莫伊尼汉写信给克林顿总统："你或许希望派军队来解决这个难题。"

即使在弹劾案的审议期间，美国国会仍然认真核实政府和工业部门所进行的准备工作，并特别关注相关工作，以确保公共事业部门、财政部门和卫生健康部门做好准备。克林顿成立了自己的 2000 年问题委员会，由"千年虫沙皇"约翰·科斯基宁担任负责人，协调美国国内的各项准备工作。而由世界银行出资成立的千年虫国际合作中心则帮助其他国家开展准备工作。

一些基督教福音派的领导人宣称,千年虫是神的判决,世俗社会需要被毁灭,由基督王国所取代。杰里·福尔韦尔牧师拍摄了一个名为《Y2K:关于千年虫的基督徒生存指南》的视频,并进行销售。美国爱家协会的詹姆斯·杜布森博士给员工发放的圣诞节奖金要比往年多得多,他建议员工用这些钱去为应对千年虫做准备。

1999年即将结束的时候,一场完美的风暴开始了。在这场风暴中,末日论者、福音派牧师和新闻媒体都在描绘着类似的恐怖画卷。在美国,恐惧是流行的商业模式:美国人学会了要害怕,并且保持害怕。约翰·科斯基宁说:"你一旦开始警告人们,并吓坏了他们,你就很容易让他们行动起来。"英国也发生了恐慌。2000年行动的管理总监格温内思·弗劳尔回忆起有一个女人举家搬到了苏格兰农村,"因为她以为这是末日之战"。

枪支销售额大幅度飙升。1999年末,美国联邦应急管理局和美国红十字会建议市民储存食品和水(我也囤了一些瓶装水)。当时,千年虫的警告者建议居民储备4~8周的生活必需品。《千年虫家庭准备完全手册》(The Complete Y2K Home Preparation Guide)建议,考虑到社会运行完全中断的可能性,储备6~12个月的食物和水也许更明智一些。

等到了元旦前夕,数以百万计的居民严阵以待,灾难的降临。

新闻主播黛安娜·索耶和她的丈夫电影导演迈克·尼科尔斯到威廉·斯蒂伦和他的妻子罗丝在马沙文雅岛上的家中做客。就在他们等待计算机崩溃和电力中断的时候,他们写下了为了实现一个更好的世界的愿望单。他们把这个愿望单放在一个容器里，埋在一棵树下。而我呢？1999年12月31日，我这个趋势预测者和早期技术采用者正和我的金毛寻回犬一起蜷缩在沙发上，一边看着新闻，一边给其他国家的朋友打电话。听到悉尼和东京的朋友都平平安安地度过新年，没有受到千年虫打扰后，我又给阿姆斯特丹的朋友打电话，那里正像往常一样召开着热闹的新年派对。然后我明白了，杞人忧天是一种愚蠢的行为。

在1998年前，约翰·科斯基宁就说过，如果千年虫问题得到解决，他就在午夜跳伞。他说到做到，在记者的陪同下，他登上了一架飞往纽约的飞机。科斯基宁安全降落在了纽约时代广场。

那个夜晚最好的新闻故事并不是来自囤积了过多物资的千年虫准备者，也不是来自失望透顶的福音派牧师，而是来自那些要分享好笑故事的市民和企业。

在午夜，美国武装部队网络失去了网络信号。"5秒后，网络恢复了，而新闻主播喊道：'只是开个玩笑！新年快乐！'"

还有许多关于千禧年的黎明的故事。思考以下这两个故事（我无法证实这两个故事的真实性，但它们是这类故事的典型代表）。

> 州属机关IT部门的经理在2000年1月1日早晨去上班，检查了系统后，带着他的员工去国际薄饼店享用早餐。他们账单的日期打印为"1999年12月32日"。

> 一群十几岁的少年住在一个软件工程师的林中小屋里，

第一章　千年危机

他们不需要付房租，但要答应一个条件：必须要接受一名海军陆战队高级军官的生存训练，而一切费用由软件工程师承担。这位工程师希望这些少年能在灾难之后帮助他重建社会。"新的一年来到了，我们坐在火边，呷着汽水，思考着我们未来的人生会是什么样子。"

对于这些孩子来说，所发生的一切宛如一个大大的肥皂泡。这场没有降临的灾难却给世界带来了巨大的影响。不过，至少在一开始，这些影响是积极的。

为应对千年虫而做出的努力，需要全球层面的企业和政府，以及政府机关（包括反恐情报机关）之间的协调和信息共享，包括反恐情报机关。正如"9·11"事件委员会在几年后所做的报告中称，1999年的最后几周是"政府各部门协调一致，如同一个整体般齐心协力的时期"。

千年虫为各类组织提供了一个罕见的机会，让它们可以着手处理未来的问题，而不是仅仅关注日常的经营。专用于解决某些具体问题的预算提高了，从而让管理者可以测试并升级他们的技术。2001年，在恐怖分子攻击商贸中心大楼之后，这个红利显现出来。"9·11"事件之后，纽约证券交易所原本要关闭几周，但多亏为应对千年虫而做的工作，仅仅用34天的时间，这个交易所就重新营业了。

最初千年虫带来的影响的确开启了高效解决问题的光辉时期，但跨机构的协调一致并没能持久下去。随着新千禧年的大幕平安拉开，各国政府开始松懈下来。在美国，由于程序员短缺，导致各大企业寻找其他国家的人手。当他们在印度发现了有经验的程序员后，便雇用了他们。这标志着外包趋势的开端，但这渐渐侵蚀了许多美国工作岗位的稳定性。

在一次危机中，人们出于对共同利益的关心而走到一起。回望 2017 年，科技记者法尔哈德·曼朱反思了千年虫问题对于我们的动机的影响：

> 要是你想推动成本高昂、集体性的全球行动，你需要告诉人们可能发生的最糟糕的情况是什么。轻微的不适难以激励我们，只有最糟糕的情况才会让我们采取行动……解决千年虫问题是之前少有的几次全体动员，与隐隐出现在地平线上的某种灾难战斗的例子之一。我们现在需要同样的动员来解决气候变化问题。

而我要补充的是，我们也需要同样的动员来对抗新型冠状病毒。

1999 年，我们人类动员起来所对抗的威胁没有变成现实。在很大程度上，这是因为我们动员起来阻止了它成为现实。我们没有因千年虫所导致的灾难而陷入混乱，但是我们也没能进入一个崭新的千禧年，没有精神饱满的问题解决者守护我们社会的边界。恰恰相反，我们滑入了 20 年的经济和生态的下行，也目睹了恐怖主义、分裂主义和极端主义的抬头，而数字化的生活方式如一块巨大的幕布，构成了这个时代的背景。

无论你生活在哪里，做了多么万全的准备，或者经济多么富足，在 1999 年你都会感到不安，甚至惊恐。那一年就像一个灾难大片般出现在我们的现实生活中。尽管结局有些虎头蛇尾，但它让我们知道了技术可以对我们的生活方式和人生造成威胁。

跳过 20 年的时间来到 2019 年，在这个时期，技术甚至变成了一个更为广泛、更难以逃避的生活方式，极大地影响着我们的行为、选择和信仰。

2019 年 12 月，新冠肺炎疫情在全球蔓延。我们不该为这样一种威胁的出现感到惊讶。"病毒是人类持续统治这颗星球的最大威胁。"诺贝尔奖获得者、分子生物学家乔舒亚·莱德伯格早就警告过我们。

多年以来，比尔·盖茨通过 TED（Technology, Entertainment, Design，即科技、娱乐、设计的英文缩写）演讲，以及在达沃斯世界经济论坛上的讲话，警告每一个愿意倾听的人："全球灾难的最大危险并不会来自导弹，而是来自微生物。"他敦促各国政府研发快速诊断工具和疫苗。美国总统乔治·W. 布什总统和巴拉克·奥巴马同样敦促政府机关采取行动，并追加基础设施投资，以预防未来可能会出现的致命的经空气传播的疾病。奥巴马还给他的继任者留下了一个计划——《早期应对重大新发传染病威胁和生物事件预案》。不过，当新型冠状病毒真正到来的时候，我们都知道美国政府那十分混乱的反应。

1999 年，正是部署完备的技术修复帮助我们阻止了一场潜在的千年虫危机。与之形成鲜明对比的是，数字技术和其所带来的永远在线的心态，正是我们面对新型冠状病毒的威胁而疏于准备的原因之一。在这 20 年中所出现的时时刻刻保持在线、自我封闭的"回音室",以及无处不在的算法程序,导致大众不相信机构,不相信专业人士的思想倾向。而深度复杂的意识形态裂缝,让人们去质疑客观事实,为阴谋论和逆反行为提供了肥沃的土壤。进入疫情差不多两年来,当最有效减轻疫情的方法早已经证据确凿,清清楚楚地摆在全球大众的面前时(戴口罩和注射疫苗),我们却看到了数以百万计的民众不肯接受这两种方法。一方面,千年虫问题主要是由政府和企业所雇用的计算机专业人员所解决的。另一方面,结束新冠肺炎疫情需要全球人民的积极合作,但许多人却仍然迟疑不前。

在美国,一些人很快把抗疫不力归咎于社会分裂,以及在唐纳德·特朗普执政期间对国际卫生健康权威机构的排斥。这是对这个社会现象的过度简化。特朗普是社会分歧的导管,同时拒绝与公民对话,但他只是为这颗在2016年之前就早早植下的种子浇水施肥罢了。这位美国前总统极善于利用社交媒体平台,他非常有效地利用这些平台来取悦广大的订阅者。因为大众早就盼望着能有人把他们长久以来私下思考的观点公开地讲出来。同时,与政府官员对千年虫问题的应对方式形成强烈对照的是,特朗普设法让这次本该抛去意识形态分歧,让各国团结一致去应对的危机趋于政治化。

当然,美国并不是唯一陷入分裂和冲突的国家(只是它滑入混乱和瘫痪的飞快速度实在让世界为之惊讶)。在南美洲,巴西在雅伊尔·博索纳罗总统的领导下变成了一个火药箱。这位领导人与特朗普相似,善于利用社交媒体,并把它们变成了转移民众注意力和欺凌政治对手的布道坛。海地共和国在总统被暗杀,并又一次遭受灾难性的地震灾害之后步履蹒跚。而英国退出欧盟的曲折过程及其后果不断地撕裂着这个国家。

对于社会分裂的传统解释是因为社会不平等、阶级不满、种族主义和缺乏教育。显然，在当今断裂的社会结构中，我们可以看到以上所有不利因素的大量出现。但在今天充满愤怒的分裂背后，在伴随着新冠肺炎疫情而来的巨大苦难之下，还有另一个潜在的原因，那就是技术的无处不在和媒体内容的巨大体量。随着时间来到新冠肺炎疫情盛行的2020年，无论是经过科学证明的理论，还是不切实际的阴谋论，都可能被数以亿计的人们所阅读或倾听。技术已经让反社会的态度以更强大的方式呈现在人们眼前。

当你走在大多数发达国家的街道上，或乘公共汽车、火车和飞机时，你很难看到有人的注意力没在他们的手机上。《纽约客》杂志上的一则漫画准确地描绘了这种社会现象。在这幅漫画里，一个父亲问他的家人："这个周末我们到哪里去看我们的手机？"这不仅说明我们已经成为虚拟生活的俘虏，也说明我们每个人都有着不同的虚拟生活。

我们的文化正在分裂成原子，而这种分裂呈现社区的特征。我们每个人都生活在自己的气泡里。我们与那些有着相同人生观、信仰和价值观的人共处在一个气泡里，建立了一个实际上是在与我们自己对话的"回音室"。许多这样的"气泡"从不可靠的来源获得新闻和信息：播客、社交媒体，由境内或境外的破坏分子所发布的假消息。你还会奇怪为什么我们许多人都难以分清事实和谣言呢！

作为一个社会，我们需要元叙事来把我们约束为一个整体。对于千年虫问题的应对，受益于一个大家都能够接受的叙事，那就是存在一个技术故障。如果不由政府或技术专业人员及时处理，就可能导致巨大的混乱。大多数人对于这个威胁达成了共识，哪怕他们用自己的方式去解释它（我非常担心我的吹风机会因为千年虫而坏掉）。而大多数政府和商业领导人一直着重于长达几个月的准备工作。我们有着一个共同的目标：赶在千年虫之前，赶在它让文明陷入混乱和黑暗之前阻止它。

对比人们对当前新冠肺炎疫情的反应，由于缺乏人们公认的叙事，也无法让人们对单一版本的现实达成共识。这个病毒是如何出现的？它是国际病毒吗？开发疫苗是为了驯服民众吗？这个全球健康问题变成了对社会稳定性的威胁，迫使我们在各条战线上付出高昂的成本。到 2021 年 10 月底，几乎有 500 万人因新型冠状病毒失去了生命（仅美国就有超过 74 万死者），但仍然有很多人认为这个病毒只是编造出来的谎言。全球的金融损失估计高达 16 万亿美元，而这些损失仍然在不断增加。国际货币基金组织的常务负责人在 2020 年 12 月预测，2020—2025 年的新冠肺炎疫情将导致全球经济产出损失高达 28 万亿美元。

抛开数字不谈，新冠肺炎疫情也对人们的精神健康和幸福感造成了巨大的打击。人们渴望稳定性和持续性。我们不情愿地接受我们将经历的经济倒退、疾病和死亡，不断的混乱和不确定性让我们失去理智，再也没有比混乱更能破坏社会的稳定性了。而当人们坚持于相互矛盾的叙事时，更进一步增强了混乱的破坏性。即使在 2021 年末，关于这次新冠肺炎疫情如何开始的，以及开始于何处仍然存在着广泛的争议。而且围绕着谁会在疫情中获利，产生了大量的阴谋论。不断有国家领导人（包括巴西的博索纳罗、白俄罗斯的亚历山大·卢卡申科、印度的纳伦德拉·莫迪）轻视病毒，或者拒绝采取充分控制病毒传播的措施。

你也许以为，我们控制病毒传播的努力会从我们手边的一个重要的生存工具上获益——我们的智能手机。几乎每个人都有一部智能手机。在全世界，大约有140亿部智能手机。到2024年，预计智能手机会增加到大约180亿部。也就是说，到2024年刚刚超过80亿的世界人口，将拥有大约180亿部智能手机。当然，这些手机也许能在疫情期间提供重要的信息通道，还能帮助开展流行病的调查，从而遏制病毒的传播。实际上，它们常常为主流新闻渠道之外的边缘群体和阴谋论者提供了制造谣言和假新闻的通道。

今天，我们不会为读新闻留出专门的时间。因为我们随身携带手机，可以通过收看视频了解新闻。每分钟，大约有500个小时的视频被上传到油管（YouTube）上。在这些视频所传达的信息中，你认为有多少信息是经过调查核实和真实准确的呢？

在2020年由于新冠肺炎疫情导致全民隔离的最初几周，我突然想到经过20年的延期，我们的21世纪才真正开始。1999年，我们为时钟走过12月31日午夜11:59后的灾难性中断做了充分的准备。但直到2020年，当新冠肺炎疫情和一场追求种族平等的呐喊颠覆了这个世界时，我们才感受到这次灾难的冲击。

20年前，由技术所带来的千年虫问题既可以辨识，也可以解决。今天，恰恰相反，以数字图像、社交媒体和新闻自媒体的形态所表现出来的技术，向我们提出了难以解答的问题：

> 技术为民主带来了危机还是救赎？它可以实时地记录下事件的发生，但它也可以在宣传中任人操控。我们怎么来分辨其中的区别呢？
>
> 技术是让我们直面难堪的现实，从而及时拯救这颗星球，还是让我们痴迷于我们的屏幕，甚至让我们无法察觉自己正在走向灭绝呢？

我们可以确定的一件事是，在 2000 年之后，我们所看到的，或将要看到的许多最重要的发展趋势，都源于数字技术在我们的生活中日渐占据中心地位。

在第二章，我会展示技术如何在过去的几十年中悄悄地接近我们，与它一起到来的还有暴力事件、极端主义、生态混乱，以及真相的日渐模糊。只有我们理解了它们植根的方式，才能找到方法摧毁它们。

第二章
2000—2020 年：一场慢放的幻灯片

我们把 1999 年的很多时光都花在等待这个世界的崩溃上。于是，当我们进入新千禧年的时候，感到了一丝放松，也感到了一丝愚蠢。为了应对那场步步逼近的风暴，一些人储备了生活必需品、武器和现金。其他人没有那么极端，但也以为会有某种大事件发生。

就这样，我们进入了许多人称之为"20 年的稳定下行期"，尽管暴力事件和灾难时有发生。这些因素使我们前进在通往我们当前文化氛围的道路上。而通过审视这些因素，回溯到源头，我们才能看清楚我们会以何种方式走向未来。

大规模枪击事件和恐怖主义

随着生活抛给我们一个又一个挑战，我们艰难曲折地度过了这 20 年的时光。1999 年春天，在科罗拉多州哥伦拜恩中学发生了枪击事件。当时，我们并不知道它将是一个恐怖趋势的开端。后来发生大规模枪击事件的学校有弗吉尼亚理工学院、巴基斯坦白沙瓦的陆军公立学院、肯尼亚加里萨大学、佛罗里达州的玛乔丽·斯通曼·道格拉斯中学、桑迪胡克小学，以及其他学校。2020年3月是美国在近20年里第一个没有发生校园枪击事件的3月。

当然，在过去的20年里，美国的校园并不是大规模枪击事件的唯一目标。在2000年后，发生在世界各地的大规模枪击事件和恐怖袭击变得非常常见，袭击礼拜堂、夜总会、大型商场、音乐会场、餐馆和酒吧，以及新闻室等。在纽约发生的"9·11"事件的声音和气味（以及在接下来的那些天里我们所有人感到的人间真情）仍在我们许多人的心中记忆犹新。随着来自商贸中心遗址的灰尘和悲伤渗入城市的每一个角落，曼哈顿的繁华街区在不止一个层面上受到了深深的伤害。多年后，那里的居民才意识到那次事件给他们和他们的家园所带来的情感和物理上的全部影响。（我的金毛寻回犬在2005年因口部癌症而中年早逝。翠贝卡区的一名兽医把这种病称为"9·11病"。我所认识的许多人都受到了不同程度的健康影响，这种现象现在被称为"9·11"事件的第三波冲击。）

经济繁荣与萧条

在2000年之后的这20年中，全球经济经历了大起大落（主要趋势是下行）。从2000年的网络经济泡沫到住房次贷危机，再到2007—2009年的全球经济衰退，还有发生在巴西、希腊和委内瑞拉等地的经济危机，在某种程度上预示了我们在2020年所经历的经济状况。我记得和一位朋友讨论过2015—2016年委内瑞拉的厕纸短缺。我们都认同在所有我们不希望缺少的生活必需品中，厕纸一定会位居前列。

在 2000—2019 年，经济力量的中心也发生了转移，中国超越了日本，成为世界第二大经济体。而到 2018 年，在世界收入最高的前 100 名中，有 71 个是企业，而不是国家。据瑞士信贷集团统计，2019 年，全球最富有的 1% 人口占据了全世界财富的 44%。所有人都以为，"占领华尔街运动"会对这种贫富差距巨大的现象造成一定冲击，可实际上并没有什么效果。尽管它的确让更多的人认识到了"1% 富人"的概念，并让贫富差距成为美国总统竞选游说之路上的一个话题点。

极端主义和难民

在政治和军事上，我们在新千禧年的最初 20 年中见证了像 ISIS 和博科圣地组织这样的极端组织的发迹。在世界各地，民族主义以各种各样的形态出现（或再次出现）在我们的视野里——右翼势力、种族主义，甚至资源国家主义（政府控制国家的自然资源），以及像巴西的雅伊尔·博索纳罗和菲律宾的罗德里戈·杜特尔特这样在反对党的包围中拼杀而出的铁腕人物。这些事件所传达的信息很清楚：在一个高度全球化的时代，许多国家的政府和人民正寻求保护国内市场的办法，并坚定地捍卫本土商品和利益。

同时，战争在全世界此起彼伏（在伊拉克、利比亚、也门、阿富汗、黎巴嫩、叙利亚、乍得、苏丹、索马里，以及其他许多地方）。到 2016 年底，据联合国难民事务高级总署的数据，大约 6 560 万难民被迫离开他们的家园，为这个早已充满困苦的世界又增添了一个难民危机。近年来，我们目睹了各国对难民的重新安置已经加剧了民族主义趋势。关闭边境的呼声愈演愈烈，正如我们在新型冠状病毒危机中所目睹的现象。

2016年，在对全球化（至少是地区国家结盟）的又一次排斥中，英国踏上了长达4年、无比艰难，而又矛盾重重的"脱欧"之旅。这是一个机能失调的过程：从集体中脱离出去总是艰难的。

即使在英国之外，反移民情绪也开始高涨。人们总是哀叹着他们的国家真正"属于他们自己"的好日子已经一去不复返。我们原本应该更多地关注那些自由跨越国界的谎言，而不是难民。随着网络的日渐普及，各国政府与其他实体却在通过互联网高效率地散播谎言和煽动矛盾。

生态混乱

在环境上，2020年之前的20年是一场噩梦（也是一篇警世故事），充满了各种破坏性的自然灾难和极端天气事件。在大西洋上，4～5级的飓风（其中最著名的包括"玛丽亚""卡特里娜""威尔玛""艾尔玛""马修"和"哈维"）把加勒比海、中美洲和美国撕成了碎片。在太平洋上，海啸席卷了印度尼西亚、日本和新西兰等国家。

在那些年里，我们也目睹了极端天气事件的升级。而科学家警告称，如果我们不能控制气候变化，这些极端天气事件还将进一步升级。由干旱导致的野火横扫了希腊、澳大利亚和美国等多个国家，而洪水和泥石流在亚洲夺去了数以千计人的生命。一些人也许会说，每过几百年就会发生这些极端天气事件。但接连不断的风暴、北极冰盖的融化、海洋温度的上升，以及地球升温等，所有这些迹象都迫使所有人（除了最固执的气候怀疑论者）不得不关注这个问题。让我们直面真相吧，大自然母亲在愤怒。

在健康卫生领域的全球危机和反科学主义的抬头

在健康方面，从千年虫到新型冠状病毒的 20 年里，人们见证了在肥胖、糖尿病和精神健康问题上患病人数的大幅增加。2003 年，我的团队发布了一篇关于"全球肥胖问题"的报告，并指出，根据世界卫生组织的数据，全球成人肥胖的人数从 1995 年的 2 亿人上升到 2000 年的 3 亿人。而到 2020 年，世界卫生组织估计成人肥胖的数量达到了 6.5 亿人。世界卫生权威部门认定肥胖是导致新冠肺炎重症和死亡的主要原因之一，这又进一步加剧了这场健康危机。

在全世界，健康卫生工作已经在过去的 20 年里陷入了一场危机，尽管一些国家要比其他国家做得出色得多。

2000—2020 年的另一个重大的卫生健康问题是反疫苗运动。英国内科医生安德鲁·韦克菲尔德在他 1998 年发表的论文中，将自闭症患病人数的增加与 MMR 疫苗（麻疹、腮腺炎和风疹的联合疫苗）联系在一起（已经被证伪，但仍然有很多人相信），从而开启了反疫苗运动。在英国，由维康基金会出资的一项全球调查发现，每三个法国人中就有一个人不相信疫苗是安全的，只有大约一半的乌克兰人相信疫苗是有效的。这导致早在新型冠状病毒出现之前，疫苗就已经成为一个尖锐的政治问题。联合国儿童基金会认为，反疫苗运动是近年麻疹病例激增的重要原因。在 2019 年的第一季度，患上麻疹的人数比 2018 年同期上升了 300%。

反疫苗运动成为近年来出现得更为广泛的反科学思维倾向的一部分。人们正在表现出把科学事实曲解为政治偏见或假新闻的可怕倾向。

社会进步和反社会趋势

在社会上，我们看到了在 2000 年之后，人们在接受性少数群体、不同种族、不同性别的平等地位上的重大转变。许多年轻人完全不理解最近出现的同性恋恐惧症恰恰是大多数人的默认立场。在 2003 年，因为美国最高法院在劳伦斯诉得克萨斯州一案中那意义深远的判决，才撤销了当时得克萨斯州法律中对男男性行为的禁止。始终为自己的包容而自豪的瑞士，在 2021 年也撤销了对同性婚姻的禁止，并允许女同性恋者采取人工受孕的方式生育。2020 年，美国最高法院裁定跨性别工作人员受到 1964 年《民权法案》第七条的保护，禁止在就业环境中基于种族、肤色、宗教、性别、怀孕或国籍采取歧视。我们还清楚地记得，这件事让多少美国人为之震惊。许多人还以为保守的法庭会反对这样的保护裁定。

与其说种族问题是由法律改变的，不如说是被民众的积极行动精神所改变的。在 20 世纪 90 年代，我常常从我位于阿姆斯特丹南区的房子里，看着荷兰人在每年 12 月初的圣尼古拉节纪念圣诞老人的随从——黑彼得[①]。2020 年夏天，乔治·弗洛伊德在明尼

---

① 黑彼得：在传说中，每年 12 月 25 日晚上，圣诞老人会带着他的助手黑彼得一起去小朋友家分发礼物。黑彼得外形黝黑，还有一头黑卷发、大红唇、金耳环。自 20 世纪 40 年代起，反对者就将其视为种族歧视的符号。

第二章　2000—2020年：一场慢放的幻灯片

阿波利斯被警察杀害之后，我在荷兰吕伐登的"黑命攸关"（Black Lives Matter）抗议活动的照片中，注意到有很多抗议黑彼得的标语。社会在进步，也许进步的速度不会永远像冰川融化那么缓慢。

在这20年里，世界各地仍然坚持着争取女性平等和终结性骚扰、性暴力的斗争，比如2017年轰动各界的"MeToo"运动。在2000年认为是正常的行为（或者至少认为女性应该容忍的行为），在今天的大多数公共场合都会遭到惩戒。

这些年发生的事（尤其是最近5年）标志着"愤怒时代"的开始。我在我的2011年报告中指出，愤怒是当前时代精神的颜色，而任何不愿意沾染上这种颜色的人，都要冒着被视为过时和落伍的风险。在那个人心惶惶的2008年，巴拉克·奥巴马在竞选中那冷静、客观的言辞打动了许多美国人。但在这个美国人日渐愤怒的时代，这种毫无戏剧性的处世之道却显得过时了。

最近几年，我们不仅见证了愤怒情绪的高涨，也目睹了粗鲁、好斗的行为方式的增多，以及党派之争的愈演愈烈。在各种各样的阴谋论的刺激下，在"假新闻"的呼喊中，在社交媒体机器人的干扰和煽动下，社会的巨大裂缝正在进一步扩大。让人们惊讶的是，不同阵营之间的新闻是那么的不同，尤其是那些"事实"是如此的势不两立。在新冠肺炎疫情期间，这种社会割裂已经实时地发挥了作用，让一些人仍然坚信新冠肺炎疫情是一场谎言，而另一些人却想着长期转入地下生存。

再见了，模拟信号时代

虽然很多事件都有着非常重要的意义，但很少有人会反对我们在2000—2020年所目睹的最具影响力的变革：人类对数字生活的全然接受。从日常上网到网上购物，再到社交媒体；从GPS（全球定位系统）到电子金融；从流媒体视频到电子竞技；从智能电话到智能音箱，再到智能家居，我们一点点把我们的日常活动搬进了数字王国。

这个世界现在的割裂不仅是因为财富和收入的差距，也是由于技术能力的不同所导致的。再没有比韩国和朝鲜更能说明数字技术的鸿沟了。在朝鲜，普通人一般不上网，而形成鲜明对比的是，在韩国，超过95%的人都是网民。而且韩国拥有全世界最快的平均网速。数字技术能力的差别也会造成一个国家内部的割裂。在美国，据皮尤研究中心调查，92%的美国白人偶尔会使用互联网，而只有85%的黑人相对应的会使用互联网。在城市近郊有94%的美国家庭会使用互联网，而在城区这个数字是91%，对应的在农村只有85%。这种割裂不仅会在信息的获取上造成巨大的影响，也决定了不同人群的影响力。那些能够充分使用这些数字工具的人群有能力把那些没有相应能力的人群排挤出他们的交流圈。

数字生活重要，但也让人筋疲力尽

到现在，我们都已经意识到，网民们越来越沉溺于数字生活之中。没有人能够提前知道面对互联网，我们人类会发生怎样的改变。它不仅改变我们的行为模式，也改变我们的思维方式。我们变得越来越缺乏耐心，越来越不愿意接受延误和小错误。在浏览网页和其他人在线发表的文章时，在为错过的、没有及时跟上的网络风潮而烦恼时，我们也越来越焦急，越来越争强好胜。

我们还在设法把新的数字工具变成我们生活的"监护人"，使用智能手机、各种app和可穿戴健康设备来追踪我们的每一个动作。但这也提供了另一种方式，来衡量我们那不够完美的生活。

于是，这就构成了纯粹的数字化的生活节奏。人们易于对那些美好的过往心驰神往。在那个时代，秘书会用打字机打出一封信，邮寄出去，等上几天甚至几周才能收到回信。我从来没有在那样的时代工作过（在我大学毕业的时候，传真机已经普及了），但在20世纪80年代那有限的技术条件下，至少我们还能时不时地把工作留在办公室里。

令人眩晕的变革节奏

毋庸置疑，在新千禧年的头20年里发生了很多事情，不限于从模拟时代向数字时代的跨越，以及极端主义的抬头。除了千年虫那场未能实现的灾难以外，没有任何时候世界会团结一致面对一个危机；没有任何时候我们拥有一个共同的敌人；没有任何时候全世界的人会同时想知道他们的生活是否还会恢复正常，并意识到答案是响亮的"不"。这并不是说我们不关心这个世界。许多人感到这个世界正在走向错误的方向，而组成这个世界的诸多要素——政治的、环境的、经济的，都在失控地旋转。我们生活在一个充满焦虑和仇恨的时代，一个快速的、不可预测的，以及常常发生不受欢迎的变革的时代。这个时代让人头晕目眩、精疲力竭。2019年12月，在即将发布的2020年趋势预测中，我写道：

当我们走向新的一年，世界各地的人却不确定自己的未来，也不知道是否已经来不及改变自己当前的方向。在情感上，我们感到被人群所抛弃，并渴望真切、实际的接触。我们恐惧人类对这个星球所造成的破坏，并寄希望于我们那些小聪明的举动会修复这些破坏。我们渴望从长期的、螺旋式的变革中放慢脚步，深深地吸上一口气，来想一想我们是否过上了我们理想中最好的生活。

在这篇报告发表后没多久，我们就被迫慢了下来，但社会的动荡却呈螺旋式上升。走进2020年的几个月之后，我们就迎来了新冠肺炎疫情。而这次浩劫所达到的破坏程度，远远超过了我们多年前对千年虫问题的预期。

2020年——大爆炸
（永不正常的新时代）

截至2020年9月中旬，世界上已有超过2 800万新冠肺炎确诊病例，并有超过90万人因此死去。到2021年11月，激增到2.49亿确诊病例和500多万人死亡。数字仍然在继续增加，哪怕有更多的人已经完成了新冠肺炎疫苗接种。

这个病毒已经触及我们每个人，一些人是以无能为力的痛苦方式生存，而另一些人受到的影响则小得多，但长期的影响仍然存在。2020年初，孩子们经历了一个完全超出了他们认知的极为不同的世界。许多学校封闭了，老师开始线上授课——只提供给那些足够幸运，能够买得起相应的网课设备和拥有信号流畅的宽

第二章 2000—2020年：一场慢放的幻灯片

带的孩子。朋友之间的社交活动只能通过社交媒体、网络游戏和视频聊天进行。在非必要岗位上的成年人，只能在家中度过隔离期，通过快递购买生活必需品，或者戴上口罩和手套，攥紧手部消毒液外出采购（如果他们非常幸运地在最初的几月里能买到这些东西的话）。金融市场被扰乱了，失业人数一飞冲天，而小型企业和零售业的工作人员感受到了极大的痛苦。

在不同程度上，这次新冠肺炎疫情已经永远地改变了我们的生活。而没有人（甚至没有专家）知道这次疫情最终会给人类带来多大的损失。

更多的事情在改变

在新冠肺炎疫情下的生活与千年虫恐慌之间所具有的一个共同点在于，人们倾向陷溺于生活中的细节，而忽略了渐渐迫近的重大威胁。2020年3月，我从苏黎世飞到新泽西州的纽瓦克，坐了6个小时的车，然后在罗德岛隔离了两周（一个几乎没有冬季保暖措施的海滩棚屋成了我们在美国唯一可以落脚的安全地点。于是我和吉姆搬了进去。我们俩夜以继日地工作，因为我们生活在新冠肺炎疫情时代。在这样的时代，所有的时区都是混合在一起，恰如昼与夜的混沌）。我已经变成了我们家供应链的实际负责人，为一个分散在全美国各地的家族安排新鲜产品和肉类的快递。我还订购了胡萝卜奶酪蛋糕，作为礼物来支持一位经营小型面包店的朋友。接着又给世界各地的朋友发送狗狗的照片和视频（我们当时有两条金毛——本和哈利，都是搜救犬）来为他们打气，每天工作14～15个小时。当快递送到的时候，我会从一个小小的会客室开始我的"清关"流程，遵循我严格制定的隔离规则。多亏一位居住在瑞士的波兰朋友（他是一个先知先觉的人，在 2 个多月中，一直在跟踪新冠肺炎疫情的消息），在他的提醒之下，我为在罗德岛的房子订购了几瓶消毒液、1 箱红酱、1 箱蘑菇、1 大罐磨碎的帕玛森奶酪，还有 16 卷厕纸。但我从来没有想到这 8 周的时间会在乌烟瘴气的 Zoom 软件的团队视频会议中度过，每天只吃一顿饭，常常是意大利面或一个煎鸡蛋。

许多美国人并不像我和吉姆这样认真对待疫情隔离和社交距离的规定。我们俩把从亚马逊网站上订购的成箱的罐头食品搬进屋子的时候，都会戴上口罩和一次性手套。在那个生活必需品短缺变得越来越频繁的时候，亚马逊是少数还能送来快递的商家之一。相信我，我们的挑战是第一世界特权的范例，就像我在 20 年前，荒唐地担心我的吹风机会在千年虫危机之后坏掉一样。但这就是人类的处世之道：我们只关注我们所能处理的。

被中断的世界

21 世纪所呈现出的样子与我们的上一辈人（以及年轻时候的我们）所想象的完全不同。在 20 世纪，未来学家不会预测到一场全球范围的新冠肺炎疫情、政治极端主义、恐怖主义、这个世界中众多人民所遭受的长期贫穷和苦难，以及我们对地球的恣意破坏。他们预料到了进步，他们所想象的 21 世纪会解决 20 世纪所遗留的重大问题，并建立起注重便利（而不是争斗）的生活体验。

预言是重要的。预言和幻想不仅有助于塑造我们对于未来的期待，也能够影响我们对现在的体验。我们运用这些体验和期待

第二章 2000—2020年：一场慢放的幻灯片

去建立"未来将会是什么样子"的相关概念，并且在现实没有达到我们的期望值时（这种事经常发生）感到失望。当然，我们现在可以买到悬浮滑板了，但它一点儿也不像在1989年拍摄的《回到未来2》（电影中的未来设定为2015年）中的样子（在另一方面，《回到未来2》也没有预测到互联网的出现，所以我们还是暂时领先）。很难找到一个生活在这个没有动画片《杰森一家》里所描绘的飞行车和机器人管家的世界中，而不感到上当受骗的婴儿潮那代的人，哪怕这部动画片的背景设定为2062年。

我们也都假装时间是整齐划一的，一秒钟汇入了下一分钟，下一小时，下一天/周/月/年/时代，但没有两个人对时间的感知是相同的。在某些方面，2020年1月就像上辈子那么遥远。我们在自我隔离和封城中度过的那些日子，看起来既慢得残酷，又快得像火。4月份发生什么了？5月份呢？人们问，今年还有春天吗？

诗人威廉·卡洛斯·威廉斯将时间描写成"我们都迷失其中的一场风暴"。在某种程度上，2020年之前的20年扭曲了我们的时间感。那曾经闪闪发光的未来灯塔在这些年里逐渐暗淡，并且已经暗到了危险的程度。在美国，第一次预期年轻人的生活条件不会高于他们的父辈。在全球范围，我们正在走向与气候变化相关的灾难性场景，但我们却全然不知道如何改变这个进程。在富有与贫穷、强权与弱小之间日渐扩大的鸿沟，并没有呈现出任何弥合的迹象。而即使这个世界向每一个新的数字"解决方案"张开怀抱，我们许多人仍会感受到这其中的代价过于高昂——我们失去了隐私、时间、亲情、社区化的活动，甚至无聊所诱导的创造性。

如果我们能够指出 2020 年的新冠肺炎疫情所带来的某种好处，那可能是它阻止了全人类在原来的生活模式中的按部就班，迫使我们重新评估我们对当前状态的满意程度，并重塑我们对于未来的想法。在我的一生中，我无法想到还有哪个时期比现在这个时期更能够凸显出趋势预测和趋势分析的重要性的。所有的一切都充满了不确定性。

有一件事已经变得显而易见，那就是，即使漫长的时间已经过去几年、几十年、几百年，但有很多东西从来不会改变，甚至还会退化。直到新冠肺炎疫情迫使学校在 2020 年停课之前，教育的模式还是一个老师站在教室前面，就跟 300 年前一模一样。尽管在高科技企业中发生着一个又一个现代奇迹，但 2019 年在洛杉矶的上班族仍然会在交通堵塞中平均耗费 100 个小时；在莫斯科和纽约，这个数字是 91 个小时；在圣保罗是 86 个小时。根据世界卫生组织和世界银行的调查，虽然在医疗上已经取得了长足的进步，但世界上仍有一半人口缺少必要的医护服务。2020 年 3 月，仿佛一眨眼的工夫一切都改变了：我们有了新的教学模式，新的通勤模式，对于健康问题的新的关注，包括人们进一步认识到保持心理和生理健康的重要性。在这个时代，人们有着对年龄的高度敏感。我们这些 60 岁以上的人被警告在新型冠状病毒面前格外脆弱，而"合并症"这个字眼突然出现在每个地方，进一步警告那些原本健康状况欠佳的人。

在过去的 20 年中，整个世界已经花费了上万亿美元的财富用于避免灾难（比如千年虫危机）、灾后的清理和重建、发动没有

第二章 2000—2020年：一场慢放的幻灯片

明确目的（或决心）的战争，并且倡导基于过度消费的经济模式。这种经济模式把我们带到了一个走向生态灾难的道路上，并在这个过程中不断地摧毁社会的必要资源。在花费了上万亿美元的财富之后，我们取得了什么进步吗？除了在世界各个最贫穷的角落里苦苦求生的人们的生活标准的基本改善，以及为我们带来的一些高科技的便利之外，人类在地球这颗行星上的日常生活取得了怎样的改善呢？对我们大多数人而言，我们是否可以真心实意地说我们过得更好，比1999年的时候更满意社会前进的方向了呢？

如果我们允许2020年的灾难性事件作为人类社会重启的一个宝贵机会；如果我们利用这次出人意料的危机来重新考虑我们所向往的未来究竟该是什么样；如果我们利用这个时间来深深地反思过去的20年所带给我们的教训，并利用这些经验教训去设计一条更美好的前进道路；如果我们能够在这个千禧年开端的虚无中建立某种有意义的东西，那么最终我们会实现什么呢？

我们拥有一个重新开始这个世纪的机会，正是新冠肺炎疫情给了我们这次机会。我希望通过这本书，帮助读者重新找到他们的社会定位，让他们认识到为自己重新规划一条道路的紧迫性。在这条新道路的尽头，会有一个更美好的目的地。这个新的目的地，要远远好于我们在2020年初原本要前往的方向。

现在，我已经建构了2000—2020年这段时期的重要事件，我会剖析这种时代思潮将如何影响未来的20年。我们将先探讨气候变化和地球生态毁灭的重大威胁。而这两个威胁与我们的世界中广泛存在的混乱密不可分。如果我们不能解决气候变化的问题，那么其他事情对我们还有什么意义呢？

第三章
气候的真相

在我们进一步透过水晶球，去窥探未来 20 年的道路之时，必须先承认一个令人尴尬的真相：气候关系到我们生活的方方面面。因此，在贯穿本书的各种预测中不可避免地涉及气候危机的各个方面。

就某种意义上来说，人类不愿意及时、有效地承认气候变化并采取行动这个事实，恰恰是人类在发现了重要的规律或变革，却视而不见时的典型做法。装聋的人永远也听不到警钟的声音。针对气候变化而采取行动的第一声呼吁，可以追溯到 19 世纪末，瑞典科学家斯万特·阿伦尼乌斯提出燃烧化石燃料会导致全球变暖。在我的一生中，要求采取行动的呼吁声变得越来越频繁，越来越紧迫。1962 年，蕾切尔·卡森用她具有重大意义的著作——《寂静的春天》（这本书被视为现代环境运动的催化剂），在大众的良知中植下了一颗种子。即使这本书在公众的认知中留下了深刻的印象，但还是过了 15 年，才有另一位重要的领导人——美国第 39 任总统吉米·卡特当众承认气候变化的问题，并呼吁减少二氧化碳的排放。1979 年，当我还在上大学的时候，世界气候组织在日内瓦召开了由气候专家和科学家参加的世界气候大会，以寻求方法"阻止人类可能导致的有害于人类福祉的气候改变。"我可以向你保证，我和我的同学们当时更关注的是南非的反种族隔离运动，而不是跟气候变暖有关的事情。

1988年，在我大学毕业几年后，当时NASA戈达德太空研究院的负责人詹姆斯·汉森博士就"温室效应"向美国国会发出警告。他表示有"99%的信心"断言气候变暖正在发生，而且正在加速。《纽约时报》在头版上刊发了他的证言（也是在那个时期，许多人第一次听说了"酸雨"这个概念。这个词汇是19世纪由苏格兰化学家罗伯特·安格斯·史密斯提出的）。

尽管媒体对气候变化表现出了巨大的兴趣，但汉森博士呼吁美国国会采取行动来减少碳排放的努力却丝毫没能减缓全球变暖。他在美国国会作证之后，仅仅引起了人们一阵短暂的关心。随后，"温室效应"就很少出现在美国的国家对话之中。大多数美国总统在执政期间也没有采取任何有力的措施来保护环境。其他国家也没有做得更好。不过，在这几十年中的确取得了一些重大成果，包括1992年在巴西里约热内卢举行的地球峰会，以及5年后签订的《京都议定书》。

群众运动规模的第一声呐喊，不得不等到2006年美国前副总统艾伯特·戈尔的处女作——《难以忽视的真相》的上映，那几乎是汉森博士在国会做证的20年后了。戈尔的电影成了全世界学校科学课上的必看内容。许多孩子在看完电影后都有赶快群发短信的冲动，但他们的父母和祖父母并没有这么激动。直到最近几年，新闻媒体才认为气候变化值得占据重要的篇幅。

为什么关系我们生活的最重要的事情却没有得到新闻媒体夜以继日、长篇累牍的报道？我们的政府领导人和普通公民为什么会在这么长的时间里对气候变化视而不见？21世纪的媒体史提供了一个解释。谷歌成立于1998年，脸书（2021年已改名元宇宙）成立于2004年，油管（YouTube）是在2005年成立的，推特在2006年成立。苹果公司在2007年用iPhone引发了手机革命。在日渐严重的气候变化原本应该得到越来越多的新闻媒体报道的那些年里，当地报纸、电视台、新闻网和调查团队却都缄口不语。同时，为了迎合各个利益集团的互动媒体和滋生偏见的"回音室"却兴盛起来。所以，气候危机这个"事实"从来没有得到人们的广泛认同，甚至人们都不能广泛承认的确存在一个危机，更不用说这个危机到底是由什么所引起的了。

在2020年，由耶鲁大学的一个科研项目进行的关于气候变化传播的调查发现，超过四分之一的美国人仍然不接受全球变暖正在发生。而联合国对在50个国家的120万人进行的民众关于气候变化投票的调查发现，少于三分之二但多于三分之一的受调查者认为气候变化是一个全球紧急事件。即使在那些相信全球气候变化的人中间，也不是每个人都支持采取激进的措施来延缓气候变化进程。开放社会欧洲政治研究所在2020年进行的调查发现，虽然有80%的西班牙人同意"我们应该采取一切措施来阻止气候变化"，但在美国同意这一观点的人数仅占57%，英国为58%。在联合国的调查中，每十个受访者中就有一人表示社会已经为解决这个问题做出了足够多的努力。

第三章 气候的真相

那些已经从窗外看到气候变化影响的人,不太可能否认气候变化的存在。在2021年1月,新创办的非营利组织潜在能源联盟发起了一个价值1 000万美元的计划,称为"科学妈妈"。其中的一位"科学妈妈"乔伦·罗素博士是亚利桑那大学的一名海洋学家(没错,这在我看来也有点儿奇怪)。她住在图森,离我的住处不远。她在美国变热速度位列第三的城市中的经历,印证了我所观察到的现象。

在《纽约客》对"科学妈妈"的一则简介中,罗素博士描绘了一颗在2020年快速走向灾难的星球:"我们有180天超过37.7℃,你没法简单地理解那是多长的一段时间"(在历史上,图森在一年中超过37.8℃的平均天数是62天)。随着新冠肺炎疫情造成的全民隔离,以及气温飙升,罗素博士的两个孩子(一个10岁,一个14岁)不能去他们的朋友家做客,去外面的游乐场又太热了,甚至在后院玩儿都太热了。孩子们表现出幽闭症的症状。罗素博士开始在天亮遛狗前先陪孩子们外出散步。"我不得不为最艰苦的情况提前做好打算,就像一个将军。我试着让生活变得轻松好玩一些,让孩子们觉得我们就是去外出探险!"她担心孩子们的心理健康。"他们需要看到天空!"

在一个炎热的日子,她让孩子们出去骑自行车。她嘱咐孩子们穿上长袖衣服,戴上帽子,以免被太阳晒伤。一个小时后,她的女儿回来了,说自己头疼。罗素博士的女儿中暑了。因为怕感染新型冠状病毒,她没有带女儿去急诊室。她做了当时所能做的一切:在一个阴暗的屋子里,用一块凉毛巾盖在女儿的头上。罗素博士回忆,她"吓得要死"。

> **时空雷达：**
>
> 到 2038 年，气温上升后的温度会让许多户外体育运动无法进行。这种情况将带动高科技室内体育场馆的建设，并进一步推动电子竞技的普及，并带来丰厚的利润。

把像罗素博士这样的经历和贫穷、缺少食物联系在一起，就构成了即将考验各国政府的决心和能力的一个问题：极端天气让人们流离失所。仅仅在过去的十年中，据欧洲新闻台的一篇报道所说，有大约 70 万欧洲人因诸如洪水或野火这样的极端天气事件而被迫离开家园。2016—2019 年，在欧洲大陆上导致人们迁离家园的气候事件的数量已经翻了一番，从 43 次增加 100 次。而专家预测这个趋势不仅会持续下去，而且还会愈演愈烈——不仅在欧洲，也在世界的其他地方。意大利国家新技术能源和可持续经济发展机构下属的气候模型实验室的负责人詹马里亚·圣尼诺警告称，现在的极端天气事件以后会被人们当作家常便饭。

实际上，在各个地区，各个收入水平的人都会受到影响。数以百万计的人要么被迫背井离乡，要么面临死亡。波特兰州立大学的一名助理教授，约拉·阿吉巴德称，"无常"将成为我们未来生活的特征。她把一个家族祖祖辈辈生活在一个地方称为再也行不通的"一种特权"。

许多地方为了安全（至少是更安全）而限制移民的迁入，因为当地人往往认为他们的社会体系并不是用于供养这些外来者的。因此，到 2038 年，气候移民也会带来其自身的问题。矛盾冲突会爆发，而各地会通过立法来保障富人、权贵和当地人。跟穷人和新迁入的移民比起来，这些人能够优先得到像净水和医疗服务这些维持生命的资源。

未来在选择住宅时，"地点"不仅意味着壮丽的景色和时髦华丽的周边氛围，同时也将意味着迁入具有高水平储备和资源的住房和社区。高档的飞地会为了应对那些必然会发生的气候灾难，而拥有极为丰富的水供应（也许是通过海水淡化）和食物配给，还有更严格的建筑规范和更先进的土地管理技术，以增强居民应对洪水、火灾、干旱、飓风和其他可能发生的气候灾难的能力。想象一下，在家乡和社区周围有着将近两米宽的"防火沟"，正如克里斯蒂安娜·菲格雷斯和汤姆·里韦特-卡纳克在《我们选择的未来》中所预言的。

联合国关于极端贫困和人权的特派调查员菲利普·阿尔斯通，谈到了迫近的"气候种族隔离"——低收入家庭因为负担不了高房价，而被迫迁离更不易受到气候变化影响的地区。"完全是颠倒了，"阿尔斯通说，"尽管穷人仅仅导致了全球碳排放中的很小一部分，但他们却要承受气候变化之痛，而且没有什么能力来保护自己。"

好消息是，在几十年的畏葸不前之后，变革就在眼前。或者说，至少实质性的对话即将展开，从而带来进一步变革。在2021年夏天，全世界见证了一系列极端天气事件，从德国和美国田纳西州的洪灾，到席卷希腊和美国西部的野火。终于，这些持续不断的剧烈的天气事件使整个世界难以再对气候危机视而不见。人们也越来越意识到，除了那些更为明显的影响外（升高的海平面已威胁海边的定居区，巨大的热浪会夺走生命和毁坏庄稼），气候变化也会让我们生病。

在《2021年度柳叶刀倒计时报告》中，提到了由于环境条件的改变，原本不会受到疟疾、登革热和寨卡病毒侵袭的区域，现在却变成了易感染地区。气候变化研究者总结道："可能会抵消多年来在公众健康和可持续发展领域中所取得的进步。"在2021年，世界银行指出，由于洪水泛滥的平原已经占据了孟加拉国国土的80%，导致该国传染病患病率的上升以及精神健康的下降。

到2038年，情况会恶化到什么程度？

在很大程度上，这取决于各国政府和企业在未来的15年中所采取的措施。当前的各个指数足以让人惊恐，这还是一种温和的说法。根据NASA的研究，每年"温室效应"所吸收的太阳热量的总量已经比2005年翻了一番，超出了科学家的预测。联合国在2021年发布的一则报告指出，由于"气候崩溃"所导致的降雨规律的改变成为全球干旱的主要原因。联合国秘书长的减灾事务特别代表水鸟真美警告称："干旱即将变成下一波疫情，而且并没有疫苗能治疗它。"她指出，在不久的未来，全球的大多数人口将因为水资源短缺而展开争夺。

亚洲和非洲已经受到了旱灾的严重打击，其他许多地区也感受到了干旱的影响。帕尔梅干旱指数显示，在2021年9月末，严重或极度干旱已经影响了美国超过三分之一的国土面积。美国西部已经变成了一个"火绒箱"。

我对天气变热和干旱问题有着切身感受。我的主要住所之一就位于亚利桑那州的图森市。但无可否认，我花了几年时间才把"家"搬到这里。2019年，这个地区因为长期持续37.7℃以上的高温天气，造成了197人死亡。这是因高温天气死亡人数的最高纪录。与炎热问题相关的还有缺水的问题。几十年前，美国联邦政府与州政府建立了一个高架渠，从科罗拉多河为亚利桑那州的各个城市和田地供水。在2021年8月中旬，美国官方宣布科罗拉多河有史以来第一次水位过低，从而减少了给农业用户的水供应。于是，再会啦，庄稼！

加利福尼亚州的情况也同样糟糕。在洛杉矶附近的文图拉县的野火季节常常长达3个月。现在，那里随时都刮着大风。2020年，野火席卷了加州的430万亩土地（有史以来最大的一次），烧死了33人。而更糟的还在后面，加州至少四分之一的人口生活在火灾高风险地带。一位生活在圣克鲁兹山区的朋友最近给我发来电子邮件："我们真是倒霉。好在我们离太平洋不太远。火烧来的时候，我就用最快的速度往西跑。"

谈到纯粹的火灾损失，再没有哪里能比得上澳大利亚了。在2019年6月开始的野火季节，至少烧死了33人，烧毁房屋超过3 000栋，烧死的动物超过10亿只。在2020年的"黑色夏天"，野火又烧掉了1 360万亩土地。2021年初，澳大利亚开始下雨，却远远超过了浇灌植物和阻止野火所需要的雨量。澳大利亚的东海岸经历了半个多世纪以来最严重的洪灾。"我不知道在我们国家的历史上什么时候有过这样密集的极端天气。"新南威尔士的州长格拉迪丝·贝姬莲说。

> **时空雷达：**
>
> 到2038年，业余气象爱好者的地位会大大上升。个人与社区会合作收集和分发气象数据。他们将成为我们新时代的"业余无线电爱好者"。

在亚利桑那州、澳大利亚或这颗星球其他地方的情况都不会有任何改观。这是一个数字游戏，而人类与动物——事实上，所有的生物都是输家。到2038年，收看或阅读天气预报不仅仅关系到外出时要增减衣服，决定是否带伞。我们会密切地关注天气预报，以预备随时可能袭来的气候灾难。比如计划何时要疏散我们的家人，或空气质量是否过于糟糕，让我们的孩子只能留在室内。

要想让地球上的生命逃过某些灾难，全球的平均气温必须有所下降。然而并没有。任何经历过漫长而炎热的夏天的人都会知道，并不需要多高的温度就足以扰乱人类的生活。我们常常看到穷人挨饿的新闻报道，但很少有人充分认识到那些并不贫困的人口的食物供应也并不是安全无虞的。西北大学的研究者发现，大约每四个美国人中就有一个人在2020年经历了食物短缺。而据联合国统计，同一年在全球范围遭受饥饿影响的人数由2019年的1.61亿人上升到8.11亿人。在很大程度上是新冠肺炎疫情导致了这一数字的上升。

即使是对食品短缺的预测也会充分地引发储备上的混乱。饥饿的肚子和空荡荡的超市货架必然会引起冲突。我们已经在委内瑞拉、南非和世界的其他地方目睹了这种现象。

第三章 气候的真相

当地球这颗行星上的居民开始认真对待气候变化的威胁时，许多国家的政府也以前所未有的速度通过相关立法。但这些努力的作用是不是过于微不足道，或者太晚了呢？约瑟夫·拜登总统已经决心在2030年前把美国的碳排放降低到2005年的50%，但他在美国国会遭遇了阻力。英国承诺在2030年前把碳排放量降低到1990年的68%。德国已经通过立法，将在2038年前关闭它的煤炭发电厂。新西兰宣布在2035年前，将全部使用可再生能源发电，并在2050年前实现碳中和。

企业也开始加大它们的行动力度。2021年，世界可持续发展商业理事会规划了九条"改革路径"。各个公司都可以遵循这些路径来解决气候变化和社会不公平的问题，包括向全民提供可靠的、可负担的零碳排放能源，以及提供安全、便捷、清洁和有效的运输方式。像3M、微软、宜家、雀巢、联合利华和丰田等公司都表示了支持。2021年1月，通用汽车公司宣布，在2035年前它将停止销售汽油驱动的车型，全部转为电力驱动的车型。原油和汽油产业也参与其中，在2021年美国白宫的一次会议上，十家世界上最大的原油公司宣布支持对碳价格的规范，以减少碳排放。

个人也正在做出反应。面对毁灭性的气候灾难的预测，普通人很容易从气候否定论转变为气候宿命论——面对看起来难以克服的问题束手无策。一个人又能做出多大的改变呢？然而，购买者已经开始改变他们的购物习惯。

让我们来看一看在肉类上发生的事情。据一些人估计，全球人民在2021年消耗的卡路里中30%来自肉类产品，包括牛肉、鸡肉和猪肉。从小到大，肉类一直是我的饮食结构中雷打不动的组成部分。我很难想象我父母中的任何一位会张开双臂，欢迎"素食周一"，更不用说奉行素食主义了。而且，长期以来，随着人们餐食分量的增加，肉类消耗也水涨船高。据美国农业部的统计，美国人对红肉和禽肉的人均年度消耗量已经从1960年的75.75千克增加到了2020年的102.06千克。但这一趋势开始下滑：美国在2020年从食杂店卖出的素肉的销售额高达14亿美元，在一年中增加了45%。每5个美国家庭中就有1个在2020年购买了肉类替代产品，而且有大约三分之二的购买者是高频回头客。在欧洲，素肉生产工业在2018—2020年上升了49%，达到36亿欧元的销售额。在亚洲，对肉类替代产品的需求预期会在2026年前翻三番。

该品类表现出了持续增长的所有迹象。在2020年和2021年，像Rebellyous Foods和LIVEKINDLY Collective这样的素食创新企业收获了数百万美元的利润，大众对于素肉的需求正如火箭般一飞冲天。来自藻类、鹰嘴豆和昆虫的蛋白质已经成为新闻媒体报道的素材，更不用说深夜电视节目里的笑话。用蟋蟀和粉虫制成的面粉很可能在未来的10年中成为我们的日常食物。

对于那些不愿意完全放弃畜禽肉类的人，也有着"减少主义"的趋势。这里的"减少主义"是指人类减少他们对肉类产品的消耗，从而帮助控制气候变化。考虑到肉类产品导致了全球14.5%—18%的温室气体排放量，放弃牛肉汉堡包和牛排的确会起到巨大的作用。

第三章　气候的真相

公众思维倾向改变的另一个迹象是，在普华永道会计师事务所 2021 年 6 月的全球消费者洞察调查中，一半的受访者都表示他们已经"更加注重生态保护"。2020 年，由盖蒂图片社在 26 个国家进行的一项调查中，接近七成受访者表示他们正在尽其所能地努力减少碳排放。这些人遵照着他们的道德标准来进行消费。由经济学人信息部进行的一项研究表明，在 2016—2021 年，对于耐用商品的在线搜索上升了 71%，尤其在澳大利亚、加拿大、德国、英国和美国表现出了明显的需求。道德时尚的全球市场据预测将从 2020 年的 46.7 亿美元上升到 2025 年的 83 亿美元。同时，电动汽车的销售在 2020 年飞速增长了 41%，主要增长量在美国和中国。在 2038 年你所驾驶的汽车（也许是车辆自动驾驶）很可能需要在晚上充电。

正如你在本书中看到的，事物之间都有着千丝万缕的联系——工作、经济、消费趋势、生活模式、社会地位、健康，而气候则会影响到其中的每一个方面。我们日常采取的每一个小的行为，都会以我们现在意识不到的方式为控制气候变化做出贡献。想想在亚马逊上购物，只需要点击鼠标，一天之后快递员就会把货物送上门来。坚持不在网上购买商品也许是有一定难度的，但这个选择（乘以数百万）会如何影响 2038 年的世界呢？网购的便利值得我们所付出的代价吗？

亚马逊的广告——"到 2040 年实现零碳排放"，预示这个巨大的零售企业在全世界范围内将投入 187 个可再生项目。亚马逊公司已经订购了 10 万辆用于快递业务的电动车辆，投资了 20

亿美元用于研发减少碳排放的技术。而它的创始人和代表人杰夫·贝索斯个人也承诺，将投入 100 亿美元用于减缓气候变化。

另外，从 2020 年起，亚马逊已经把它在南加州的仓库数量增加了两倍。其中的一些仓库位于这个州有毒气体排放量最大的地区——圣贝纳迪诺，也是美国有毒臭氧排放量最大的地区。在这些仓库周边 800 米之内，为亚马逊或其他公司工作的居民中有 85% 是有色人种。在那些地区，有 640 所学校位于仓库周边 800 米之内。而研究表明，附近严重的卡车污染导致了恶劣的空气质量，影响了相应的健康条件。没错，这家公司增加其电动送货车的数量值得赞扬，但这足以抵消这家公司所导致的圣贝纳迪诺和其他地点的居民们恶劣的生活条件吗？

长期以来，生产和运输一直是导致污染（以及与污染有关的种种社会问题）的重要原因。而互联网时代的新问题在于，我们无法再心安理得地假装不知道自己也是地球环境所遭受的这些损害的同谋者。你在网上零售者那里订购的商品，让你作为一个消费者、一个促成者、一个同谋者，最终构成了气候问题的一部分。你也不得不扪心自问：我们如何才能影响这些电子商务巨头去加紧减少他们的碳排放？像亚马逊、京东，以及它们的竞争者们是否在地球这颗行星的重生中发挥了一点儿作用呢？而作为网购族的我们呢？

展望未来，我们有理由害怕，也有理由对未来抱有希望。你会看到这两种选择在我所探讨的种种趋势中都有所反映。面对混乱，我们如何选择（是在恐惧中退缩，还是将这种情绪作为我们行动的动力，敢于变革）在决定我们将拥有怎样的未来时是非常重要的，哪怕不是最重要的。

十几年前，我预言睡觉将成为一种新的性爱方式。今天，我的预言更加悲观，人们会因为担心那些负面新闻而拥有更多难以入眠的夜晚。这些新闻一点点地把我们拖进焦虑和不安之中。如果真有某种方法可以"治愈"气候变化和环境破坏的病症，那么我们肯定不会在2038年前看到它。我们所能期望最好的结果就是减缓地球环境变化的速度，为我们现在还无法想象的科学解决方案的研发争取时间，并在这个过程中设计出不依赖于化石燃料和过度消费也能实现繁荣并取得成功的经济模式。

为消费主义的社会寻找一个使人更充实、更可持续的社会模式还会带来另一个益处：对这个似乎永远在混乱的边缘摇摇欲坠的世界平添一份理智的控制感。

第四章
当前的混乱

　　混乱并不会突然出现,像天亮前突袭的警察一样用力地砸你家的门。它会蹑手蹑脚地、不急不忙地走到你的身边。你脚趾上的青肿似乎无关紧要,所以你什么也没做,结果检查出癌症,于是你失去了一条腿。在海边不远处建的那座公寓大楼有结构缺陷,而且水泥强度不达标。这个问题被讨论了很久,却没有采取任何有效措施。有一天晚上,这栋楼在 11 秒内就倒塌了。

　　混乱并不新鲜。人类总是因为食物短缺、自然灾害、部落和军事冲突、流行病和经济崩溃而一次次地经历社会瓦解。我们仅需看看 20 世纪两次世界大战之后的这段历史就能明白,人类的大部分历史都是一部充满着不确定性、不稳定性和恐惧的编年史。

　　让我们来看看过去的那一年中曾发生多少混乱。那是 1968 年,大规模学生抗议震动了全球各个城市,从巴黎到华沙到华盛顿特区到墨西哥城,再到东京。在美国,那是充满着政治暗杀、社会斗争和暴乱的一年。1968 年 5 月,在法国发生了大规模抗议活动。抗议人群占领大学和工厂,学生组织了罢课,工人还组织了大罢工。对于法国学生来说,这不仅是一场政治运动,更是一场文化运动。这是反抗社会限制的斗争,也是女性运动和性革命的开端。当时流行的一句口号是:"禁止'禁止'。"在当时的捷克斯洛伐克,1968年是一个短暂的改革和自由主义的时期——"布拉格之春"。然而,这短暂的春天却在苏联的侵略和镇压下迅速消逝了。同年在墨西哥城,发生了举世震惊的特拉特洛尔科大屠杀,军队向示威的学生开枪。死亡人数至今仍没有明确的统计数字,但可能高达上百人。

不过,在最近的20年里,这种混乱感却变本加厉,加上人心惟危的社会体验,我们一边要面对各种重大威胁(气候变化、新冠肺炎疫情、社会失衡),一边还要面对许多人深深感到的不满、不安,甚至绝望。这种人心浮动、惶惶不安的社会氛围,使当前的社会混乱与1968年或更早时期的社会斗争有所不同,它似乎是不可避免的。因为它并不与任何单一的社会事件或广泛的社会运动捆绑在一起。我们每一次也不是仅仅挨一记重拳。健康伙伴基金会心理健康部的负责人兼哈佛医学院的助理教授朱塞佩·拉维奥拉指出,在这个混乱的时代出现了一个新的词汇——"共疫"。作为个人,我们同时面对着多种伤痛。正如 S.I. 罗森鲍姆在《哈佛公共健康》(*Harvard Public Health*)中写道:"'共疫'中的'共'代表着'协同性',因为压力和痛苦的各种来源之间是相互推动、相互影响的。"这就像患上新冠肺炎的人,因为自己的移民身份而不愿意去医院,从而不得不面对更大的风险。在自然灾难中失去家园的家庭,尝试在新的地方落脚时,也会面对种族主义。

到2019年,在世界的许多地方,人们正在经历着全新的生活与自由，让我们改变了过去几十年固有的生活方式。这令人兴奋，但也让那些已经感到有些脱离社会的人们更为惊恐。随着新冠肺炎疫情的暴发，许多人感到自己越来越像无本之木，漂泊无依，因为他们缺乏供养20世纪传统核心家庭（只有父母和子女）的基础。我们日趋变形的社会，正在让家与户的构成走向混搭模式。这让我们要么自力更生，要么和亲朋近邻组成生存互助群体。我所认识的五个成人和两个孩子就在瑞士组成了这样一个互助群体，他们一起吃饭，守望相助。在他们匆忙组建的"大家庭"中，包括一个荷兰四口之家，一个单身的荷兰妇女，一个英国人，还有一个瑞士美裔妇女。他们集体开伙，甚至在他们的一栋房子里搭建了工作站。他们所有的住房都在步行距离内，这样他们可以在持续数月的混沌之中相互扶持、守望相助。

在美国，根据人口普查数据显示，单身家庭占比由1960年的13%上升到了2020年的25%以上。在15岁以上的人口中，有33%的人没有结过婚，而在1950年这个数字只有23%。而且，在2019年，有大约23%的美国孩子生活在单亲家庭，且家庭中没有其他成年成员，与之相比，对应的全球平均值仅为7%。同期，欧洲的结婚率已经比1965年下降了50%，而离婚率却几乎翻倍。经济因素加剧了家庭的混乱。据欧洲统计局的数据显示，在全欧洲，接近50%的单亲家庭面临着贫困和脱离社会的危险。与之对应的双亲家庭的这个数字为21%。

而进一步加剧我们紊乱感的是，我们感到失去了与自然的联系，缺乏曾经把人们团结在一起的归属感。我们花费数不清的时间在社交媒体上与陌生人交流，在我们的手机上不断地浏览负面新闻，却不愿意面对面地进行任何有意义的沟通。我们不能把这一切都归咎于新冠肺炎疫情。尽管新冠肺炎疫情所倡导的社交距离和远程办公加剧了这一趋势，但这些行为早在2020年前就已经深深地在我们的社会中扎下了根。

也许，当前的紊乱感和疏离感是因为人们广泛地感到，作为一个社会，我们正在走向错误的方向。皮尤研究中心在2021年对17个发达经济体进行的一项社会调查发现，64%的受访者都相信他们的孩子的经济状况会比他们这一代更差。在许多地区，未来原本代表着进步，现在却招致愤怒。仅在两个市场中——新加坡和瑞典，乐观主义倾向占据了优势。

刚刚进入20世纪时，人们对2000年进行了类似的预测。1900年，托马斯·F.安德森采访了几位专家，要求他们预测一下波士顿在2000年时的样子。他在《波士顿环球报》上发表了这些预测。其中的一些预测是准确的，包括无线电、冷却的液化气（空调的前身），以及在灯光之下的夜间棒球赛。但另一些预测，像通过气动管道送货上门的快递、移动的人行道、波士顿港的潮汐为城市提供光和热，却都没有实现。值得注意的是这些预测充满了乐观精神，人们坚定地相信未来会更好。安德森所预见的波士顿是那么淳朴，甚至连"贫民窟"这个字眼都会从当地的词典中消失。他相信，全民教育会发现底层阶级中的天才，而消除煤尘和烟雾会让大众的健康受益。

与安德森那乐观的预测形成鲜明对照的是在20世纪90年代所做出的关于2020年的预测。《今日美国》收集了一批这样的预测，尽管其中有一些预测对未来抱有期望——更长的寿命预期，加满一次燃料可以运行一个月的氢燃料汽车，但大多数预测并非如此。专家们预言了书籍的凋亡、隐私的丧失、标准退休年龄的延后、全球地表温度的上升、心脏病和抑郁症取代上呼吸道感染和腹泻，成为患病、瘫痪和死亡的主要原因。

在新千禧年之前的悲观是与千年虫的时代精神保持一致的。与其梦想一个更为光明的未来，我们预见到的是新的、陌生的技术所推波助澜的危机和灾难。

我们今天所看到的社会混乱程度加剧的一个重要原因在于，我们并不感到自己有能力面对当前和未来的危机所带来的挑战。当我们无法从一个能够赢得更好的明天的信念中汲取力量，我们又如何能够坚定地应对各种重大挑战呢？当我们对现状和未来做出的一点点改变却毫无成效，我们对这些改变而进行奋斗的意义又在哪里呢？

这种广泛的悲观感是新的。足以让人担忧的是，我们沉溺于迷茫与恐惧之中，对于我们认为可能更好的方向，我们仅仅采取一些试探性的措施，而全无来自自信的动力。我们又如何能够解决这些问题呢？

我们到2038年能指望的一件事是，加强并系统化地向年轻一代传授重要的思维技能，训练他们思维的灵活性和适应性，从而使他们能够分辨并抵制虚假消息，能够直面一个又一个危机，而不向焦虑和抑郁屈服。我们已经看到了一些面向家庭或学校的教育项目开始启动。"GoZen！"项目提供各种工具，帮助父母"培养坚强、快乐、优秀、茁壮成长的孩子"。由梅奥诊所在2020年启动的"坚韧之路"（Road to Resilience），是一个为期6周的虚拟项目，旨在帮助年轻人去战胜不幸的童年经历所带来的影响。同样是在2020年，香港大学的一位助理教授珍妮特·博兰，出版了《地震儿童》（*Earthquake Children*）一书。作者在书中思考了1923年日本关东大地震的后期影响如何帮助日本人建立了现代日本社会坚韧的基础结构，以及如何培养了日本人处变不惊的能力。

我们也看到了，当人们试图逃避混乱时，也出现了一大批帮助人们简化生活或提供"幸福时光"的奢侈体验项目。想一想，剥夺视听干扰的放松水柜、居家式的盐疗室、城郊单排商业城中的声疗温泉，以及它们的新的变体。为了在60分钟里把一切混乱都抛在脑后，你会愿意为这些项目付多少钱呢？

> **时空雷达：**
>
> 到2038年，我们会看到更多的人选择逃离"现实生活"，而钟爱把时间花在精心建构的虚拟实境中。在这样的虚拟世界中，他们沟通、娱乐、购物、进行艺术创作，以及通过虚拟化身进行旅行。归根结底，这是一个让人感到有一些控制感的世界。

有句古话说："祸不单行"。2020年，在气候变化以及越来越恶劣的天气的痛击之下，早已狼狈不堪的我们又遭遇了另一个危机——新冠肺炎疫情。我们会死去吗？我们会眼睁睁地看着所爱的人死去吗？我们能保护自己吗？会有疫苗吗？如果有，它有效吗？它安全吗？对于贫困国家和经济边缘人群，它会有充足的供应吗？

这个事件本身就非常可怕，包括一些关于死亡人数和停尸间爆满的恐怖消息。即使是那些最富有的国家也面临着通风设备和重要的个人防护装备短缺的情况。随后社交媒体、投机政客以及媒体名人利用这些让我们伤痛和迷茫，像老卡车的喷气管一样喷吐着恐惧。

紧接着，全民隔离就来了。处于那些非必要的工作岗位，以及可以在家远程办公的人开始了居家隔离生活和远程办公。办公室和一些工厂关了门，而在工作场所的社交生活也随之而去了。宛如亲情（甚至更胜亲情）的工作关系被按下了无限期的暂停键，没有下班后的散步，没有家庭聚会。如果亲朋好友生病了，甚至奄奄一息，也不能去医院探望。而对于那些不能在解除隔离后再回来上班的人，还有那些无法远程办公，不得不蜷缩在办公室的沙发上，度过几天、几周、几个月的人，看遍流媒体上的每个剧集。

而那些人是幸运的。那些在必要岗位上的工作人员，以及那些没有财务自由，不能拒绝上班的人，突然发现自己非常易于感染上新冠肺炎，尤其当他们的老板没有给他们提供足够的防护装备时。国际特赦组织进行的一项分析表明，仅在新冠肺炎疫情暴发的 6 个月中，全球至少有 7 000 名医护工作者死于新冠肺炎感染。种族，对新冠肺炎的感染率和死亡率有着巨大的影响，尤其是白人在统计中格外显眼。加州大学的研究者发现，拉丁裔食品和农业工作者的死亡率上升了 59%，而亚裔医护工作者的死亡率上升了 40%。与之相比，在加利福尼亚州工作的白人的死亡率仅为 6%。在一定程度上，这种不公平可以归咎于少数群裔在医护和农业这些领域的从业人数较多。

很快，一场健康危机就变成了经济危机、食物危机、住房危机、政治危机和社会公平危机。一切都在崩塌。

随着新冠肺炎疫情在2020年看不到结束的迹象，混乱正在变成我们思想和行为的一部分。绝望、酗酒、自杀、家庭暴力——混乱的典型反应都在增加。在澳大利亚，4.6%接受调查的女性表示，她们在2020年5月前的3个月中，遭受到当前同居对象（或前同居者）的身体暴力或性暴力，并且接近三分之二的女性表示暴力行为开始或升级于新冠肺炎疫情开始之后。在欧盟，新冠肺炎疫情隔离期间，因饮酒引起的家庭暴力事件的报警电话数量上升了60%。

无论我们住在这颗星球的哪个角落，我们都感受到2020年的这次事件所带来的影响。在2020年（并一直延伸到2021年及之后）我们所承受的一切事情的累积，无论是全球的、国家的，还是本地的，都是在个人层面上所经历的一场危机。我们理所当然会感到害怕或困惑。而恐惧和困惑又会危及我们情绪的稳定性，让我们时而感到束手无策，时而又感到疯狂。难以处理的危机导致了混乱，混乱变成了我们新的日常。

时空雷达：

更富裕的社区会采用危机管理服务。这是一种新型的保险，确保在危机来临时——不管是自然灾难、疫情、骚乱，还是其他危机，居民都会受到保护。收益包括生活必需品的送货上门，医护人员的现场值守，准军事力量的装备和疏散。在医护和紧急事务管理领域，公共服务与私人服务之间的差距将日趋加大。

对于美国人而言，2020年的总统大选及其结果产生了新一轮的斗争和两极分化。同年10月，每日新冠肺炎新发病例数量接近10万人，32个州的感染人数在上升，而住院率高达46%。特朗普组织了不戴口罩集会。股市崩盘，芝加哥期权交易所波动指数——股票市场的恐惧指数下跌了20%。

尽管《孙子兵法》中说的"乱而取之"有一定的道理，他是指在混乱中也存在着机遇，但如果我们不能把这混乱纳入控制之下，甚至放任（鼓励）这混乱去发展，那么就会白白失去机遇。想一想在政治圈中的混乱，政客们为了迎合支持者的观点而扭曲既有事实是一回事，认同这些谎言所产生的混乱提供一条通往更高权力的道路就完全是另一回事了。

《大西洋》杂志曾经给英国第55任首相鲍里斯·约翰逊起了一个绰号——"混乱首相"。据他的一位首席助理说，约翰逊非常喜欢这个绰号："新冠病毒带来的'混乱'让他更受欢迎。"根据《独立报》报道，约翰逊曾说过："混乱并不是坏事，它意味着人民必须遵从我，知道到底是谁在管事。"

混乱不仅为巩固政治权力提供了一条通畅的大道，它也推动了犯罪。在我们的数字世界，混乱往往意味着网络犯罪。网络安全研究企业Comparitech发现，仅在美国，2020年勒索软件对医护组织的攻击就造成了估计208亿美元的损失。2021年5月，欧洲保险公司AXA的一个亚洲分部受到黑客攻击。一个表面上的催化剂：这家公司已经宣布，它将停止为许多遭受勒索软件攻击的客户提供保险赔偿。

第四章 当前的混乱

从 2020—2038 年，网络犯罪的威胁还会进一步增长。根据世界经济论坛的《2021 年全球风险报告》显示，网络攻击是全球最高的人为风险。该报告的作者警告，网络安全措施的失败将意味着"商业、政府和家庭网络安全基础设施，以及网络安全措施被越来越先进和频繁的网络犯罪所攻破或超越，将导致经济崩溃、财务损失、地区政治紧张和社会不稳定"。

网络安全风险投资基金预测，全球因网络犯罪而导致的经济损失将从 2015 的 3 万亿美元和 2021 年的 6 万亿美元上升到 2025 年的 10.5 万亿美元。

在现实世界中，混乱同样日趋严重。当政府不能认真地进行基础设施的维修和升级时，看看会发生什么吧。2021 年 7 月，当热带风暴"艾尔莎"移向美国东海岸时，纽约市的地铁乘客会发现自己突然处于混浊的、齐腰深的洪水之中。随后，在一场"天灾般"的暴雨中，伦敦的地铁站也遭受了洪水袭击。

在过去的 20 年中，我们目睹了世界范围内各种各样的结构破坏：大桥倒塌（包括 2020 年印度的大桥倒塌事故，超过 130 人遇难，以及 2018 年，意大利热那亚莫兰迪大桥突然发生垮塌，导致 43 人遇难）、大坝崩溃、堤岸垮塌（如 2005 年卡特里娜飓风的可怕场景），以及各种工程灾难。2009 年，印度的大停电让全世界 9% 的人口失去了电力供应。美国联邦监管机构在 2011 年发布的一则报告，警告得克萨斯州的电力系统无法承受反常的低温。这个警告被人们忽视了。结果，在 2021 年，猛烈的寒潮让得克萨斯州的 450 万家庭和企业在严寒（相对于生活在得克萨斯州的人而言）中连续多日没有电力供应，最终导致近200人死亡。

在面临气候危机时，情况变得更糟。气候学家预测机场的跑道会被水淹没，桥梁会比设计年限更快老化，而极端的热浪会毁掉公路和铁路，这还不算其他的各种影响。

什么样的实体才有能力预防系统性的崩溃呢？谁来出资保障人们的出行安全和系统的平稳运行？如果数千万人在最发达的社会中都无法安全地出行或通勤，无法得到电力保障或净水供应，甚至在自己家中都不能感到安全，那么谁来解决这种混乱的局面呢？

即使最小的改变也可能带来最大的成果。它们也许一开始看起来并不是什么了不起的成果，但它们会循序渐进，渐渐增长。也可能突然在毫无预警之下，它们就换了一副模样。

我们已经目睹了自然灾难对经济的影响。据估计，卡特里娜飓风导致高达1 725亿美元的损失。德国对在2021年7月的洪水受灾地区进行重建估算需要超过70亿美元的费用。为了应对这样的灾难，我们可以扛起沙袋，一行行地站立在堤岸上，我们献血、捐钱。换句话说，我们共同行动，就像是一个集体，就像是同一个国家的公民。

但新冠肺炎疫情并不是这种事件。一开始，对于这种疾病的一无所知让我们束手无策。加上政治混乱和谣言，于是我们突然有了一种疾病之上的疾病。CNN主播布里安娜·凯拉尔一针见血地指出："谣言是针对自身的病毒。"在美国长达一年的隔离封锁（政府强制隔离与自我隔离）之后，足够高的新冠疫苗接种人口比例让这个国家重新开放了，国际旅游重新开始了，各个家庭开始度假。而人们，作为人类，放逐了"疫"年的记忆，假装事事平安，尽管他们肯定知道实际情况并没有那么圆满顺遂，而且在相当长的一段时间里都不会如此。

2021年夏天，这场简短的"盛会"告一段落。德尔塔毒株已经从欧洲和亚洲来到了北美，新冠肺炎的患病人数再次飙升。这个新的变种病毒占2021年8月初美国所有新增病例基因测序[①]的至少93%。科学家认为它的传染性是新冠病毒原始毒株的两倍，而最终人们在全世界的所有国家中都检测到了这种病毒。

好消息是德尔塔变种毒株的传播速度快速下降，包括最早出现德尔塔的两个国家：印度与英国。更好的消息是，到2021年10月中旬，全球已有37%的人口完成了新冠肺炎疫苗的接种，包括中国的超10亿人口。除了具有高传播性的奥密克戎变种毒株的迅速蔓延和必然会有更多的变种毒株出现之外，还有一个令人沮丧的消息，那些渴望权力的政客发现，让人们保持高度恐惧和混乱的状态是有利可图的。因此，我们不仅是在与一种新型冠状病毒战斗，我们还在与谣言和煽动人民相互敌对的做法进行战斗。我们是在与全球政治分裂，以及既得利益集团阻挠进步所带来的沮丧感进行战斗。最重要的是，我们是在与可能压倒一切的混乱进行战斗。

也许，再也没有哪里会比美国更能让我们看清冲突和混乱的力量了。人们越来越难以记起，一个多世纪以来，美国的国家神话是由一种道德优越感和傲慢所铸就的。

[①] 科学家使用基因测序分析法将从新冠肺炎确诊病人身上采集的病毒样本与其他病人的样本进行比对分析。——作者注

第五章
分裂的美国

趋势越来越呈现出全球化的特征，而我们为什么专门拿出一章来讨论美国和它正在经历的身份危机呢？原因很简单，在当今世界上很难找到一个人的生活不以某种方式受到美国的影响。这个国家的人口仅仅占全球人口的 4.25%，却在长达一个世纪的时间里，一直作为全球领先的超级大国和趋势中心而实施着无可匹敌的巨大影响。现在，这个"机遇之地"面临着史无前例的挑战，包括外部对其力量的挑战，以及内部破坏性的极化、动荡和停滞的力量。我们可以通过各种各样的透镜观察这个国家的衰败，但也许再没有什么比它作为一个"亲移民的港口"的声誉更为明显了。

从 1886 年起，自由女神像就一直作为美国的主要象征之一。然而，这个来自法国的"移民女神"的形象却在近几年受到了玷污。刻在自由女神像基座上的诗句——"给我你那疲惫、困顿、渴求自由呼吸的芸芸众生……"1883 年，爱玛·拉扎勒斯写下这首诗的时候，代表了当时这个年轻国度的精神。但它不再，也完全不是一个国家的使命宣言。

第五章 分裂的美国

潜在的真相是，美国从来不是像诗句或神话中写的那样是一个亲移民的国家。刚刚到达美国的一批人总会瞧不起下一批到港的移民。而关于"大熔炉"的所有说法，美国人只对那些在外表和思维上与他们相近的移民表现出强烈的偏爱。不过，多文化的构成仍然是美国的显著特征之一。如果你需要证据，看看奥运会开幕式时的美国运动员队列就知道了。当解说员介绍美国队时，就会完全毁掉其他国家参赛运动员姓氏的相对"一致性"。在2021年东京奥运会上，美国运动员的姓氏有：穆瓦古图蒂亚、霍兰、杰哈、库马尔、勒勒、卡波比安科、圣皮埃尔、奥布赖恩、费德罗维奇、斯图尔特、奇普格特齐、英格利希、约塞弗、张、莱布法特、洛斯基亚沃、康斯廷、帕帕扎基斯、白金汉、穆奇诺-费尔南德斯、森川和厄普德格拉夫特……你明白我的意思。

不管有多么心不甘情不愿，美国的确拥有无与伦比的接受海外移民的历史。美国最高法院在1950年审判一起案件期间，大法官雨果·布莱克称美国的公民身份不仅是一种"高尚的特权"，也是"无价的财富"。但在今天，却有越来越多的美国人正在抛弃这笔"财富"。在21世纪的前10年中，每年有近千人放弃他们的美国国籍；2010年，这个数字上升到1 534人；2016年，是5 411人；2020年，达到了6 707人，创造了历史最高纪录。尽管这其中的许多人是为了避税的富人，但似乎在金钱之外的力量也开始发挥作用。就在2018年7月4日前，盖洛普公司对美国爱国主义的一项民意调查显示，它达到了连续18年调查的最低值。仅仅有47%的受访者表示他们作为美国人而感到"极为自豪"，低于2017年的51%，更大大地低于"9·11"事件之后，在2003年达到 70% 的峰值。

这些统计数字与全民普遍的衰败感是一致的。2021 年 1 月，在接受调查的美国人中，只有一半的受访者感到美国最好的时代还在后面。如果详细分析这些数据，你可以在其中发现党派的影响。在自我认知为民主党的受访者中，有超过四分之三的人表示随着民主党入主白宫，美国最好的时代就要到来了。而只有不到三分之一的共和党同意这一点。

直到最近，美国人还是以他们的乐观精神著称。这是美国人所具有的一种既遭到嘲笑（通常是善意的），也被人们称赞的特征。2013 年，由皮尤研究中心进行的一项调查表明，41% 的美国人称他们过着"特别好的日子"，相对于英国是 27%，德国 21%，日本仅有 8%。

"任何从欧洲来到美国的人，都会为其所遇到的普通美国人所具有的精力、热情和对他们国家未来的自信所折服，这与许多欧洲人厌世的犬儒主义形成了鲜明的对比。"爱尔兰管理哲学家查尔斯·汉迪在 2001 年的《哈佛商业评论》中如是写道。在这篇文章里，他思考了法国政治思想家和历史学家亚历克西斯·德·托克维尔在 19 世纪 30 年代对年轻美国的印象，在多大程度上经受住了时间的考验。尤其打动托克维尔的是美国政治体系能够从国家的自然社区中所汲取的巨大力量。在他眼中，美国小镇代表着美式民主超越欧洲封闭的社会和经济阶级的巨大优势。

在托克维尔扬帆回归家乡的两个世纪之后，在美国已经很少有人还记得在小镇，甚至在大一些的镇子中的生活经历。美国城市人口占比从 1830 年前的不足 10% 增长到 1930 年的 60%，以及

2020 年的 86%。在美国的 384 个都市区域中，有 312 个在 2020 年前 10 年中出现了人口增长。

美国人从在街角商店购物，转向去沃尔玛购物，再到网上购物，散布在美国各地的小镇不得不把它们所剩无几的学生集中到地区高中上学。但小镇仍然存在，它们散布在美国乡村地区。屈指可数的美国人仍然享受着小镇生活，并忍受着它所有的苦难：萎缩的经济、落后的基础设施和教育，以及高比例的吸毒人群。沿海地区的精英们轻蔑地把这些小镇称为"天桥"农村，这种态度带来了严重后果。在 2016 年，美国总统大选两个月前的一次募款活动上，希拉里·克林顿用"悲惨的"一词来描述特朗普的支持者，说他们都有着"种族主义、性别歧视、恐同、仇外、仇视伊斯兰"的观点。不出所料，她所评论的大部分对象都把选票投给了那位与他们有着同样愤恨之心的总统候选人。

如果你在今天随机挑选几个美国人，那么他们很可能都生活在各州引以为傲的大城市中。这些大城市的人口比那些散布在各地小镇加起来的总人口还要多。只有 11 个州（不包括纽约州）的人口大于生活在纽约市的人数（根据 2020 年的人口普查，是 880 万人）。而 2021 年，生活在洛杉矶郡的人数（多于 1 000 万人）比 23 个州中的任何一个都要多。没错，在洛杉矶生活的人数多于康涅狄格州、俄克拉何马州、内华达州和密西西比州等其他的 19 个州。

这种人口的集中化还在继续，正如《纽约时报》在 2021 年报道的那样，从 1980 年至今，美国大约 40% 的人口增长仅仅发生在 3 个大州：加利福尼亚州、佛罗里达州和得克萨斯州。如果当前的趋势继续下去，据华盛顿特区的人口资料局统计，这3个州的总人口到2030年将超过1亿人。实际上，在这3个州和纽约州，生活着美国三分之一的人口。这个数字超过了美国较小面积的34个州的人口总和。

这个信息不仅仅能用来打发无聊的夜晚，它对于寻求权力和政治地位有着深远的意义。有8名参议员代表着4个较大的州，而68名参议员代表着34个较小的州。换句话说，代表着不到美国三分之一人口的州，现在控制着美国参议院多于三分之二的选票。

这种比例失衡并不是美国立宪者的初衷，他们从来没有想过一个人的住址会如此有效地剥夺他们的权利。而美国政治专栏作者诺亚·米尔曼的观点也一定会让他们大吃一惊。米尔曼认为，像加利福尼亚和得克萨斯这些人口大州所能行使的影响力远远超出了正当的范围。米尔曼写道："在诸如环境立法和教育政策这些问题上，这些巨头可以通过单边行动促成或挫败国家的政策，而那些小州却不能轻易提出异议。并且它们在华盛顿和各州首府也行使着不相称的巨大影响力。"

简直是一个裂痕接着一个裂痕，不是吗？小州对抗大州，民主党对抗共和党，城市白领对抗自由主义者、黑人和拉丁族裔，专业人员和受过高等教育的人对抗蓝领，手里有钱的人对抗挣扎在穷困线上的人，保守派的塔克·卡尔森对抗自由派的雷切尔·玛多。

事实是，这种社会政治的、代际的、人际的分裂，正像数字技术一样，已经深深地构成了现代美国的一部分。想一想当代的文化模因：那个讨厌的、可怕的、又令众人嘲笑的"凯伦"。

"凯伦"是二十世纪五六十年代美国最常见的女孩名字——当有人因为不好的行为而被叫作"凯伦"时，象征的是我那一代人。正如《大西洋》杂志所指出的那样，"在新冠肺炎疫情中，人们使用'凯伦'这一称呼来简略指代要么出于无知，要么出于自私自利而反对保持社交距离的中年白人女性的少数诉求。它是一个长期存在的文化模因的最新进化"。

尽管这种对反口罩人群的特征归纳的确有一定的道理，但这种原型"凯伦"（或"查德"）的人格化却有着更为深远的含义。她是消费主义的典型奴隶、白人特权和现状的坚定捍卫者、执拗且自信（而且往往无知）的网友、虚无的骄傲拥有者，尽管这种虚无已经让那么多人在20多年里狂热地原地踏步。

再没有比"凯伦"这样的文化模因，能更好地表现出这个时代的声音和狂怒、荒谬与崇高了。在这个时代，有着史无前例的富有、悲惨不幸的贫穷、科技的奇迹和我们对地球家园的摧残，而所有的这一切构成了这个时代的特征。在这样一个时代，当我们所有人面临真正重大的威胁时，有人也许会以为人们会团结一心找出解决方案。恰恰相反，我们只忙着找一些方便的发泄对象，来发泄我们的怨恨和不满。50后和60后埋怨90后和00后就像"彼得·潘"一样，是不肯长大的理想主义者。而反过来，90后和00后埋怨50后和60后，差不多埋怨一切事情——从气候变化到系统化的种族、性别和财富不平等，再到全球冲突。

也许，美国人仍然在用过去几十年的眼光来看待他们那日益分裂的祖国。只是对于他们现在所经历的现实而言，这眼光过于僵化和草率。乔治·帕克在他 2021 年的新书《最后，也是最好的希望：危机与重建中的美国》（*Last Best Hope: America in Crisis and Renewal*）中提出美国现在存在的一些新的派别：

- 里根主义的自由美国（追求人身自由和责任）。
- 硅谷和其他职业精英的智能美国。
- 特朗普支持者的复古运动所倡导的现实美国："这些人不想听事情有多么好，只想听事情有多么糟糕。"
- 公平美国："美国人的一份深深的怀旧情结，追求所有人的绝对公平，无人能够说：'我比你强，我能做你做不到的。'"
- 正义美国："新一代的左派分子"。

这种区分很有趣，但帕克想表达的不仅是这些。正如他所写的，分裂的根源在于 21 世纪之初，这个国家所失去的 500 万个生产岗位，以及工人阶级薪酬水平的下滑。这导致了"两个阶级，上升的职场阶级和下沉的工人阶级"。帕克总结道："不公平无声地破坏了美国人建立一个成功的、多方面的民主所需要的共同信仰。"

帕克发现，美国不再是由美国人民共同的人生观、信仰、价值观所统一的国家，更不用说托克维尔非常钦佩的美国小镇精神。相反，日益加剧的社会不平等已经把这个国家分裂成了一系列行使着不同程度权力和影响力，却互不关联的群体。我在本书前几章所提到的"回音室"就是美国多层分裂的外在表现。

第五章　分裂的美国

在最近的几十年中，我们共同秉持的"美国"的概念已经变成了以中产阶级为中心——总是精心修剪草坪、按时交税、把孩子送到公立学校、住在高档街区、常常去社交俱乐部的那些奋力向上的人。在美国电视剧《欢乐时光》中的里奇·坎宁安和他的家人代表着中产阶级的上限，在《凡人琐事》中的温斯洛一家代表着中游，而《左右不逢源》中的赫克一家代表着中产阶级的下限。

美国的中产阶级正在萎缩。据皮尤研究中心统计，在1971年有61%的美国成年人生活在中等收入家庭。到2019年，这个数字已经下降到51%。在一定程度上，这是一个积极的趋势，反映了更多的美国人进入高收入群体的趋势。不过，令人担忧（并危及社会稳定）的是，并非中产阶级的人，而是中产阶级的财富进入了上层社会。1970—2018年，中产阶级家庭赚到的总收入占比大约下降了20%，从62%左右下降到43%。而财富差距还在继续扩大。2001—2016年，中等收入家庭的中位净值下降了20%。低收入家庭的情况甚至更糟，净值下滑了45%。高收入阶层呢？故事完全不同了，他们的净值上升了33%。

在美国国会上，两党无法达成相互和解的前景，显然无法给予人们信心去相信经济不平等会在短期内得到显著改善。货币会反映实情，1978—2018年，美国普通工人的收入提高了14%，但这却不足以弥补通货膨胀。在同一时期，那些CEO们的收入增长了多少呢？也许是20%，也许是100%，但实际数字是1 167%。今天，那些大公司CEO的平均工资是普通工人的320倍。

通过分析这些数字，我们大概能猜到2038年美国人所面临的情况。

首先是美国人口数量的增多，很可能会从2021年的3.31亿人上升到2030年的3.5亿人，而且其中会有很多老人（你也许会惊讶地发现，2010—2020年增长最快的城市区域是佛罗里达州的"村庄"社区，那是55岁以上人群的退休社区。它在这10年里增长了39%）。而那时候美国人的人口种族和族裔会更趋于多样化。在1980年，白人占美国人口的80%。到2020年，白人的比例将略低于60%。到2030年，非拉丁裔的白人预计将占总人口的55.8%，而拉丁裔人口将占21.1%。黑人和亚裔美国人的比例也将上升，分别为13.8%和6.9%。

我们正走向一个历史性的时刻：白人成为少数民族。到2060年，白人预计仅占美国总人口的44.3%。

从2021—2038年，年龄层次也将发生同样巨大的人口统计学改变。美国人口统计局根据2010年的人口普查数据所做的2020年报告中指出，到2034年，65岁及以上的美国人口数量将第一次在历史上大于15岁及以下的美国人口数量。这对于早已举步维艰的社会福利系统可不会有什么帮助。到2060年，65岁及以上的美国人将约占美国总人口数的25%，而今天这个数字只有15%。到2035年，85岁及以上的美国人口数量将翻一倍（达到1 180万人），到2060年，这个数字会是现在的三倍（达到1 900万人）。

这些人口统计学上的改变会影响从住房到医疗的每个方面。首先，我们可以预期更为聚集性的生活，通过"智能家庭"来满足老人的需求，包括监测老人的药物使用情况和缓解孤独的机器

第五章　分裂的美国

人伴侣；建立半临时工、半志愿者性质的经济模式，充分发挥老人的技能和天赋。举两个例子：印第安纳州的葛林斯堡镇，正在寻求通过吸引年轻人远程办公来增加其人口数量。在这个镇子提供的激励措施中，包括"随时提供爷爷服务"——老年志愿者可以在需要时介入，以帮助年轻的家庭适应当地环境。在纽约州的北部地区，一个称为"保护伞"的组织雇用活跃的老人提供服务，从清洁房屋、修剪草坪到跑腿和小的维修项目，其服务对象是无法自己完成这些活动的老人。

> **时空雷达：**
>
> 到2038年，我们会看到养老措施的两种发展趋势。一方面是有更多的养老院和辅助生活设施。在这些设施中，能够完成日常任务，如换床单、做饭和递送物品，机器人助手将替代护工。另一方面，社区会采取措施让老人融入社会，包括建立养老园区，提供共享房屋的聚集性生活、老年大学和面向家庭的娱乐区域。

美国不再是开国元勋们所创立的那个国家，所以当美国神话烟消云散的时候也就没有什么好奇怪的。即使美国人还是喜欢声嘶力竭地高喊："我们是世界第一！"但以21世纪的许多指标来衡量的话却并非如此。2021年全球经济自由指数排名中美国排在178个国家中的第20位（美国在2010年处于这个指数的第8位），而在2021年《美国新闻与世界报道》的最佳国家排名中，美国位列第6（从2010年的第4位下滑），排在加拿大、日本、德国、瑞士和澳大利亚之后。根据其他排名，美国在医疗质量上处于第 13 位；取得高等教育文凭的 25～34 岁的年轻人的人口占比位居第 14 位；最适于女性生活的国家排在了第 18 位；平均寿命排在第 46 位。那么在哪些方面美国仍然名列前茅？军费支出、武器出口、牛肉生产，以及豢养猫狗的数量。外国人对美国人的看法也在改变。在唐纳德·特朗普执政的第一年，美国的国际地位遭受巨大的打击。2017 年皮尤研究中心对 37 个国家进行的一项调查发现，只有 22% 的受访者相信特朗普能够妥善地处理国际事务。这一比例大幅下滑，因为在巴拉克·奥巴马所执政的最后一年，有 64% 的受访者表达了对他的信赖。

2018 年，皮尤研究中心发现大众对待美国的态度存在分歧。在美国最古老的盟友——法国，只有 39% 的受访者对美国持积极态度。而在英国，这一比例为 50%。亚洲对美国的好感率则要高得多，日本达到 67%，韩国为 80%，菲律宾为 83%。那美国的近邻呢？墨西哥的好感率仅为 32%，而加拿大为 39%。这可不是一个乐观的信号。

尽管有越来越多的证据能够证明美国的衰败，但许多美国人却固执地不肯接受这个国家正在倒退的事实，因为这违背了美国例外论的神话——很多人相信美国以它的价值观、政治制度和历史与其他国家有着本质的区别。美国例外论正像"美国梦"一样，成为这个国家叙事和自我感觉中不可分割的一部分。但新冠肺炎疫情来了，许多美国人很快就意识到他们的国家在处理危机方面的能力明显不足。霍乱、登革热、埃博拉……几十年来，美国人一直在旁观其他国家与致命的疾病战斗。他们相信美国的

第五章　分裂的美国

医疗部门能够保护他们。用历史学家及哈佛大学前校长德鲁·吉尔平·福斯特的话说,美国的医疗和社会成就已经让许多美国人相信"我们可以应对任何挑战,我们已经征服了自然。我们完全不会认为在我们的身上能发生这种事情"。那是在新冠肺炎疫情暴发初期,纽约中央公园搭起了帐篷医院,冷冻卡车在医院停车场作为临时停尸间,用垃圾袋临时改装的医疗保护装备,一切都不可思议。"这次新冠肺炎疫情已经极大地挑战了我们主宰自然的感觉。"福斯特总结道。

尽管一些美国人仍然狂热地坚信美国例外论,但我们仍然围绕着如何理解美国在世界上的角色而分裂成了不同的派别。让我们面对现实吧,美国人无疑是认知分歧的世界冠军。当我们不想相信眼睛看到的事实时,我们就越来越依赖于我们自己的叙事。而不同派别的叙事之间也有着巨大的差别。今天,没有单一的美国故事,甚至也没有一个共同的"美国梦"。这迫使我们去思考我们在未来的20年里要讲述怎样的美国故事。我们可以肯定的是,许多故事将围绕着一个在东方快速崛起的大国展开——中华人民共和国。

02

第二部分
我们的生活方式

时间在流逝,每一秒钟,地球上的人们似乎都更加焦虑。2017年,世界卫生组织的报告中称有2.64亿成年人饱受焦虑的困扰。从那以后,社会环境变得更加紧张。2020—2021年发生的灾难性事件会不会为社会提供一个重启的契机,让社会意识到必须立即、彻底地进行变革?或者它们标志着一条不归路,意味着我们的世界局势已经过于严峻,人类已经毫无解决这些问题的希望?这两种结果也许都会被证明是正确的。

末日之钟总会对我们有所启示,哪怕它常常会让我们对人类的未来感到担忧。《原子科学家公报》在1947年设计了这个富有深意的设备,用于预测我们与全人类灭绝的大灾难之间的距离。当今,该组织的科学与安全委员会管理着这个设备(这个发起人委员会中包括13位诺贝尔奖获得者)。在2020年前的70多年里,末日之钟距离午夜最近的时刻是在1953年。美、苏两国都在前一年完成了氢弹实验。末日之钟被设置为晚上11点58分。令人欣慰的是,在1991年,随着"冷战"的结束,以及《消减和限制进攻性战略武器条约》的签订,末日之钟被调回了一刻钟,为晚上11点43分。在2020年1月23日,没错,就在新冠肺炎疫情及其导致经济崩溃之前,末日之钟比历史上任何时刻都更接近于午夜。由于核武器的威胁、政府对气候变化的迟钝无能,以及"互联网所导致的损害社会功能的大量谣言"的共同威胁,末日之钟现在距离午夜仅剩下100秒。

我们可以做得更好,我们不得不做得更好,而我真心相信我们能做得更好。接下来会发生什么?对于这个萦绕在我们许多人心中的问题,它的答案并未超出我们的控制范围,只要我们能够以坚定而理性的方式来应对我们所面对的无数挑战。大多数挑战是紧迫的：持续的环境破坏和气温上升，根深蒂固的经济和种族不平等，日渐严重的种族主义和高度的两极分化，数字世界的网络恐怖主义，以及（最后但同样紧迫的）现代生活中那显而易见却又往往让人束手无策的焦虑。

在政府层面，人们正在着手解决（尽管力度有限）这些问题，但这个世界的公民，尤其是那些富裕国家的民众，选择如何生活——我们所看重的，我们所欣然接受的，我们所为之奋斗的，将决定我们的世界在 2038 年会不会走向一个更有希望的方向。接下来的几章将探讨种种社会变革。这些变革包括宗派主义、边界的模糊与加强、奢侈的全新定义，以及财富的恶性失衡。在不同程度上，我们生活方式的变革，以及我们看待身边人与事的方式的改变，将决定我们能不能实现一个足以拯救这个时代的社会重启。

第六章
谁与你风雨同舟

阿尔弗雷德·希区柯克在 1944 年拍摄了一部电影——《怒海孤舟》。影片中的故事发生在"二战"时期的大西洋上。全片只有一个场景：一艘小船上载着被德国潜艇击沉的一艘客船上的幸存者。这是人类社会近乎完美的一个缩影。乘客们会为了生存而忽略个性差异吗？他们中会出现一个领袖吗？还是他们会进行民主表决？当缺少食物和淡水，或者有人生病时，他们会采取怎样的措施？总之，在这样一艘小船上，人类社会中的所有挑战和问题都不可能被避免或掩盖。

全片只有一个布景——好莱坞摄影棚中的一个水槽，但影片人物之间充满着激烈的戏剧冲突，这是宏观世界的缩影。在 1944 年拍摄的这部电影中，有着惊人的丰富多彩的人物：一个富有的社交名媛，穿金戴银，喷着名贵的香水；一个投机的企业大亨；两个柔弱的女子，其中一个还紧紧抱着她那已经死去的孩子；四个幸存的船员，包括一个伦敦人、一个黑人、一个陌生人，还有一个被从冰冷的海水中救上来的德国人。尽管这个德国人矢口否认，但他正是那艘与客船同时沉没的德国 U 形潜艇的艇长。这对于一部在公映时战争仍未结束的电影来说，的确是一个大胆的选择。

在电影中，美国人是软弱的。水手们很有能力，但由于他们所处阶级的性质，无法成为公认的领袖。那个德国人曾经是一个领导人，而现在也成为他们出色的领袖。有一个人的腿需要进行截肢手术，其他人都吓坏了，而这个德国人给他做了手术。他也在这艘救生船的航线上欺骗了其他人。他们不是前往百慕大，而是前往德国人控制的水域。最终，乘客们杀死了这个纳粹船长，不是因为他狡猾地改变了航线，而是因为他隐藏了一瓶水和一些压缩饼干。

《怒海孤舟》受到了影迷们的追捧，这不仅是因为该片导演那独创的拍摄手法。除了该片的美学价值之外，编剧通过U形潜艇的艇长传递了一个有力的信息："要想活下去，就必须制订一个计划。"

在21世纪，我们都在扮演着集体和个人层面上的《怒海孤舟》。不管我们有没有意识到这一点，这艘救生之舟都成了承载着我们所有人的一个隐喻。很多人发现自己会因为危机的迫近而团结起来——如果不是因为新冠肺炎疫情，就是因为隐隐显现在地平线上的其他某个危机。而我们越来越清晰地发现我们正在输掉未来。当发生了X，我们做什么？我们会为Y做好准备吗？而最重要的是，哪些人算是"我们"呢？

关于"我们"的问题令许多人感到强烈的焦虑和不安。谁会在我们概念上的"救生之舟"和生存计划中占据一席之地呢？当我们在命运之河中逆水行舟时，我们又去指望谁来伸出援手呢？

第六章 谁与你风雨同舟

你也许以为答案显然来自血缘关系，也就是说，我们的家庭成员。挪亚不就是让他的家人登上了方舟吗？然而，在我们生活的时代，家庭成员早已因为政治和文化意见的分歧、地理距离的分隔或者仅仅因为疏于联系而变得疏远。而且很多人没有家庭，孑然一身。2015年进行的一项研究表明，65～75岁且至少有两名成年子女的美国妇女中，11%的人与至少一名子女关系疏远，62%的人至少与一名子女一个月也不能联系一次。一项更早的研究发现，尽管20世纪80年代初有70%的日本老人和20%的美国老人与他们的子女同住，但这些数字在1996年已经分别下降到52%和12%。在日本，人们预测到2040年，在65岁及以上的老人中，将有超过40%的老人独居生活。美国哈佛大学住房问题研究联合中心预测，75岁及以上独居老人的数量将从2015年的690万人上升到2035年的1 340万人。

家庭的纽带正在日渐瓦解。

传统的家庭结构（大家庭、多代同堂以及核心家庭）已经日渐让位给一种新的现实。在这种现实中，家庭结构所具有的标志往往是没有婚姻、单亲、离婚、再婚、继亲家庭、祖父母照看孩子，以及更少的家庭成员。

当你要考虑到人们丰富多彩的生活方式时，你对于"救生之舟"的规划就要变得无比复杂了。几年前，我应邀参加了一场非常美好的感恩节聚餐，来宾中包括一对夫妻，一位带着十几岁女儿的单身妈妈，一个寡妇和她的侄子（他还在FaceTime上邀请他那酗精的父亲品尝一块虚拟的南瓜派），这似乎非常正常。2020年，我为22个人做了一次家庭大餐，包括我的兄弟姊妹、一个小叔子、一个妹妹的闺密、两个侄女（其中一个带来了她的男朋友）、一对刚从伦敦搬到纽约的印度夫妻、两个荷兰朋友、吉姆四个孩子中的三个、他的一个侄女（他没来吃饭的一个兄弟的女儿），以及吉姆的妹妹和她的两个孩子（其中一个带来了他的女朋友）。我们把这称为一次家庭聚餐。但我们会把这一大家子人都拉上我们的"救生之舟"吗？这是我们在餐桌上讨论的话题之一。

在神话里，在媒体中，很多人曾经知道哪些人算作"我们"。在美国，我们正如《生活多美好》（当选为英国最受欢迎的圣诞节电影，可美国人最喜欢的圣诞节电影却是《小鬼当家》，又说明了什么呢？）中贝德福德镇的公民。在一种理想化的现实中，我们彼此熟悉，彼此相似，彼此友好。其实，我们更像是一家人，不管这"家庭"的功能有多么紊乱。作为贝德福德镇的坚定公民，我们的肤色、种族、宗教也许各不相同，但至少我们处于同样的阶级——中产阶级。或者说，至少我们自以为如此。

在贝德福德镇，这艘"救生之舟"也许会尽可能地欢迎邻居们登船，越多越好，只要不把船压沉就行，先到先得。

在现实里，我们的小小分歧和区别却很可能让这幕场景显得并不那么和谐。如果说一位银行家曾经把一个还不起贷款的寡妇赶出了她的房子，在这位银行家溺水的时候，这个寡妇的儿子还会把他拉上船吗？一个因为小过失而被开除的修理工，会去拯救开除他的那位妇女吗？而又有多少虔诚的天主教徒会跳入水中，去营救那些市井醉汉或坚定的无神论者呢？

假设你的"救生之舟"上有 10 个座位，或者 20 个，500 个，10 亿个，你会让谁登上这条船？你又会看着谁活活淹死在水里？

最小的船很可能是最难以抉择的。你所敬爱的上了岁数的老奶奶会优先于你所厌恶的兄弟的第三任太太吗？要是她恰好怀孕了呢？你愿意和你那永远争吵不休的离异的父母一起困在一个小小的空间之中吗？如果不愿意，那你是选择爸爸，还是妈妈？你会为了你那恐同的舅舅而放弃你最好的朋友吗？

最大的船，同样需要做出复杂的抉择。你如何来选择登船的10亿人？根据年龄、种族、民族、宗教、个人魅力、智力水平、国籍、多样性、体重，还是他们的生存技能？如果你选择让遗传和血缘上与你联系最紧密的那些人优先登船，但你怎么辨认出他们呢？不，并非像你所以为的依靠他们的肤色。100年前，人们在一个洞穴里发现了英国最古老的完整人类头骨。这些原始人被称为"切达人"，因为遗迹的发现地点在萨默塞特郡切达村附近的切达山谷之中。考古学家认为他们拥有蓝色的眼睛、黑色的皮肤，以及卷曲的黑色头发。还有耶稣呢？真正的拿撒勒的耶稣完全不是在几个世纪的绘画作品中人们所熟悉的那个白皮肤的北欧人形象。作为一个加利利的犹太人，耶稣非常可能拥有棕色的眼睛、深棕色或黑色的头发，以及橄榄色的皮肤。一个黑皮肤的耶稣，在那些保守的白人基督徒中间，到底算不算是"我们中的一员"呢？

随着这个世界变得越来越动荡和同质化，人们开始寻求各种方式实现宗派间的隔离，并在熟悉的"自己人"中寻求安全感。但哪些人真正属于我们这巨大的宗派呢？

基因测试家用套装的出现有助于我们去理解我们究竟是谁。根据《麻省理工技术评论》报道显示，到2019年初已经有超过2 600万人向四大基因数据库（Ancestry，23andMe，Family TreeDNA，MyHeritage）提交了他们的DNA样本，进行基因检测，而且这个数字据预测将在2022年上升三倍。我知道有人因为基因测试而发现自己还有一个兄弟。互联网上充满了各种各样的故事，讲述某些人通过基因测试发现他们所熟悉的父母，实际上却与他们毫无血缘关系。

克雷格·科布是一个公认的白人至上主义者，但他的基因测试结果（是在电视上向他揭示的）表明，他具有14%的非洲撒哈拉沙漠地区的遗传血统。与他的情况正好相反的是，西格丽德·约翰逊一直被人们当作黑人，却发现自己是被领养的，而且她的非洲血统小于3%。她主要的遗传血统是拉丁美洲、中东和欧洲。

像科布和约翰逊这些人在进行基因测试后所感到的震惊——哪怕科布很快称他的基因测试结果是"统计误差"，恰恰说明了人类身份的深不可测，以及归属于一个明确的宗派的力量。这些身份标志所传达的信息，并不仅仅局限于他们的种族和文化血统的百分比，也表达了我们在最个人的层面上究竟是谁。在美国，人们常常认为嗜酒和浪漫的灵魂是来自爱尔兰血统，热情和暴躁源自希腊或意大利的出身，节俭和吝啬是由于苏格兰基因，而出色的组织技能则有着瑞士背景。

当这些固有的"真相"被证明靠不住的时候，又会发生什么？当我们蜕去那些身份标志后，我们究竟是谁？在安居乐业、社会稳定、物资充足的年代，大多数人感到并不需要过于计较究竟哪些人算得上是"我们中的一员"。种族、亲缘和忠节之间的界限是模糊的，人们能够在各种身份之间迁移，而不会遭到过多的非议。但在混乱与迷茫的时代呢？情况则会差得多。

> **时空雷达：**
>
> 到 2038 年，通用的医疗措施会让位给基于基因的更加定制化的医疗措施。随着营养基因学上的进步，食品生产企业通过包装符号来表明一种产品更适用于哪种基因"类型"的人群，这将成为日常现象。

要打破我们那安逸的归属感，只需要对社会混乱或物资短缺预期就够了（想一想在黑色星期五抢购的暴民们，在新冠肺炎疫情开始时为了厕纸和消毒剂而扭打成一团的人们），只需要有那些大搞政治投机的政客就够了。这些政客愿意重新揭开人们心中仇怨的旧伤疤，去演绎"我们对他们"，并要求人民在"要么加入我们，要么就是我们的敌人"中进行抉择。因此，随着全球化进程、欧盟成立，以及难民危机让有着不同肤色、语言或信仰（往往三者皆有）的人更有可能成为你的近邻时，白人至上主义和极左翼民族主义势力便在近 10 年中迅速得到了发展壮大。

在一些地区支持多元文化的概念（至少在理论上），但移民的现实情况往往比许多当地人所以为的更为分化和艰难。在柏林生活着全世界最大的土耳其移民群体。许多土耳其人在 20 世纪后半叶作为外籍工人来到这座城市。2001 年初，一项社会研究却让许多德国人惊讶地发现，这些土耳其移民的失业率高达 42%。现实是，大多数德国人的生活在很大程度上是与移民的生活相隔绝的。

他们只会在民族餐馆订餐或路过特定的街区时才能看到这些移民，他们几乎不知道这些人过着怎样的生活。

在20世纪，我们见证了世界对多元文化的接受，人们认可并欣赏不同人群之间文化的差异。在21世纪，随着越来越多的人开始质疑文化的多样性是不是侵蚀了某些国家的主流文化，对多元文化的支持也越来越弱。在这方面，不同年龄段人群的差异也在发挥着作用。比如2017年在德国进行的一项研究发现，大多数25岁以下的受访者愿意看到多元文化，包括来自本土主流文化和移民文化的多种要素的融合。与之形成鲜明对比的是，有三分之二的70岁以上的人群希望移民抛弃他们原有的文化，并接受德国文化。

随着全球冲突、经济危机和气候变化共同迫使越来越多的人跨过边境，关于多元文化还是主流文化的争论也将愈演愈烈。在这个时代的任何时刻，都有大约8 200万人背井离乡。作为难民，他们有时候坐在真正的救生舟上。在他们所逃往的国家中，数以百万计的人正在反对这种大规模的难民流入。反对者们在质疑谁"归属于"哪里，以及谁"归属于"谁。在最极端的形式下，这表现为排外主义。这种意识形态认为只有那些出生在这片土地上的人，或者出生在长久存在的种族中的人才有权利生活在这里。这是对于历史和血统深深的、令人不安的质疑。而基因分析技术又对这两者进行了进一步的阐释（并导致了它们的复杂化）。

历史、人类学与社会学给了我们数不清的例子来进行内群体、外群体的思考——人们以部族、俱乐部、联盟、政治党派以及其他群体的形式聚集起来，作为一个社会物种，这是正常且必要的。

而现在数字技术让数百万人有可能以各种全新的方式组成不同的团体：根据共同的观点或利益联合起来。这些团体中的一部分对社会有益，而另一些则相反。

> **时空雷达：**
>
> 到 2038 年，出于关系到可持续性、可负担性以及现代孤独危机等原因，基于年龄段和基于兴趣的集体生活将比现在要常见得多。如今在大学校园中非常普遍的生活——学习团体，将延伸到校外，覆盖到全世界。

新型冠状病毒在 2020 年让全世界的一半人口进入居家隔离状态，这重新定义了人们对于集体的概念。在我称之为"放大"和"缩小"的社会现象中，人们既把他们全部的注意力放在那些在地理距离上和情感纽带上与他们最亲近的人和事上，也设法（可能是第一次）去关注帮助他们度过这个恐怖时期，却"不同于他们"的那些人。2021 年 7 月，在纽约市进行了自 2019 年来第一次盛大的游行活动。这是为了纪念谁？不是某个赢得比赛的球队，也不是宇航员或政治巨头，而是关键岗位上的工作人员，也就是家乡的英雄们——医护人员、消毒工人、公交司机，以及其他冒着生命危险来保护大众的人们。我们的宗派扩大了。

第二次世界大战后，第一次，新冠肺炎疫情给了全世界的人们一次集体性的体验，在数字时代的一种陌生的集体感。我们有了共同的敌人，共同的关注点，共同的恐惧，以及共同的目标：活下去。这份共同的经历不仅给予了我们一份集体感，也让我们感受到了团结的力量。

"小我服从大我"是将集体利益置于个人利益之上的社会中默认的思维方式,这也是为什么这种文化并不罕见。早在新冠肺炎疫情暴发前,就能看到日本人会在公共场合戴口罩。在这种文化中,如果你感到自己快要感冒或患病的话,你就应该挡住面部,以保护周围的人。这是一种日常的礼节。与之相反的是,在英国和美国这些国家的文化中,强大的个人主义占据着中心位置。长期以来,"我行我素"才是这些文化中的至理名言。

问题在于,在新冠肺炎疫情期间,尽管我们在物理上居家隔离,却在精神上团结一心的经历,会在未来如何影响我们的人生观和行为?我们真正学会了如何合作吗?还是仍然把其他人视为有限资源的竞争对手?2013年,我曾经说过"共"字词(共生、共创、共建、共营)正是全世界动荡的愤怒之情的解毒剂。令人欣慰的是,我们看到了这个趋势的全新证明:纽约市的大游行,以及在新冠肺炎疫情的头几个月中我们所目睹的许多无私的行为。一个极端的例子:纽约市的一位雕塑家——兰达·罗兰·希勒,举债60万美元为城市医护人员购买了个人保护装备。

许多人比新冠肺炎疫情之前更强烈地意识到了我们的决定将如何影响其他人,无论它是关系到接种疫苗的选择,足额上缴我们的税款,还是自觉抵制日常生活中的种族主义或性别歧视。我们一直共同拥有着这个世界,只是我们并不是时刻铭记这一点并为之行动。现在,越来越多的人意识到我们所有人是在同一条船上。我们可以看到团结和协作是至关重要的,无论是为了平安度过现在这场肆虐的风暴,还是那些在地平线上正在形成的乌云。

第六章 谁与你风雨同舟

既然我们中的许多人在会议软件（如 Zoom 或谷歌会议）或远程教室中度过了那么多时间，我们可以着手思考合作在未来所发挥的作用。想象一下，数字平台不仅联系着个人，也连接着团队。合作住房开发以满足多代同堂的家庭需求。合作性"幽灵厨房"，着重于外卖和订餐，而不是堂食，为时间紧张的顾客提供便利，也为在家带孩子（或有其他紧迫的家庭责任）的准创业者带来机遇。（一些人认为"幽灵厨房"是反社会的趋势，因为人们为了效率和隐私，而牺牲了在餐馆共同就餐的传统体验。但在我看来，它们鼓励了家庭聚餐和团结协作。）

展望未来，也许这个时代的好处就是让人们可以回归一种真正的集体感和共同的责任感。我们的"自我"文化并没有彻底地割去人们心中的这份感觉。

2020 年 6 月，这个世界已经从第一波新冠肺炎疫情的阴影中跌跌撞撞地走了出来。随后世界各地的众多民众又在另一次的共同经历中再度团结起来：通过视频目睹了乔治·弗洛伊德在明尼阿波利斯被警察残忍杀害。近年来，在美国有许多手无寸铁的黑人（包括女人和孩子）被警察以各种"罪名"杀害。这些"罪名"甚至只是乱穿马路、拒绝支付（伪造的）20 美元账单（不管告知与否），或拿着玩具枪在公园玩耍。

是什么让弗洛伊德的遇害与众不同？不仅仅是因为视频。通过视频，我们目睹过菲兰多·卡斯泰尔、肖恩·里德、埃里克·加纳及其他人的遇害。而是因为新冠肺炎疫情。事实上，我们被困在自己的家中长达几个月的时间。通过新型冠状病毒对于有色人种那远高于平均值的传染率和死亡率，更让我们熟知了这个世界的不平等。同样重要的是，我们更强烈地意识到，正是这些黑人和黄种人，以及低收入人群保持着我们国家的发动机继续运转，才让我们这些幸运的人有机会躲在自己的家中。

多年之前，我们中的许多人为泰米尔·赖斯、迈克尔·布朗，以及其他许多人的遇害感到悲伤和愤怒。在弗洛伊德这件事上，我们感到了另一种情绪，一种与几个世纪以来在体制化的种族主义和种族虐待中受难的人们休戚与共的感情。正如常见的情况一样，也有另一群人抵制这一观念。不过，与新冠肺炎疫情之前相比，我们更愿意与其他人一起担负起修复这个体系的责任。大批民众走上街头，不仅在明尼阿波利斯，不仅在美国，也在日本、墨西哥、英国、保加利亚、百慕大、丹麦、冰岛，以及世界上的其他许多地方。这种团结一致的情感正在影响着我们的忠诚观和归属感。比以往任何时候都要多的人站了起来，站得更高，成为我们的盟友，但也带来了一个反作用——建造更高的墙。

随着我们对社会混乱的应对成为新常态，以及我们共同失去对未来的确定和掌控的时候，人们做出独特的、个人层面的反应。我在瑞士的一个同事的妻子在全民隔离期间为她的邻居们供应生活必需品。我在美国也为分散在全国各地的亲人做着同样的事情。深知我所爱着的人们不会挨饿，我需要这一行为所带来的控制感。而且，我也想支持那些小的零售商（他们在全民隔离期间冒着极大的风险），想通过一个温馨的快递带来的惊喜为人们打气，深知我们这保持社交距离的生活早已被抽取了太多的快乐。在 2020 年

第六章　谁与你风雨同舟

圣诞节期间,我们选择放弃了大多数家庭礼物。相反,我们与美国当地的慈善组织 4-CT 一起工作,并直接捐赠给当地的贫困家庭。

一个朋友的朋友对于当今的混乱做出了完全不同的回应。我认为他的态度处于集体、自我、保护光谱的另一个极端。他住在美国洛杉矶南部的山中,有一个小军火库。他并没有暴力倾向,也不是一个天性好斗的人。他认为自己是一个实际的人。正如他在给我们共同的朋友的一封邮件中所解释的:

> 如果城市失控,出现饥荒,超市被洗劫一空,绝望的人们就会到山里来寻找食物。如果他们出现在我的园子边上,我会用一把猎枪来劝阻他们。如果他们继续逼近,我也许不得不使用步枪跟他们说话。如果一定要争个你死我活,我还有一把手枪。我真的为这一切感到遗憾。但要是我相信他们只是想要我冰箱和冰库里的东西,那我就是一个傻瓜。

这个人知道谁在他的"救生之舟"上:他的家人。你的选择呢?

如希区柯克的《怒海孤舟》一样,在另一种可能的生存主义情节中,你失去了记忆,正在艰难求生。你不像美国洛杉矶南部山中的那个人,那个人相信自己已经为这个时刻做了充分的准备,至少比大多数人准备得更充分。你也不像那些富豪,有着私人的小岛或加固的避难所。你这时候才悲愤地意识到,如果文明社会崩溃了，政府不会派出任何人来拯救你。所以，你可以指望谁呢？当暴民出现在你的大门前，谁会来帮助你？

在这部臆想中的电影里，此时此刻，我们将不得不面对一个苦涩的事实：在这个真实的世界中，我们越来越相互疏离。我们在过去的20年中所经营的那些虚拟群体呢？我们在脸书或照片墙上结识的那些遥远的朋友和熟人呢？在领英上数以百计的联系方式呢？毫无意义，虚拟关系并不能带给我们一丝一毫的安全。

所以，谁才是真正重要的？这个问题不仅针对个人，也针对政府。谁属于我们国家的"救生之舟"呢？在这颗星球的"救生之舟"上，谁又会拥有一个座位？时间已经所剩无几。

完全不像我们所有人都熟悉的另一场海难，我们在后疫情时代所面临的最大威胁不是在黑暗中隐隐出现的、能在我们船头撞出一个致命漏洞的巨大冰山，恰恰相反，我们早就看到了这座冰山。而且我们也已经与这座冰山以极慢的速度相撞了，只是有的人比其他人感受得更深切一些。这并不令人惊讶，全球气候越来越紊乱；"温室效应"正在年复一年地打破高温纪录；融化的冰山将导致海平面上升；狂风催动着野火，吞噬了房屋和庄稼。

同时，人类中还存在着分歧。我们越来越难以冷静地、建设性地、文明地与那些我们自以为不喜欢我们的人进行交流和沟通，那些人并不在我们的"救生之舟"的旅客名单上。而长期的不平等让一些人拥有取之不尽的资源和财富，同时另一些人却连最基本的生活必需品都没有。

在某种程度上，我们与灾难的碰撞也可能是我们的救赎之路。也许并没有一艘艘各自独立的"救生之舟"，而只有一艘足以装下全人类整整80亿人的大船。可以说，我们已经坐在船上，或者紧紧依附在船边。

我们无法选择离开这艘船，但我们的确有所选择。我们可以随波逐流，满心惊恐，等待着下一个举世震惊的悲剧发生。或者我们可以鼓起勇气，发扬智慧，采取必要的措施尽可能地保证我们共同的生存，不是优先照顾自己宗派的人，而是让所有人在生存面前人人平等。根据我们人类那坚韧的历史，我敢打赌你会选择后者。

我们所做的一切，我们在未来20年中共同的目标和行为是极为重要的，它将决定我们是否允许目前的混乱继续升级和蔓延。如果正像前文所描述的那样，连椋鸟都能进化出本能的手段，来保证庞大鸟群协调一致的行动，那么我们人类也一定可以团结起来，解决威胁着我们所有人的这场混乱。

第七章
跨界与重新定界

　　边界会发生改变。它们在过去常常改变，未来也会不断改变。问题是，改变的速度有多快，改变的程度有多大，以及向哪个方向改变。为了抓住时间旅行的感觉，去看看半个世纪前的文献、学术期刊和图像，问问自己当时的边界在哪里。在旧地图上，你会发现，有一些国家如今已经不复存在，还有一些国家在当时还未曾建国（直到人们画出一条新的边境线）。看看时尚杂志上人们的照片，你会大致了解那些无形的边界——决定着哪些个人和群体将被视为"重要"的分界线。而且不仅如此，还有哪个类型的人群——不管是按种族、性别、地理位置还是其他标准分类，被认为值得写入历史。现在，想象一下，半个世纪之后的地图、学术期刊以及其他文献会是什么样子。哪些边界会变得模糊，甚至消失？哪些新的边界会出现？

　　边界有各种各样：物理的、心理的、社会的、文化的、智力的、性别的、世俗的，等等。实际上，所有这些边界都处于近乎永恒的变化之中，并且也许从未像当今的变化这么强烈。我们已经进入了一个混杂的时期，影响着我们的工作地点、工作方式、衣食住行、人际关系、表达方式，等等。在 20 世纪，一个人可以走进医院的育婴室，并且根据一个襁褓中婴儿的性别、出生时的地理位置、家庭成员的宗教信仰，以及家庭的社会经济地位，相当准确地预测出他 / 她的一生。我们也可以根据上述所有变量，大致清楚地预见到这个婴儿在未来将要嫁 / 娶的那个人的人口统计信息。边界是用大胆的笔触画就的，也只有勇敢和坚定的人敢于跨过它们。现在想一想 21 世纪出生的婴儿，我们甚至无法假设，这个婴儿在出生时所表现出的性别是不是终生唯一的。在 20 世纪，我们可以大致猜出一个女婴最终会从事何种职业（如果有的话）。现在，你甚至不知从何猜起，这是不可能的。更多的选择，更少的边界，失去了确定感。

在历史上，文化曾经是最能够经受时间考验的边界。你会发现只要有十几个人共同生活的地方就会有文化边界的存在。阶级和社会等级的漫长历史告诉我们，那些边界就像埃及与利比亚，或者加拿大与美国之间的边界一样，简单直接，让人一目了然。几个世纪以来，那些无形的边界为喜剧演员、话剧作家和小说家提供着灵感。这不仅是因为这些社会边界为我们所熟知的人物形象的故事提供了很好的切入点，也是因为这些边界在一些地区几乎是亘古不变的，甚至在 21 世纪的英格兰，比如拥有土地的贵族仍然处于社会的顶层。在这个国家大约三分之一的土地属于贵族和传统的地主乡绅。

人们在儿童时期就会逐渐认识到社会边界的存在。而且，当社会地位来自家世和巨大的财富时，那些处于社会边缘的人群也可能被打上肉体或精神的烙印。查尔斯·狄更斯就是一个经典的例子。当他的父亲被关进债务人监狱的时候，12岁的狄更斯为了供养他的家庭每天在黑工厂里工作12个钟头。后来他成为当时英国最著名的作家，但他从未感到自己彻底摆脱了这个污点。

不仅在英国，还有印度的种姓制度、法国法庭中的等级制度、德国姓名中的"冯"氏贵族，我们的某些基因要求社会边界的存在。我们和他们，高贵与卑贱，被赞颂的和被侮辱的，肚子上有星星的和没有星星的[1]。只有美国有着显而易见的例外。至少，这是美国最初的构想。

一个年轻的国家，拥有半个大洲的尚未开发的土地，这是对野心家和冒险家最具诱惑的邀请。19世纪末最伟大的历史学家弗雷德里克·杰克逊·特纳在他的论文《边疆在美国历史上的重要性》中称美国大西部是民主最重要的孵化箱。他认为，从19世纪40年代开始，定居者向美国西部每推进一英里，便会把一些欧洲的价值观抛在身后。1868年，美国著名小说家霍瑞修·爱尔杰出版了《穿破衣服的迪克》。在这部青少年小说中，他讲述了一个少年凭借美德和勤奋摆脱他所出身的阶级，跨入中产阶级的故事。这种情节传递着充满感染力和鼓舞人心的信息，易于转变为文化印记。尽管大西部的边界很快被抹去了，但突破原有社会阶级和发家致富的神话却被保留下来。在加利福尼亚，你可以成为一个

---

[1] 此处源自儿童文学作家苏斯博士（Dt.Seuss）的一则故事——《史尼奇及其他故事》（*The Sneetches and Other Stories*）。讲述的是生活在海滩上的一群"史尼奇"，其中一些天生肚子上有星星，因此拥有高尚的社会地位，并且鄙视肚子上没有星星的。——译者注

第七章　跨界与重新定界

全新的自己，你所需要的只是智慧和野心，哪怕是犹太人也能开办电影公司。

到20世纪中期，边界似乎在美国进一步地消失了。也许是约翰·F.肯尼迪当选总统，以及自由主义的微风吹散了20世纪50年代"穿着灰色法兰绒西服的男人"的价值观，标志着这一切的开启。也许是因为20世纪60年代末的性交、毒品、摇滚乐的青年文化、民权运动和反战运动、避孕药以及女性运动，女性走出了医护和教师这些传统职业；也许是因为美国软实力的上升和全新的文化影响路径的出现。

不管是什么原因，在我长大的时候并没有感觉到边界的拘束。人们自由自在地旅行，经济一片繁荣。现在人们开始更看重赚钱，而不是基本人权了。渐渐地，我们开始在纯心理范畴讨论边界。到20世纪90年代，那些因为不再希望在人际关系中受到压迫而向治疗师咨询的女性，学会了开创（并施行）"健康的边界"。可以说，这是我们第一次为我们自己设立了某种边界，而不是其他人强加给我们的某种规则。

随着新千禧年的到来，社会边界在进一步消失。互联网浪潮，以及在金融领域创造的大量财富，铸就了更为广阔、更为自主、更为纵情的文化。同性恋可以结婚，不同种族之间的夫妻不再受到人们的瞩目（至少在城市背景下）。黑人就任美国总统。

随后，牛顿第三定律——对于每个力，都有一个相同且方向相反的力，开始发挥作用。2015年6月，唐纳德·特朗普走下自动扶梯，宣布他将参加美国总统竞选，并传达着数百万人寄托在他身上的希望。他的信息是直接的，他说："来到我们国家的墨西哥人，有大量的问题，而他们把这些问题带到了我们的国家。他们带来了毒品，他们带来了犯罪，他们带来了强奸犯。"他补充道，"但他们中的一些人，我认为是善良的。"

在美国一直存在着反移民情绪。特朗普竞选时的豪言壮语与众不同，在于他所传达的态度——绝不含蓄——而事实是由一个国家级的人物响亮地说出了美国人民对于排斥移民的边界政策的期望。建立边界墙的呼吁，在我们和他们之间建立一个物理边界是特朗普在竞选活动中的神来之笔。它的建设将建立一个清晰的边界，5.5～8.2米高的边境墙。它所传达的是一个令人反感的概念——白人，尤其是白皮肤的男人，才是真正的美国人。不知何故，有人骗走了他们那与生俱来的权利，他们现在是受害者了。美国国务卿迈克·蓬佩奥的话是对特朗普执政信息的绝妙注脚。他在特朗普即将离开白宫的两天前，咒骂道："唤醒主义，多元文化主义，各种主义——它们都不是真正的美国。"

事实上，这些"主义"，以及其他的"主义"，现在已经成为美国这个整体中不可分割的一部分。无论那些人多么努力地希望回到他们理想化的早期美国，但已经不可能把这个"精灵"重新塞回到瓶子里。这个国家的种族和民族构成已经永远地改变了。而人们对于一切事物的态度，从种族平等到性行为，再到性别差异，也同样永远地改变了。性的界限已经模糊。"她"可以是"他"，而"他"同样可以是"她"。在未来，性的边界会更加模糊，由一种性趋变文化所取代。在这种文化中，对自身性角色的探索将构成发现真正自我的过程。

同样，迅速出现了间接引发的力量：画出新的边界，这次是

第七章　跨界与重新定界

通过女性的手。几十年来，与未成年少女的性爱往往能让人创作出经典的文学作品，弗拉基米尔·纳博科夫的《洛丽塔》就是证明。热门电影如《校园风云》和《美国丽人》也是建立于这种主题之上的。在《曼哈顿》中，伍迪·艾伦扮演了一个42岁的作家，与一名17岁的女高中生约会。一些批评家在第一次看到这部电影时，指出许多人会考虑到这种两性关系的掠夺性。它被认为是艾伦最好的电影之一。

提到"贬低女性"，人们原本还以简单的"男人就是这个样子"作为托词，但杰弗里·爱泼斯坦和哈维·温斯坦毁掉了这个标签，让它从一种尚可接受的态度，转变成性暴力和性掠夺的代名词。温斯坦曾经被人们视为品味高雅、但有些专横的艺术电影制片人，然而他却有着暗黑的一面，甚至比传统的通过性交易换取演职角色还要暗黑得多。那些广泛传播的流言没有成为媒体上的头号新闻，这恰恰说明了权力的性质。而随着"MeToo"运动，一切都改变了。在网络层面（这在10年前还不存在）的广泛社会支持下，鼓足勇气的受害人说出了真相。电影制片人、工作室高管、广告业的巨头，以及有关联的其他人像多米诺骨牌般纷纷倒下。艾尔·弗兰肯与其他人相比，最多只是在两性关系上有些行为不端，却辞去了美国参议员的职务。伍迪·艾伦（在他56岁时开始约会前合伙人21岁的女儿）失去了电影片约。曾经似乎不可战胜的纽约州州长安德鲁·科莫失去了他的政治基础，最终失去了他的职位。10年前被人们所忽视的行为，现在却会让那些人遭到广泛的批评，甚至被送进监狱。

与性别和社会地位相关联的许多文化边界都在不断消融，同时新的边界也在不断出现，而其中的一些是由曾经被视为受害者的人们所定义的。

同时，也存在着对政治边界的再次利用。在2011—2020年这衰退的10年中，对于人身自由的限制以及僵化意识形态的再次制度化都屡见不鲜。右翼活动家号召武装叛乱，暗杀政府高官，将国家首脑转变为实际上的独裁者。

也许最惊人的发展是对欧洲边界的重新定义。英国退出欧盟让英吉利海峡等同于特朗普的高墙。英国脱欧是在一场承诺英吉利太阳永不落的政治运动中兜售给选民的，并且从不羞于宣传造势和编造谎言。在大多数情况下，现实都远远赶不上这些政客的承诺。正是这些急切渴望在英伦诸岛上减少黑人和黄种人数量的家伙，现在已经感受到了大量移民离开英国所带来的恶果。仅仅在伦敦就有大约70万外国出生的居住者在2020年离开了英国，使英国首都的人口下降了8%。在英国，移民的离开造成了大约120万名工人的短缺，包括急需的卡车司机。产品短缺又导致空空如也的超市货架，长长的购物队伍，以及恐慌性抢购。英国已经派遣军队在全国各地帮助运输燃料。

苏格兰的渔业受到了严重破坏。渔民们以前每天在收获后会把新鲜的海螯虾和扇贝卖向欧洲市场。由于英国退出欧盟的行动，健康证书、海关申报，以及其他手续增加了渔民的成本，延缓了渔获的运输。一个商业集团曾经建议：放弃面向出口市场的渔业生产。

一个英国酒商向《卫报》抱怨，由于脱欧之后的海关规则，他突然无法从欧盟进口葡萄酒了。"我们是一家经营良好的小企

第七章　跨界与重新定界

业，我们的生意非常不错，直到英国退出欧盟，"他说,"虽然我们知道脱欧就像一场车祸，但我们不知道它会是一场浓雾中的多起连环相撞，并带来伤亡的车祸。"

在海峡的另一边，荷兰港口官员报告称在2021年1月1日，英国退出欧盟后的新海关条约生效后，他们已经罚没了像小山一样的各类物品，包括脱骨鸡肉片、果缤纷橙汁、西班牙橘子，甚至麦片。正如他们所警告的："你完全不能从英国带来食品。"

当然，真正的问题并不是关于麦片、脱骨鸡肉片或葡萄酒，这是一个国家内化的过程，是关于谁应该在"救生之舟"上占有一席之地的争论。这可能是一种恶性循环。在移民外流导致英国出现供应链问题和关键工作岗位上的人员短缺问题的同时，经济上的剧变也会进一步加强民族主义。而恰恰是高涨的民族主义情绪从一开始就为英国退出欧盟铺平了道路。我们的世界越来越趋于全球化，但我们中的大多数人仍然希望属于"我们的"东西是神圣不可侵犯的。

曾经模糊的边界如今却正在被加强。另一个例子就是万圣节前夜。这个众多孩子如此钟爱的节日，已经充满了对文化挪用和文化迟钝的控告。这个节日起源于古凯尔特人的萨温节，每年都让人们有机会去模糊现世与来世的边界。直到新世界的人们把它弄得一团糟。到20世纪初期，美国人开始在万圣节前夜穿上奇装异服，以"装扮成其他文明和种族的样子，他们把脸涂黑以装扮成美国黑人，或者戴上头巾和其他装饰，以模仿成曾经被称为'远东'或其他'奇异'地方的人"。到20世纪中叶，"牛仔和印第安人"的服装开始兴起，后者模仿的是美国土著居民在庆典仪式上穿的服装，实际上是狂野西部的某种被误解的庆典仪式。

我必须尴尬地承认：当我还是个孩子的时候，并不觉得装扮成一个印第安酋长或日本艺伎是无礼和令人讨厌的。但由于"我们是文化，而不是服装"这类的文化运动，现在的孩子们肯定知道得更多，至少应该知道得更多。他们更善于意识到，对文化刻板印象的推广是一种错误，影响着被模仿的群体成员。我认为，考虑到美国土著女性易于遭受性暴力的危险程度，通过服装秀来对她们的人格进行性别物化是尤其有害的。

《从扮黑脸到黑人推特：对黑人幽默、种族、政治和性别的反思》的作者之一，米娅·穆迪-拉米雷斯博士告诉《华盛顿邮报》：

> 人们需要考虑到，这些被模仿的文化群体的成员会如何看待这些服装秀……自问一下，你所模仿的文化是否有着被压迫的历史？你是否通过挪借他们的文化而获益？当你厌倦的时候，你是不是能够脱掉某些东西，并回到某个他人无法进入的特权文化中去？

围绕着文化挪用的争论日趋激烈，越来越多的公众人物为此付出代价。比如说《美食》杂志的主编亚当·拉波波特就因为一张照片而被迫辞职。在这张照片中，他在一场万圣节前夜的晚会上涂黑了脸，穿着模仿"波多黎各人"的服装。

关于"文化欣赏"与"文化挪用"之间的界限到底在哪里，不管人们在这个问题的答案上存在着多么大的分歧，归根结底还

第七章　跨界与重新定界

是要取决于对文化的认知和尊重。歌手兼女演员赞达亚解释这其中的区别："有些事物对其他文化是非常神圣和重要的，所以，在你穿戴上这些文化的服饰之前，你一定要从政治上认识到这一点。"女演员阿曼德拉·施滕贝格解释："如果人们没有深深地意识到他们所参与的文化的重要性，那么就会发生文化挪用。"或者，正如她在一个 YouTube 视频中一针见血地指出的："别把我的玉米辫子当作经济作物。"

文化融合的适当性范畴非常容易让人困惑。在涉及文化融合时，我们应该在哪里画出"文化欣赏"与"文化挪用"之间的界限呢？

我们可以在食物上观察到文化融合那不断改变的边界。在"文化欣赏"与"文化挪用"之间的界限是极为主观的。自称为"雕塑家、漫画家和赫奇帕奇学者"的成荫库尔创作了一部漫画——《只管吃就好了》（Just Eat It），用于讽刺"人们一边喜欢把一些'奇异'的饮食当成他们自己的，一边又痴迷于食物的'真正性'的趋势"。她的建议兼恳求是：吃吧，但别要求为你在饮食上的大胆而奖给你一颗金星；吃吧，但不要假装这些饮食就让你洞察了我们"奇异"的文化方式；吃吧，但要知道我们一直这样吃，别把我们的饮食当作你的冒险故事。只管吃就好了。

既然人们还要在这片水域继续航行，肯定还会出现人们的失误和公众的谴责。重要的是，不再是由权力阶级来制定规则了。

在员工阶层，有着不同的边界问题。每个在疫情期间保住了自己工作的白领员工都会熟悉"WFH"这个缩写，它代表着"居家办公"（Work/Working From Home）。对于一些人来说，标准工作日的边界模糊了，因为那些不太开明的老板和经理会觉得不再需要尊重员工的夜晚、周末和假期。这些员工的时间除了工作难道还有其他的事情需要做吗？

不过，常规工作周中的常规工作日的消失，也有着其好的一面。既然疫情已经完全颠覆了传统的工作方式，越来越多的员工在工作日全天行使着他们的工作职能，而不再认为自己受到工作时间的约束，朝九晚五只是一种选择（讽刺的是，这种工作时间还是向工会妥协的结果。由福特汽车公司写入工作制度，以保护工人免受剥削，并确保他们有足够的时间陪伴家人）。现在的时间是不同的。一分钟又一分钟，一小时又一小时，一天接着一天，时间还在流逝。但最重要的是，越来越多的人现在不会让它们白白流走。新冠肺炎疫情已经教会我们品味时间的简朴技艺。

对于那些有权利可以这样做的人，这意味着我们可以拿起一本书，不受打扰地阅读，享受与家人的高质量时刻，并且放下我们的笔记本电脑（没有罪恶感的），去散散步、游游泳、泡泡澡，或听听音乐来为自己重新充电。

瑞典人和挪威人的语言中有个词 lagom——不多不少。lagom 鼓励我们品味时光，就像清晨的第一杯咖啡，就像滑进刚刚熨烫过的被子。在这样一个让我们体会到拥有自我时光的单纯快乐的时代，我们中的很多人都已经热爱上 lagom 的生活方式，哪怕连我们自己都没有意识到这一点。

当然，新冠肺炎疫情之后的世界是难以预测的。我们会回到我们过去的生活方式吗？催促孩子们赶快从屋子里出来，满心厌烦地采购生活必需品，悲叹缺乏"自我时光"，感到在不断地忙忙碌碌中筋疲力尽，把自己淹没在超大号的咖啡杯之中。我希望我们不会

第七章 跨界与重新定界

这样。在我看来,"自我时光"——可以自己支配的时光,对于疫情前的常态来说,将被证明是一种令人敬畏的巨大力量。

瑞典人还知道另一件事:逃离。美国人在没有(或者不去使用)假期这件事上是臭名昭著的。2019 年,比如由 Bankrate 公司进行的一项社会调查发现,在 2020 年,每 10 个美国人中就有超过 4 个人由于花费过高而选择不在假期旅行。瑞典人则恰恰相反,在 5 个瑞典人中就有 1 个人拥有避暑别墅,而超过 50% 的瑞典人口拥有某个避暑别墅的使用权。当天气变热时,他们就会住在避暑别墅里,而不是仅仅住几天。正像瑞典教师安娜·维克隆德所解释的:它帮助你逃离日常琐事,让你把这些琐事统统抛在家中。而因为你在这里度过了那么长的时光,你会感到这里就是你的家。如果你出国旅行两个星期,会有那么多的事情要去体验,要去做。没有必要去刻意放松。在这住了一周或两周后,我开始慢下来,而我认为这正是我所寻找的:渐渐的松弛下来。

我们的内心深处都是瑞典人和挪威人,热切地希望在工作和日常杂务之间建立边界,并且寻求在现代生活的狂热步调中得以喘息。我们想要用美国国会议员玛克辛·沃特斯那不朽的言语来表达,"收回"我们的时间。而且我们越来越渴望去控制在我们周围快速旋转的混乱。要实现这个目的,一方面我们可以通过制定边界来约束不良行为;另一方面是去打破那些旧有的藩篱,不再容忍它们对我们的约束方式。

在驯服混乱时,我们还可以采取另一种方式:把我们的世界分解成更小的组成单元来降低问题的复杂度;排斥那些巨大与无序的事物,而去追求那些亲密和具体的事物。

第八章
小就是新的大

凡高说过:"把一系列小的东西聚拢在一起,便创造出伟大的事物。"他明白分解复杂问题的价值。每一次,只集中力量突破一个问题要素,从而降低整个问题的复杂度。在以混乱和流动为标志的现代世界中,人们倾向于回避复杂问题,或者设法提高问题的可管理度:逐天制定短期规划,注重于超本地化的积极行动主义,在更好的生活之路上小步前进而不要试图在大大的一跃中实现大幅度的改变,这种机制有助于保持我们的理性。

心理学家巴里·施瓦茨在21世纪初创造了"选择困境"这个术语。它描述了当人们面临太多选项、太多潜在的路径时会发生什么。人们会感到焦虑和痛苦,并且最终可能难以做出抉择。施瓦茨提出,尽管毫无选择"几乎是让人难以忍受的",但过多的选项也会超出人们的心理负荷。"在这时候,"他警告道,"选择不再为人带来自由,而是让人失去行动能力。甚至可以说,过多的选项对人构成了压制。"

我们通过分解问题,把选项简化到二选一,来战胜"选择困境"的淹没感。如果你看过家园频道(在全世界都可以收看)的

第八章 小就是新的大

《房屋猎人》的大量剧集，你就会知道每一季是如何结尾的：房子的买主在深思熟虑之后，去掉了三个选项中的一个，然后在剩下的两栋房子中二选一。这是一种生产策略，但它也告诉我们，人类的思维是如何工作的。

与之类似，在冲突的时代，我们简化选项，把我们的注意力放在那些可以给我们带来舒适感或控制感的事物上。我也许无法减缓全球气温的上升，但我可以购买一辆电动车，或买一件耐久的衣服。在新冠肺炎疫情全民封控期间，我无法去拥抱远方的亲人，但我至少可以给他们寄去一些烘焙食品来表达我的爱意。在整个新冠肺炎疫情期间，我们可以看到人们把生活重心放在装修他们的房子上，从而让自己生活得更加舒适，为远程办公和视频会议打造漂亮的背景墙，采购高端的技术设备。这是为了舒适、便利和提高效率，当然，也是为了在这个江河日下的世界收获一些掌控感。

渺小，就在此时此刻此地，并且在未来几十年中亦是如此。我们纵情于生活中这些微小的事物，以收获慰藉，并热烈地欢迎本地的、真实的以及亲密的一切事物。但是我们如何来定义"小"？这个定义是主观的，更多地侧重于感觉，而不是度量单位。

在20世纪80年代末，一位极富有的年轻人决定卖出他所拥有的两幅马蒂斯的画作。其中的一幅画卖出了1 800万美元的价格。这让他有了足够的钱来款待朋友。他订购了12箱法国葡萄酒，与朋友们共享。酒的名字叫"柏图斯"，酿制这种名酒所用的葡萄只生长在波尔多附近的28亩土地上。他购买这些1973年产的佳酿时，这些酒的价格还不到100美元一瓶。对于这种上等名

129

酒，这是多么便宜的价格啊！

　　他送给每位朋友三瓶酒。一些人直接喝光了它们，以致敬他的慷慨。一些人把酒贮存起来，期望岁月能够增加酒的醇香。当我的一个朋友向我展示他酒柜中的这些酒的时候，他说这些礼物完全可能比他活得更长久，他难以想象自己会喝掉这么昂贵的酒。不过，几年后，他在一场离婚诉讼中损失惨重，为了减少损失，他以每瓶1 000美元的价格，把这三瓶柏图斯葡萄酒卖给了一位酒商。他不明白这个酒商为什么根本没有问起这些酒长达45年的贮藏。后来他在网上浏览，找到了答案。一位中国香港的卖家以每瓶1 800美元的价格出售1973年的柏图斯葡萄酒。

　　我们如何来看待这件事呢？对于1988年的那个有钱的美国年轻人，马蒂斯的画作只是一件小东西，甚至连他净资产的零头都不到。把这些酒作为礼物对他来说更加微不足道。对于那些收到礼物的朋友们，他们大多数也是富豪，柏图斯葡萄酒在这里是一个小小的，却代表着富有深意的姿态。对于那个酒商而言，这次收购也是一件小事，一笔小买卖，他很可能在收到我朋友的这三瓶酒之前就联系上了远在中国香港的买家。在买家看来，这些酒与他的宏图壮志相比也许只是一笔小小的花费。或者是一个成功者做出的大气姿态，想用一些小东西在他的朋友面前撑出大大的门面。至于我的朋友，他似乎对于名酒是个门外汉。柏图斯葡萄酒对于他不是一个小东西，它是奢华的象征。它很昂贵，而且每一年都在升值。在他看来，这份礼物很大，很值得纪念，是一件大事，甚至是一种负担。

　　事物的重要性取决于在你的生活中你是谁，你有什么，你在哪里，以及你对周围的一切抱着怎样的态度。所有这一切都是相互关联的。

我们的宇宙极为巨大。到底有多大呢？英国杜伦大学的天文学家皮特·爱德华兹认为，要想彻底弄清楚宇宙的大小几乎是没有意义的："不要想这个问题……人类的大脑实际上不可能理解宇宙的真正大小。"

宇宙的真正大小是难以说清楚的，所以我给"小"下的定义是人的尺度，是可关联的，我们可以理解的，可以拥抱的，可以控制的。

为什么我们当今需要人的尺度呢？

正如许多事情一样。从新冠肺炎疫情开始，我们的边界已经被重新定义。更小的活动半径，更小的野心，更少的花费。新冠肺炎疫情迫使我们关注内在，直到我们的家变成我们的整个宇宙。对于许多人而言，"外出"只意味着在周边转一转，而不是开车去任何稍远些的地方。不会去酒吧、餐馆或健身馆，也不会出席任何文化事件，而且肯定不会去乘飞机。

这种内缩影响了我们关于比例的思维方式，也就是说，对我们周围事物的相对价值造成了巨大的影响。2020年，美国居家用品的销量上升了51.8%。这并不是一个巧合。从全球来看，家庭装饰品的在线销量预计将在2020—2040年增长约13%，主要是由欧洲市场的增长所带动。在新冠肺炎疫情封控期间，凡是手中还有一些购买力的人都大举采购这些商品来加强他们在隔离期间的微观世界。随着购买趋向于治愈身心、打发时光、追赶项目进度和提升自身技能，他们开始栽种植物、修理家具、购买他们往常不会考虑的东西。在 2020 年春天，有几周的时间，许多人的社交媒体上满是刚刚出炉的发酵面包的图片。难怪那时候几乎不可能买到袋装的干酵母。

然而，追求渺小与亲密的趋势早在新冠肺炎疫情之前就已经形成了。即使在照片墙上展示那些富人和名人（以及靠着 P 图拼命把自己伪装成富人和名人的网红们）奢侈生活形态的时候，在过去的二十年里，你们也目睹了对卖弄风头、建造豪宅、花式炫富等行为的广泛排斥。我敢肯定，我不是凯特·瓦格纳在她的博客"McMansion Hell"上那些措辞激烈、行文精巧的评论的唯一粉丝。

任何排斥和批评都没能阻止这些权贵聚集起令人眩晕的巨大财富，就像宇宙一样，他们的财富之巨大已经超出了大多数人的想象力。2021 年，福布斯公布的第 35 届年度世界亿万富翁榜爆炸性地增加到史无前例的 2 755 人，比 2020 年多出了 660 人。他们都用这些钱做什么呢？世界最知名的 3 个亿万富翁——亚马逊公司的杰夫·贝索斯、维珍公司的理查德·布兰森爵士，以及特斯拉公司的埃隆·马斯克，已经为空间竞赛带来了巨大的变革。2021 年 7 月 12 日，布兰森在这个三道赛跑中脱颖而出，率先乘坐维珍银河太空飞船飞向太空。贝索斯紧随其后，在 7 月 20 日登上了"新谢泼德号"太空飞船，这艘飞船是由他的蓝色起源公司建造的。但在 change.org 网站上发起的要求禁止贝索斯返回大气层的请愿活动获得了高达 20 万个签名。

以前，我们会为企业家的成功而感到高兴。自力更生、白手起家是一个在全球各个文化中赢得共鸣的美国理想。现在，随着

第八章 小就是新的大

人们对财富不平等的日渐敏感，已经带动了很多反对个人财富过多的民众运动。当贝索斯宣布他将辞去亚马逊 CEO 的职位时，我们几乎可以肯定，这是其背后的原因之一。在埃隆·马斯克作为嘉宾出席《周六夜现场》之前，该节目的老板和创始人洛恩·迈克尔斯向公众保证，他不会强迫任何员工与这位特斯拉公司和 SpaceX 公司的创始人合作。尽管马斯克受到了他的巨大财富的某种拖累（至少在当时），但据新闻媒体报道，他放弃了自己的大别墅，而住在一个小小的预制构件组装的房子里，以表达对在美国突然火爆起来的"简居"概念的支持。根据富达国民金融公司的一个下属机构在 2020 年末进行的一项民意调查，56% 的美国人愿意考虑住在小房子里，尽管在新冠肺炎疫情的头几个月，他们中的许多人就被困在自己的家中。

在某些方面，美国人正在接受欧洲人关于"过犹不及"的认知趋势。通用电气公司和 AT&T 公司的董事会正式投票，反对过高的 CEO 薪酬标准。这给人们设定了一个前例，为这个失控的火车头稍稍踩下了刹车，也让董事会对于……嗯，缩小贫富差距的举措，有了一点儿小小的信心。当然，这一定要把高档谷物、有机喜马拉雅盐纳入考虑范畴，我们正目睹着美国的贫富差距比这个国家历史上的任何时期都要巨大。

人类总是对巨物印象深刻（因此，建造最高的摩天大楼和最大的自卸卡车的竞赛永远不会结束），但渺小正在赢得我们的青睐。我们似乎天生喜欢小巧、可爱的生物（比如婴儿、小狗、小猫），微缩画、娃娃屋、镌刻在一粒大米上的诗句，这些物品的精

133

巧都会让我们惊叹。当今世界，种种事物都在膨胀到巨大、庞大、极大，比如人口、像素、字节、债务等。在这样的世界中，渺小甚至对人们有着更大的吸引力。渺小让人们觉得更轻松自在，更易于打理自己的人生。面对社会中"空虚膨胀"和"肆意蔓延"的种种事物，渺小是一种可喜的反制力量。

我们在娱乐业看到了这一趋势的戏剧化呈现。在娱乐业中，总是充满各种巨大的动作奇观。现在，我们也看到了更小的、更亲民的节目，像美食频道在全球推出的电视剧《雷德鲁蒙德的家常菜》。来自俄克拉何马州波哈斯卡市的雷德鲁蒙德，在她的厨房中创造了一个社会现象：一个顶级的网络盛典。我们知道她是拉德的妻子，亚历克斯、佩奇、布莱斯和托德的妈妈。而我知道她，是因为她陪伴我度过了在瑞士的一个又一个不眠之夜，哪怕我连她的任何一道菜都做不出来。任何"普通人"都可以把她与自己的生活联系在一起。

作为一个跃升到各种受欢迎榜单顶部的反名人形象，在一定程度上，雷德鲁蒙德恰恰表达了"小是新的大"这一趋势。她代表着一批貌似平凡的普通人，但他们因为自身杰出的技能以及完成日常工作的超高标准而成为时尚的领头人。还有很多人在家庭和生活时尚领域赢得了成功：奇普·盖恩斯和乔安娜·盖恩斯的木兰花王国早已盛开；在英国广受欢迎的园艺主播阿兰·蒂奇马什；以及相对新出现的埃琳·内皮尔和本·内皮尔，他们的家乡民风内容正是现在的流行风潮。

我们也在小型电商平台的流行趋势中（如 Etsy、Artfire、Aftcra 和 Folksy）看到了民众对"小"的期望，正如他们对"真

第八章　小就是新的大

实"和"亲密"的期望一样。Etsy，数百万手工艺者出售手工作品的家园。据称在新冠肺炎疫情期间实现了购买量和销售额的双双快速增长。在2020年大约有6 100万顾客（包括新顾客和老顾客）来到这个网站，并且敞开他们的钱包进行购买。不算口罩和面具（颇受欢迎），Etsy的独立卖家在2020年10月—12月就卖出了价值33亿美元的商品，包括大量的香薰蜡烛、工艺珠宝和小装饰品。当然，这个电商平台对于买家的吸引力在于，它所出售的东西并不是在某个偏远的工厂由塑料或其他人造材料大批量生产出来的商品，它们是由手工艺者（或者至少是由个人）一件件制作出来的。而每次购买，都让人感到自己为抵制生活中的廉价商品做出了一点儿贡献。因此，它们也是无价的。

在手工艺平台上购物的吸引力不仅仅在于我们所购买的产品，也在于购物所带给我们的感受。人们感到自己支持了那些小企业，尤其是那些在困境中苦苦坚持的小企业，从而收获了一份满足感。一个朋友最近给我讲述了玛丽·奥哈洛伦的故事。她是纽约一家酒吧的老板，辛苦地养育着6个子女。疫情封控期间，酒吧关门了，丈夫被困在阿留申群岛长达9个月。在"人在纽约"的脸书主页上，提到了奥哈洛伦靠着远在爱尔兰的妈妈给她的配方，制作并出售手工发酵烤饼为生的故事。"人在纽约"的创始人布兰登·斯坦顿说服奥哈洛伦按优惠价格出售一种精选礼包，其中包括6个手工烤饼，一瓶手工制作的黑莓果酱，一"口"凯里高德爱尔兰黄油，以及由奥哈洛伦最小的孩子——8岁的埃琳创作的一幅画作，每个礼包只卖30美元。

我的朋友想，为什么不支持奥哈洛伦一家人呢？于是她下了订单。结果并不只有她这么想。一夜之间（事实的确如此），奥哈洛伦卖了100万美元的烤饼。

尽管商人似乎总是秉承"越大越好"的思维模式，但总会有一些例外。在20世纪50年代，当经济增长和变大变强是整个社会的目标的时候，瑞士出生的欧内斯特·巴德却选择了另一条路。在他创立了斯哥德巴德公司（一家英国化工企业）的30年后，他转让了这家公司的控制权。他把公司给了谁？他把公司赠给了斯哥德巴德公益会。这是一家遵循贵格派教义的信托基金，其根本宗旨是：社会责任企业不能只追求自身的利益。当然，这家企业理解盈利的必要性，但它同样也服务于大众、社区，以及全社会。如果欧内斯特·巴德不得不做出选择，他会说以人为先。他不把员工视为活该接受剥削的劳动力。在他看来，员工是能够在一种合作的企业文化中，发挥他们潜能的有价值的人。

想一想在1951年，这是多么激进的做法。当欧内斯特·巴德把公司转让给信托基金的时候，这家企业的文化就完全改变了。领导力现在建立于"员工拥护，而不是发号施令上"。企业领导者与131名工人形成了相互间的责任。企业文化鼓励每个人参与到慈善事业中，规定企业应将四分之一的利润用于员工奖金，另外四分之一用于慈善。因为这种新的企业架构，斯哥德巴德公司不能再被转手。这排除了其他大公司或私人资产投资人收购这家企业的可能性（或想法）。

按照它的标准，斯哥德巴德公益会是相对成功的，实现每年大约800万美元的利润。按照创始人的标准，它甚至更加成功，因为它与他的慈善精神保持一致。当欧内斯特·巴德在1982年以91岁高龄离世的时候,他完全没有个人财产,他不拥有任何个人商业资产、私人房产,甚至没有汽车。

E.F.舒马赫会称赞斯哥德巴德公益会是有良心的商业企业的典范。在舒马赫1973年的文集《小的是美好的》中,他批判了一心只关注增长和利润的资本主义,以及当时刚刚出现的全球化的"福音"。他的书畅销不衰,成为文坛经典。1995年,《泰晤士报文学增刊》把《小的是美好的》一书纳入半个世纪以来100本最具影响力的出版图书之列。

舒马赫的理念与几十年来诸多企业所遵循的"越贪婪越出色,最大化股东利益"的商业教条格格不入。但是,在当今这个时代,随着人们在更私密的尺度下寻求慰藉,这一理念赢得了人们的共鸣。他告诉我们,一个企业最恰当的规模大小表现在它对个人的尊重程度上。一个工作岗位并不是一系列工作任务的集合。它不是某种可以冰冷无情地消除的事物,不应通过开除员工以保证利润的最大化。相反,一个工作岗位是一个员工自我实现的过程,应该为个人带来满足感、知识,甚至快乐。在这样一种状态下,企业与员工的目标是一致的:"正当地赚钱谋生"。在舒马赫看来:"精神健康与物质幸福并不是敌人,它们是天生的盟友。"企业的目标应该是"以最小的消耗获取最大程度的福祉"。

在舒马赫理想化的大城市中,应该有50万人口。在这样的城市中,生态是至关重要的,相互毗邻的人群构成社区。他理解人们越来越多的冲动,但他也同意古罗马诗人维吉尔的观点。据说,后者曾建议道:"欣赏大葡萄园,栽种小葡萄园。"这句古老的箴言与 21 世纪"15 分钟城市"的概念遥相呼应。在世界上一些最杂乱无章的城市区域已经开始应用"15 分钟城市"的概念。作为城市的指导原则,"15 分钟城市"指的是市民可以在短程徒步或骑车的距离内实现他们的绝大多数需求。这一理论甚至为欧洲的那些古城老镇提供了一次巨大的城市转型,更不用说对于一些国家的大城市的重要意义了。在这些城市中,规划者为了吸引资本和商业的支持,甚至想修建穿过城市中心的多车道高速公路。

在法裔哥伦比亚科学家卡洛斯·莫雷诺的启发下,"15 分钟城市"的概念受到了巴黎市长安内·伊达尔戈的欢迎。在大西洋的另一边,纽约市前运输专员珍妮特·萨迪克-卡恩,是在城市开发领域大力倡导人文尺度的、最引人注目的名人之一。首尔甚至比纽约和巴黎还要野心勃勃,正在规划在一个老工业城区建成高科技的"10 分钟城市"。这些城中城的建立并不是为了追求世界大同的"花童式"理想主义,也不是为了恢复旧世界的古雅,而是要建立为生活在其中的每一个人服务的城市区域。在这样的都市中,生活与工作空间更安全、更健康、更具有包容性。

随着世界越来越走向对人文尺度的期望,我们可以从一些地区吸取宝贵的经验。地理位置塑造了观点,那些人口更密集的国家显然更易于诞生人文尺度的思维模式。

想一想欧洲与美国的区别。它们有着大致相同的面积,但欧洲人口大约相当于美国的两倍。让我们提供一个更清晰的视角:从地理面积上看,得克萨斯州比法国大,但在得克萨斯州仅生活着 2 910 万人，而在法国人口是 6 350 万。欧洲较高的人口密度，以及语言和文化的多样性，都对社会行为造成了强烈的影响（更不用说，与毫无计划的城郊扩张相比，许多科学家和城市规划者所认为的在生态上更安全的措施）。与北美洲不同，在欧洲，一个宗教派别或其他群体不可能收起帐篷说走就走，在荒原上彼此相距遥远的居住地中自力更生地生活下去，就像 19 世纪初美国的摩门教徒所做的那样。生存空间过于紧张，不可能让给其他人，尤其还是说着不同方言，甚至是完全陌生的语言的那些人。经过几个世纪致命的冲突，欧洲人在过去的 70 年里设法找到了在和平和相互容忍中分享他们紧张空间的方法，但巴尔干地区和北爱尔兰显然是其中的例外。

在欧洲，可以说再没有哪个国家能建构出比荷兰更富于坚韧精神的文化了，而荷兰的国土面积肯定是其中的原因之一。除了像摩纳哥、梵蒂冈和马耳他这些小国以外，荷兰以每平方千米有 1 316 人达到了欧洲最高的人口密度，比美国任何一个州的人口密度都要高。这个国家的面积只有 41 528 平方千米（大约相当于新泽西州面积的 2 倍）。你可以骑自行车从阿姆斯特丹到鹿特丹（这是荷兰人口最多的两大城市），只需要不到 4 个小时。而阿姆斯特丹只相当于纽约市面积的三分之一，伦敦的八分之一。它又怎么去体现人文尺度呢？

荷兰在我的内心占据着一个特殊的地位，那是因为在 20 世纪 90 年代中期，我曾在那里工作和生活。从纽约这个翻腾的压力锅中走出来的我，在刚刚到达阿姆斯特丹时，既有美国人对于异国生活习惯（午夜骑着自行车去酒吧）的不适应，也有着对人种学的好奇。

我发现，为了社会的稳定，在荷兰有两个核心原则：verzuiling 和 gezelligheid。verzuiling（柱化社会结构）是筒式构建的社会秩序。每个宗教和政党都有着它们自己的机构建设：各自不同的广播电台、报纸、工会、健身馆，甚至面包店。结果，这个体系保证了每个人的利益诉求都能有所表达。同样，这个国家极高的人口密度和务实的社会文化让人们难以躲藏在自己的小气泡中。"安逸快乐"横穿过这些柱形社会结构。在咖啡馆里坐上几分钟，保证会有人与你攀谈，因为这是去了解（如果不是爱上的话）你的邻居的关键。

在所有重大社会问题上，宽容是荷兰人所遵循的社会策略。荷兰是第一个悼念在"二战"期间遇难和遭受迫害的同性恋者的国家。2001 年，它率先立法承认同性婚姻。在荷兰安乐死是合法的。早在 1976 年，荷兰国会就通过决议，规定拥有少量大麻（少于 5 克）并不是违法行为。

这么宽容的文化是不是听起来简直令人难以置信？显然，这是千真万确的。荷兰人喜欢抱怨，尤其喜欢抱怨天气——早在气候危机达到荷兰官方所谓的"红色警戒"状态之前就是如此。（如果"温室效应"不能得到充分的控制，这个低地国家在 21 世纪末将面临海平面上升大约 1.2192 米的危机。）

由于日本多山的地形特点，日本人面临着比荷兰更高的人口密度。在东京，这个世界上人口最多的城市中，家庭平均面积为 65.96 平方米，而这还是独栋住宅，公寓更加拥挤。东京有四分之一的人口生活在小于 20.4 平方米的空间中（在美国，卫生间的面积常常都会有 11 平方米）。难怪日本人那么善于制作盆景——一棵成熟的树经过精心修剪后的微缩形态。也难怪东京有超过 40% 的人口独自居住，享受着更多的孤独。

日本具有传统的集体文化，把集体利益置于个人利益之上。"我们需要注重和谐的共同生活，这也是同侪压力（在集体中做事）这么高的原因。"一位日本经济研究者对这个人口密度高的国家如是评论道。最近出现的一种社会趋势与这种思维模式恰恰相反。它被称为"ohitorisama"，粗略地可以翻译为"独处"。在荷兰人寻求相互宽容的同时，日本人却把独处作为逃离他们那密集的生活空间的一种方式——而且并不再以此为耻。在十年前，独自吃饭的人很可能会选择 benjo meshi（在卫生间偷偷吃午餐）——这是社交困难的高中生或大学生在参加工作后开启的一种风气。现在，更多的日本餐馆欢迎独自一人的就餐者，并且人们也不认为独自一人有什么可耻的。

于是出现了由空间和独居所孵化的文化观。在调整我们的尺度观时，我们也可以在其中有所借鉴。

由于每平方英里[①]只有 49 名定居者，芬兰是欧洲人口密度位列倒数第三的国家，仅高于冰岛和挪威。在芬兰，如果你想知道一个人的薪酬金额，你只需要给税务办公室打一通电话，因为这是公共信息。这是在其他国家绝无仅有的现象。而沉默寡言是芬兰文化的核心，普通的芬兰人以内敛和沉默而闻名于世，他们对于社交时刻的典型反应是退缩。越多的芬兰人聚在一起，他们就

[①] 1 平方英里 ≈2.59 平方千米。——编者注

越渴望个人空间。《芬兰人的噩梦：另类芬兰社交指南》通过梳理芬兰人对绝对边界的嗜爱，创立了一种新的体裁——芬兰式喜剧："一个内向的芬兰人在跟你说话时会紧紧盯着他自己的鞋子。一个外向的芬兰人会盯着你的鞋子"；一个芬兰人想离开他的公寓，但有一个邻居正站在走廊里；公交站真是太拥挤了，居然有一个人在那里等车；芬兰人最害怕的事情是什么？当众演讲；和一个大声讲话的人困在同一间屋子里。

我敢打赌，在疫情之后，我们中的许多人会把自己与芬兰人联系起来。即使是外向的朋友也向我倾诉过他们对重新回归人群中的生活的犹豫——而在很大程度上，这不仅是因为害怕传染上新冠病毒，也是因为新出现的社交焦虑或羞涩。我们的社交技能都生锈了。

较低的人口密度也塑造了——新西兰人。这个国家有着比英国还多的国土面积，但人口只有500万，与之相对应的是英国有大约6 800万人口。在新西兰，平均每个人拥有9只羊，这是世界上最高的人羊比率国家。

对于许多美国人而言，新西兰就是理想化的美国——在美国人的印象里，这里有着工作勤奋、思维独立的人们，在极为优美的自然环境中，过着自给自足、简朴坚强的生活。我们以为我们过去也是这样，只是要完美得多，而且是在很久、很久之前。在2020年的大选之夜，在谷歌上关于"如何把家搬到新西兰"的搜索量直线上升，恰恰说明了美国人对新西兰的幻想。我们可以猜测，进行这些搜索的人们都想移民到一个价值观与美国类似的国家。新的宗派文化的每一句话都在告诉我们要亲近"我之族类"，

第八章　小就是新的大

而与那些异族异派的人保持距离。彼得·蒂尔是 PayPal 的创立者之一，也是 2016 年唐纳德·特朗普过渡团队中的一员。他在 2011 年获得新西兰荣誉公民身份。他在新西兰先购买了一栋别墅，随后在 2015 年，他又在湖边买了一栋价值 1 000 万美元的别墅。现在才试图在新西兰投资买房？你已经晚了。

蒂尔和数不清的末日生存主义者都搬去了正在发生巨大变革的新西兰。欧裔人口占比正在下降，毛利人的人口预测将增长 25%，亚裔人口将很快增长 70%。新西兰仍然是一个小国，但它的人口构成将呈现出越来越多样化的特征。

我们对于尺度的感知是受地理和城市密度所影响的。正如我们看到荷兰和日本在一个极端，而芬兰和新西兰在另一个极端。它也依赖于人们的野心以及对成功的定义。我们通过人们对于舒马赫 1973 年的文集《小的是美好的》的不同看法，可以看到相互迥异的视角在发挥作用。他对于他所称之为"巨大症"的抵制，被一些人称赞为远见卓识，但在商务世界中却应者寥寥。尤其是在美国，"二战"后的经济繁荣让人们把"要么发展壮大，要么破产失败"当作普世的福音。在新千禧年开启之际，舒马赫关于"小即是美"的理念受到了高端精英人群的欢迎，却被大多数普通人所忽视。他的书被社会进步人士推崇备至，作为经典作品，成为大学里的指定读物。但它在更广泛社会层面的影响却只体现在公众对两个口号的拥护上："购买本地商品"和"公平交易"。

在近几十年里，一些大公司采用了舒马赫关于"知足"的哲学思想，包括英国的 The Body Shop 公司和美国的 Ben & Jerry 冰激凌公司。在成功的特定阶段，这两家公司都获得了极高的收购报价，远远高于一个理性的企业领导者所能拒绝的金额。尽管它们都被大企业收购，但这些收购者承诺不会改变它们的企业文化。其中，Body Shop 公司被欧莱雅集团收购，后来又被出售给巴西的 Natura & Co 集团；Ben & Jerry 冰激凌公司被卖给了联合利华集团。

大多数公司在"越大不仅越好，还是最好"的道路上走得既快又远——只是这里所指的是财务数字，而不是员工数量。投资银行会在财务报表上玩一些花招。员工变成了"顾问"，以减少退休金和保健福利的成本。机器人能完成复杂的工作任务吗？无人机能替代快递员吗？

我们在未来会看到钟摆移向相反的方向吗？短期内，我们无法看到这些大公司（至少主动地）缩减规模，但我们可以期待这些企业在提高员工福利和确保员工生活与工作的平衡上做出更大的努力。在新冠肺炎疫情之前，工作场所就是许多员工的宇宙中心，但现在这种人生观已经失去了它的土壤，因为许多员工通过身心上的距离获得了对于工作和生活的全新视角。

时空雷达：

企业不会主动缩小规模，但它们会变得越来越透明（不管它们喜欢与否）。到 2038 年，人们可以轻而易举地了解到其他人的薪酬水平，并相互比较，从而推动企业管理层去解决收入不平等的问题。

"越大越好"也许在长达两个世纪的时间里一直是美国盛行

第八章　小就是新的大

的道德观，但历史从来不是一条直线。在20世纪末那越来越混乱无序的资本主义的表层之下，有着关于一种更加温暖、更加温柔的生活方式的低声呢喃。在20世纪80年代，生活在华盛顿州惠德比岛的建筑师罗斯·蔡平开始思考一种更以人为本的生活方式。

正如他写下的文字，他的解决方案并不是首创的：

> 人类是群居的——我们喜欢与其他人毗邻而居。我们也对个人空间有所期望（也许是需求）。然而，在最近这个时代，我们偶尔会过度迷醉于我们那"拥有自己的房子"的梦想，于是我们克服了自己关于隐私的期望，却让我们在房屋的海洋中困在自己的孤岛上……一幕宛如俄罗斯套娃般的情景开始在我的脑海中形成：口袋式社区。

1996年，蔡平建造了他的第一个口袋式社区。你可以把口袋式社区当作斯哥德巴德公益会所倡导的舒马赫式社区的一种。社区中的住宅数量不多，不是小型豪华别墅，只是越层式的小别墅——大多数只有大约60.39平方米，附带18.58平方米的阁楼。所有的住宅都具有19世纪房屋那非常可爱的特征：前门廊有着低矮的栏杆，以便过路者可以停下来，聊上几句。对于任何梦想生活在法国乡村或意大利小镇的人来说，这个处于西雅图的通勤距离之内的岛上社区具有巨大的吸引力。

在新千禧年的第一个十年中，商业利润的增长达到了任何人用最大胆的想象都难以企及的水平。但大多数人有着完全不同的体验，尤其是2008年的金融危机降低了他们的收入、房屋净值和储蓄金。越来越多的美国人期望缩减开支，而其中的一些人并没有其他选择。城郊的土地价格一飞冲天。你没办法真正放弃一个占地1 000平方米，有着超大房间的房子。城市中的房价甚至涨得更高。从2010年到2020年，美国新建出租公寓的面积降低了5%，最小的公寓面积甚至屡屡刷新纪录，新建单室公寓的平均面积比2008年缩小了10%。在罗德岛的普罗维登斯，威斯敏斯特商场是美国第一家封闭式的购物商场（开业于1828年）。它通过提供大量的"微型公寓"而焕发了新生，其中大多数公寓都小于28平方米。

这些小房子并不仅仅供那些刚刚成年的千禧世代居住，还有那些在通往高级套房的阶梯上停滞不前的夫妻，仅仅靠着微薄的401k[①]退休福利金和社会保障金为生的老年人。在俄勒冈州的尤金市，"康内斯托加式棚屋"为城市中一些无家可归者提供了庇护所，每个棚屋只有不到6平方米的面积。用1万美元（相当于一栋小型单体住宅的造价），社区团体可以建造8个这样的棚屋。而6平方米是走向未来的基础。"你有一个地方可以保证你的财产干燥而安全，而不用拉着它们四处漂泊，"一名居民说，"你就可以着手安顿你的人生，并想一想下一步该怎么办。"渺小就像是在人行道砖缝里长出来的小草——活下来的意志促使人们总会找到办法。而在住房上的这种新趋势也是一样。小型住宅也已经走向移动化，正如一些长途卡车在驾驶室背后的橱室中配套了厕所、淋

---

① 401k，指401k计划也称401条款。是美国一种由雇员、雇主共同缴费建立起来的完全基金式的养老保险制度。——编者注

浴、厨房和电视。在汉普顿的豪宅中度周末，这是大多数人都难以承受的。但在乡村的一栋小型住宅里过周末却是更多的人可以企望的。

> **时空雷达：**
>
> 在偏远地区，脱离电网的小型住宅将成为许多城市定居者和郊区居民全新的"乡村住宅"。这些住宅不仅让他们能够亲近自然，远离现代生活，并且在发生自然灾难、暴乱或瘟疫时，也为他们提供了一个避难场所。

扬娜·哈里斯在得克萨斯州拉鲁附近混乱无序的林地居住区里租下了一栋46平方米的房子。她的新房东是Getaway公司。这家公司专营在11个美国大城市附近2小时车程距离内的小型住宅出租业务。在2020年新冠肺炎疫情期间，租出率从来没有低于96%以下。这些住宅是安全的，而且保障了社交距离：免钥匙的大门，没有公共空间。在一个典型的出租房中只提供厨房、私人浴室、户外篝火和Wi-Fi无线网络，出租价格是每晚99美元。"我在那里住宿期间没有碰到过其他租客，"哈里斯说，"没有比这儿更安全，更能保障社交距离了。"

在新冠肺炎疫情期间，另一些人会有专门的小型住宅快递上门。俄勒冈州"长轮子的住宅"服务（Room + Wheel）的用户们不在主要住宅中招待朋友或亲戚，而是租用一个小型房子，在他们的土地上放置几天或几周——便于在保持社交距离的情况下进行社交活动。这也为医护人员或其他必要工作岗位上的人员在不想把传染新冠病毒的风险带给家人时提供了一种明智的解决方案。

渺小，直到最近，仍然常常是可爱的同义词。也许它曾经象征着被迫情况下的规模缩减或地位降低。但现在已经并非如此：天美时手表就是新的劳力士；特斯拉公司计划到 2024 年生产售价低至 25 000 美元的掀背式轿车。

新冠肺炎疫情导致许多人重新考虑他们究竟需要多少东西。俄勒冈州波特兰市的伊丽莎白·沙伊，决定用修理旧物或借用别人的物品来替代购买新的物品，并开始扔掉她所拥有的一些东西。她决定卖掉、捐献或扔掉 2 020 件物品，她最终实现了这个目标。（我们每个人都拥有 2 000 件以上我们实际上并不需要的物品，这个概念值得我们反省。）

在无条件地追求"大众""庞大""全球"的近一个世纪之后，我们将一面通过各种途径去收获"大尺度"所带给我们的好处，一面更好地满足我们对于人文尺度的渴求。斯科特·加洛韦不仅是一名企业家，也是纽约大学的教授。他谈到了这正是大离散的一部分——也就是说，"产品和服务在它们最被需要的时间和地点，通过更广泛的分配，绕过了守门人并且消除了不必要的摩擦和成本"。

我们可能将在未来的几十年中面临更多的疫情，因为现在我们还远远不能确定，科学家能否找出方法把一场会大规模传染的病毒消灭在萌芽阶段。在一定程度上，正因为这种不确定性，让我看到了更小的人文尺度盛行的意义。所以，我预计会出现更多的独立工作间而不是巨大的办公室；预计小城市将会蓬勃发展；预计在新一代的简化运动中，人们会通过最新的科技将更小和更少融合在一起；预计人们将渴望尽可能减少人类活动对自然环境的影响。

最重要的是，我预计人们不再问："它大吗？"而会问："它符合人文尺度吗？"

第九章
自由与时间的奢侈

旭日东升。娱乐业巨头兼梦工厂联合创始人大卫·格芬所拥有的长138米，价值5.9亿美元的游艇，共配备45名船员，可以为18位宾客提供食宿服务。多年以来，这艘游艇上的宾客往往都是大名鼎鼎、大有来头的人物：奥普拉·温弗瑞、布莱德利·库珀、奥兰多·布鲁姆、凯蒂·佩里、克里斯·洛克、布鲁斯·斯普林斯汀、玛丽亚·凯莉、莱昂纳多·迪卡普里奥、杰夫·贝佐斯、汤姆·汉克斯以及奥巴马一家。

你很可能从未看到过这些名人（或者任何名人）在这艘游艇上的照片。但我们的确知道这艘游艇。2020年3月末，就在大多数人都在新冠肺炎疫情暴发的前几周陷入恐慌，困在家里时，大卫·格芬在网上分享了一张旭日东升的照片（似乎是用无人机拍摄的），并对他照片墙的87 000名关注者说道："昨晚的日落。为了躲开病毒，被困在格林纳丁斯群岛。希望大家都能平安。"

就在大卫·格芬发布这则动态的那一天，在美国新型冠状病毒肺炎累计确诊病例超过189 000例，累计死亡病例超过3 900例（全球报告的累计死亡人数超过39 500人）。网民的反应都很迅

第九章　自由与时间的奢侈

速，有人在推特上说："大家对大卫·格芬发布这样一张不合时宜的照片感到震惊吗？他还不如拍张自己的照片恶心一下所有美国人呢。"

《福布斯》估计大卫·格芬大约拥有100亿美元的财产，这让他成为娱乐业中最富有的人。他的超大游艇符合美国富豪盖茨比的传统：如果你有，就要炫耀它。但这个传统是不是有些过时了？

有人说过："奢侈品就像美一样，需要旁观者的眼睛。"在上流社会公开的拍卖会上，花1亿美元买下一幅画不仅仅表达了一个人对于艺术的热爱。读到这个令人窒息的新闻时，我们大多数人只会记得某人有1亿美元的零花钱用于消费。按这种逻辑，拥有一辆价值168 000美元的宾利SUV的很大一部分快乐来自人们看到你开车经过时的表情。如果你挎着价值68 000美元的鳄鱼皮铂金包走进一家餐馆，肯定会吸引别人的目光。侍者领班一定会在你的椅子边放上一个矮凳来放你的手包，以免让它接触到"颤抖"的地板。

然后，突然一切都改变了。就像2020—2021年其他许多事物一样，我们长期以来对于奢侈的观点发生了巨大的改变。阶级不满与日俱增。"吃掉那个富人"成了当时美国社交媒体上的流行语。大多数富人不得不把他们巨大财富中最新增加的那部分隐藏起来。那辆宾利汽车呢？现在停在东汉普顿一栋价值3 000万美元的"民宅"五车位的车库里。铂金包呢？沉睡在像纽约市某些公寓一样大的衣橱中的天鹅绒包装里。大卫·格芬呢？面对公众对他发布内容的大量批评，他把自己的照片墙账号设置为仅本人可见。

奢侈品承载着超越物品本身的意义。情绪是其中至关重要的因素之一。一个女人在2020年告诉我，就在店铺将要关门并封上它们的橱窗之前："再没有什么能比把你的白金卡拍在蒂芙尼的专柜上，再带着这些用独特蓝色小盒子包装的奢侈品走出去更让人心满意足的了。"我明白她的心思，即使这与我的思维模式格格不入。许多人都会像她这样。而他们明白这个购物者为什么能通过买东西来获得一种近乎粗鄙的快感。她也许在事业上功成名就，也许在情场上左右逢源，但这些还并不足以支撑她的人生。她需要一些名贵的物件带给她慰藉和自信。

她的快乐将是短暂的，我们都知道这一点，她也知道。她还知道很快她又要回到这些名贵的珠宝专柜前，再买上一件她并不需要的东西。这是高端零售疗法。

按照我们在新冠肺炎疫情之后的全新思维模式，蒂芙尼那花哨的首饰算不上什么奢侈品。的确，它从来都不是。她在冲动之下所购买的那个商品也许会比你在代销店找到的东西更高级一些，但中等价位的蒂芙尼饰品一直处于奢侈品的边缘地带。长期以来，中等价位一直是高端品牌获利最大的价格区段。这些商品虽然不属于大批量生产的产品，但也不需要一个经验丰富的工匠长时间制作。这些昂贵但并不独特的商品，通过它们那极为昂贵的报价为顾客提供一种独占感的体验。而这也刺激了购买欲。在下次获得职位晋升的时候，她也许会拍下信用卡，买一件真正昂贵的珠宝。

第九章　自由与时间的奢侈

对于大多数人而言这一切都结束了。奢侈的定义已经改变了，即便是对于那些习惯在镶着天鹅绒的私人房间里一边饮着香槟，一边检查他们的私人代购所挑选的那些精美商品的人来说也是如此。这在年轻一代人的身上表现尤为明显。地位与身份不再那么重要，人们开始更注重真实和感觉。正像瑞士网站 EHL Insights 上所言："更为内省的概念，诸如健康、幸福和思想，正在迅速变成新的奢侈品。"

消费者越来越看重个人调制的奢侈。它比"舒适消费主义"更深刻，更着重于心灵的幸福。在现在这个生产了大量财富的时代，奢侈已经从"物品"转向"体验"。

伊恩·施拉格作为 54 俱乐部的联合创立者之一而出名。54 俱乐部位于曼哈顿，是一家富于传奇色彩的迪斯科舞厅，生意好到只有一个顾客挤出来，另一个顾客才有机会挤进去。后来，他创立了重新定义奢侈感的酒店，装备了监狱里用的那种水槽的小浴室，以及床上摆着的艺术明信片等。2017 年，他选择了另一个不同的方向，开创了以"人人享奢华"为理念的公共（Public）酒店。

伊恩·施拉格的解释是："尽管你的财富、你的房子、你的车以及你穿的时尚品牌衣服定义了那老旧而过时的奢侈，但时间自由才是新的奢侈。"

在伊恩·施拉格的新世界观中，"舒适、放松、便利，以及免于琐事打扰和忙碌"构成了奢侈的核心。没有毫无意义的服务或便利设施。他曾说，一张舒适的床与织物经纬密度毫无关系；最好喝的咖啡总是由适当剂量的咖啡豆煮制而成（就像公平交易、黑命攸关运动等）；互动是轻松、快速而有效的……

就像童话故事《金发姑娘和三只熊》中的小熊一样，新的奢侈消费者想要的是"刚刚好"。

变革是巨大的。不管多大年纪，我们都已经习惯去相信奢侈是由那些有钱有势的人所定义的。这意味着豪宅、精美的艺术品、有品位的装潢、毫无瑕疵的订制服装、精英学校、富人区和富人俱乐部，所有这一切都是保守、传统价值观的可见表现，旧世界的价值观，欧洲中心主义的价值观。

在那个世界中，奢侈品并不出售。你可以购买奢侈品，但真正的奢侈，往往要靠家世继承。奢侈品并不会被放在市场上公然销售。它存在于一根无形的天鹅绒绳子后面，只有极其尊贵的家族才能拥有它。那个古老严峻的考验总是百试百灵：要是你不得不去问价格，那它就真的并不属于你。

现在，只要手上还有些闲钱的人都能买到，而且买得起很多很多奢侈品。大受欢迎的室内练习动感单车 Peloton，曾经售价为每辆 1 990 美元。现在它在电视上打广告称"低至每个月 39 美元"（的确，随着利滚利，"低至每个月 39 美元"累积起来，也许就能解释为什么 X 世代的信用卡平均负债超过了 7 000 美元）。在新冠肺炎疫情期间，数百万人学会了烘焙，而且发现自己烤出来的面包就像专业面包店的一样好吃；掌握园艺技能的郊区居民也能种出和高档生鲜店里同样新鲜和富有营养的蔬菜；在家庭影院中播放的电影并不比在大型平板电视上更好看一些。

第九章　自由与时间的奢侈

没错，仍然有一些高价奢侈品，但它们现在更适合被视为珍贵的收藏品放在橱柜里展示，而不是在公共街道上炫耀。以爱马仕铂金包为例，它的一切都在宣称它作为奢侈品的地位。它的生产数量相对较少，爱马仕每年制作这种价值 11 000 美元以上的包不超过 1 万个。直到最近，这种包都不太可能买得到。如果你不是爱马仕的重要客户，你的名字就会出现在候补名单上。你可能需要等上两年，才能轮到你。在等待的这段时间里，你也许还会买这些奢侈品品牌愿意卖给你的任何一个包。

你也许以为新冠肺炎疫情会让铂金包的销量大幅度下降，因为如果不能炫耀，拥有铂金包还有什么意义呢？这是过时的奢侈品思维。新的思维方式是去获取、珍藏、保护，甚至把购买奢侈品当作个人投资组合的一部分。近年来，铂金包已被证明是比黄金或大多数股票更为优秀的投资项目。2019 年，铂金包比任何奢侈品投资的回报率都要高，在当年升值了 13%。2020 年，作为一种投资，铂金包的吸引力为 Rally 公司带来了灵感。它们把 20 个铂金包分成了 2 000 股，每股售价 26.25 美元，不设最低投资限额，从而让那些买不起铂金包的人也能参与投资。这会是一项非常值得的投资：佳士得拍卖行在 2020 年 7 月举行的高档手包在线拍卖活动，共拍得 2 266 750 美元。其中，一款鳄鱼皮的爱马仕喜马拉雅钻扣 Birkin 25 就拍出了 30 万美元。

如果你现在去买一款铂金包，然后把它放在盒子里，存在阴凉干燥的地方，这几乎是一种法国派头了。法国人做事的理论是在人前要尽量低调，他们很少炫耀他们的财富，除非你和一个富有的法国家庭极为熟稔，否则他们永远不会邀请你到他们家中做客。

你看，法国人如此谨慎是有着充分理由的。在法国大革命时期，贵族被送上断头台，税收是根据表现出来的财富计算的，包括他们家里门窗的数量。这一直影响着法国人对于财富炫耀的态度。正如《纽约时报》所指出的："巴黎人很少戴着大钻石走来走去，哪怕这是纽约某些街区日常的社交礼节。"

2020年，当越来越多的人开始把奢侈品看作明智的投资项目，而不是用于炫耀和卖弄的商品（另外，当时又能去哪儿炫耀呢），他们也发现了更为宝贵的东西：隐私和隐居。能够安全地避世而居的能力，远离在过去常常被称为"无知的大众"，尽管我们都知道那些民众当时已经在手部涂满了消毒液。

富人已经拥有隐私和与"真实世界"之间的缓冲区。他们只是没有意识到这有多么的宝贵。后来，整个世界变成了一部恐怖电影，富人从城市住宅搬到了被大片精心修剪的自然所环绕的乡村宅院。那些不太富裕的普通人只能在他们的沙发上度过疫情封控期，通过流媒体追剧。如果被迫外出，他们就会戴上口罩，并且害怕与没戴口罩的人近距离接触。与此同时，富人呼吸着新鲜空气，并且在最新科技的室内体育馆锻炼身体。富人的生活里并不会充满救护车的警报声，他们享受着愉悦的宁静。其他人的孩子都在上网课，而富人则雇用了私人教师，而且就像厨师和保姆一样，往往是住在家里的。

在那个医护人员都穿着用垃圾袋自制的防护服来防护病毒传染的时候，富人却在进行着唯一且最好的奢侈品投资——健康。

第九章　自由与时间的奢侈

"驻场医师"每年收费高达2万美元，帮助客户在就诊排队的时候排在最前面，这也是最近10年发生的事情。2021年的最新情况是：可以优先接种疫苗。在新泽西州，原本只有一线的医护工作人员和长期护理机构的人员可以优先接种疫苗，但亨特顿医疗中心的2名长期捐赠人，以及医院院长、行政人员与高管人员的至少7名配偶和2名成年子女（有的都已经20多岁了）也接种了疫苗。他们的借口是"合乎资格的接种者未到接种现场，要不然这些疫苗也会白白浪费"。这种现象至少发生在南佛罗里达的3个医院系统中。

而在纽约呢？你也许以为有钱人不仅可以在曼哈顿和汉普顿优先接种疫苗，还能靠着给医院的慈善捐款，获得上门接种的待遇。但是这种情况为什么没有发生？因为当时的州长安德鲁·科莫威胁说，任何医生、护士、急诊人员及其他人员如发生不道德的（不公平的）使用疫苗的情况，将面临高达100万美元的罚款（以及取消从业资格）。考虑到可能有人以为他在虚张声势，他建议州政府通过立法，规定疫苗的管理者如果试图让任何人在医护人员之前接种疫苗，将被视为犯罪行为。而另一则新闻却报道了科莫一家在疫情之初就进行了新冠病毒测试。那时新冠病毒试剂的供应量还很稀缺，常常是由纽约州的政府员工在科莫家中进行新冠病毒测试。对于一些人而言，这则新闻报道中存在着有趣的伪善。

在新冠肺炎疫情初期，我们都意识到健康的重要价值，同样也重新认识到了时间的价值。在这个狂乱的时代，伊恩·施拉格把时间自由称之为终极的奢侈，他的观点是正确的。2005年，史蒂夫·乔布斯在斯坦福大学毕业典礼上的讲话现在已经变得非常著名。他告诫毕业生要充分发挥时间的价值："你的时间是有限的，所以不要把它浪费在重复其他人的生活上。"现在，时间不仅是宝贵的财富，也是一种特权。年轻女性冷冻卵子，以延长生育期——她们在争取时间；老年人进行疗养度假和练气功，来恢复自己身体的灵活性——他们在争取时间；家庭使用自动配送来购买食品杂物——他们在争取时间；即使父母让子女参加为期一年的研究生精英课程，从而在未来的竞争中赢得优势，也是在争取时间。这些人完全懂得时间的价值。

如今，奢侈品也是因为其新的人口构成而发生变化。

这颗星球倾斜了，并且在近几年，奢侈品市场的重心从欧洲转移到了中国以及其他亚洲地区。在这些地方，每天都有新的百万富翁诞生。在2000年，中国买家大约只占全球高价奢侈品购买量的1%。到2019年，据贝恩管理咨询公司的统计，这一数字已经跃升到33%。但是，据另一家咨询公司麦肯锡统计，其中大约70%的购买行为是在海外发生的，通常是在欧洲旅行的途中。

如果你看过《摘金奇缘》——有史以来票房收入位列第六的浪漫喜剧电影，你也许会对亚洲奢侈品市场稍有了解。这部电影的背景设置在新加坡，讲述了喜欢炫富型消费，热衷于高端品牌的亚洲富豪的故事。制片方通过国际知名品牌（普拉达、葆蝶家、迪奥）和南亚设计品牌（Carven Ong、Michael Cinco、Lord's 1974）的微小混杂来反映那个时代的风貌。

在这个十年剩余的时间里，欧洲奢侈品企业希望这场购物盛

第九章　自由与时间的奢侈

宴直接从巴黎转移到上海，哪怕上海离它们那些著名的工作室远了些，但这些企业仍然可以大卖它们的高价商品。在短期内，这会带来利润的巨大提升：像路易威登（最大的奢侈品集团 LVMH 的下属品牌）和古驰（另一家法国巨头，属于开云集团）这些企业的同一个产品在中国的价格会比在欧洲高三分之一。

在美国，奢侈品交易现在呈现出低调的趋势：普通服装的溢价版本就成了名牌服装，一切都靠着更多的品牌造势运动，因为只有了解奢侈品牌的人才会认可它们的高价。缪西娅·普拉达一针见血地指出："现在是极化的时代。每件东西都有它的负面。"当前的趋势是：奢侈品的准民主化。一件香奈儿的精品 T 恤能卖到 2 000 美元。尼曼百货商店的一件巴黎世家 T 恤能卖到 495 美元。一个 2 000 美元的手提包和宜家售价 1 美元的购物袋长得十分相似。你也可以在餐饮业发现这样的例子，像意大利米其林著名星级厨师卡洛·克拉科会在他的菜肴里使用商业薯条。

这并不是说富人开始变得不爱出风头了。"虚荣，虚荣，都是虚荣"，他们大概没有看过《旧约·传道书》中的这一章节。一些富人雇用影子写手为他们撰写自费出版的回忆录，并送给家人和朋友。最新的虚荣项目是私人纪录片，尤其当现在的生活开始变得不确定，财富有可能转瞬即逝的时候，这种纪录片变得更富有吸引力。在英国，电影制片人安德鲁·格默尔已经开办了一家专门从事这一业务的公司。他采访客户的朋友和家人，然后制作出一部特别定制的纪录片。客户会为这样一部纪录片支付 50 000 美元，加上在当地拍摄的新素材，其价格可能高达 100 000 美元。

因为巨大的财富往往是继承而来的，所以我们常常低估了有多少财富是来自对家族地位的小心呵护，而不是永不贬值的投资账户。一些人没有认识到，比如这些富人有多么重视对他们自己和子女的教育。正如2019年美国高校录取丑闻所揭示的，让其他人轻视文凭，把专家贬成二等公民，并且捶胸顿足地赞扬来自直觉的智慧，这些都是只有富人最清楚的。

富人知道，优质教育的最大优势在于批判性思维的能力，能分辨谎言，能发现真理。他们通过自己的经历，凭借着经验知道这一点。正是因为教育，他们才能做出让他们获取巨大财富的正确决定。这就是为什么他们想让子女去一流大学，在那里，他们的子女会遇到其他上流社会家庭的孩子，而同学彼此之间结成的关系网将在他们毕业后让他们大大受益。但随着大学越来越重视招生的多样性和公平性，他们的梦想很快破灭了。2021年，阿默斯特学院和约翰·霍普金斯大学、麻省理工学院，以及其他一流学府，禁止对校友子女的优先录取，这改变了游戏的规则。作为参考，我们可以看一下从2014—2019年，向哈佛大学提交的三分之一的"传代"入校申请都获得了批准。与之形成鲜明对比的是，哈佛大学的总录取率只有6%。

托马斯·杰斐逊写道："知识就是力量，知识就是安全，知识就是幸福。"

要想富有，就要舍得在知识上投资。

财富给予人们另一种奢侈：在一些最重要的生活领域中进行选择。能够独立负担生活的女性就可以选择不结婚。在韩国，"老小姐"已经变成了"金小姐"。

第九章 自由与时间的奢侈

另一种选择：养育子女。一位年轻的朋友宣布他的妻子在新冠肺炎疫情初期怀孕了，他们所认识的其他6对夫妻也在同一个月怀孕了。他们之间有什么相同之处？他们的家庭都很有钱。在像这样的圈子之外，疫情并不会带来生育率的大幅度升高。尽管许多公司都停止现场办公，夫妻双方都居家工作，但布鲁金斯学会预测新冠肺炎疫情会给美国带来"巨大而长期的出生人口降低"，仅2020年出生人数就下降了30万。在新冠肺炎疫情封控令下达9个月之后，各地医院报告了出生率的下降：与2019年相比，俄亥俄州下降了7%，佛罗里达州下降8%，亚利桑那州下降5%。

> **时空雷达：**
>
> 在新冠肺炎疫情导致边境关闭时，代孕产业发生了翻天覆地的变化。父母们发现他们生理学上的子女被困在了遥远的国度。到2038年，这一产业将会得到更多人的关注。

新冠肺炎疫情教会我们放慢节奏、注重内心，并挖掘"真正的自我"。关于这些，已经有太多的人写了太多文章。那些富豪们也许都已经这样做了。但更重要的是，他们通过接受奢侈品新的意义，最有效地利用这一点来确保他们的优势地位。

现在奢侈品行业的现状反映了人们对于物质主义态度的转变，也反映了一些富人越来越期望保护他们的子女免于患上所谓的"富贵病"，也就是对过度消费的痴迷和上瘾，这种过度消费与幸福感成反比。这个词汇虽然已经出现有一段时间了，但它在公众意识中的爆发是在 2013 年。那一年，一个名叫伊桑·库奇的年轻人因酒后驾车致 4 人死亡，但却被判处缓刑，而不用坐牢。在为被告人辩护作证时，一名心理学家提出这位当时 16 岁的少年不应该为他的行为承担全部责任，因为他是"'富贵病'的受害者，这种疾病是财富的产物，因为享有特权的父母从来没有为他设定限度"。当然，更多时候"富贵病"是与在生活中缺失满足感联系在一起的，而不是致命的交通事故。正如《悉尼晨锋报》在几年前所报道的那样："与上一代相比，我们拥有更多的东西，如豪宅、双车位的车库、厨房里的欧式厨具，以及一条戴着名贵项圈的拉布拉多犬，可我们却为自己的命运感到悲哀。"

对自己的命运感到悲哀以及难以衡量的压力，让购买和品味时光成为我们这个时代的圣杯。尤其对于千禧世代和 Z 世代来说更是如此，他们拒绝接受父母和祖父母那"谁死时拥有的玩具最多，谁就赢"的观点。那么多 Z 世代的年轻人反物质主义的倾向，让全球品牌战略公司 Équité 的 CEO 丹尼尔·兰格预测在 2021 年运营的奢侈品牌中，多达 50% 的品牌将在未来的 10 年中倒闭。对于越来越多的年轻人来说，时间所带给他们的自由远比任何昂贵的时尚物品更有价值。

然而，像所有的奢侈品一样，并不是每个人都能买得起时间。正如我们接下来所要探讨的，如果你正在努力维持收支平衡，你就买不起时间。

第十章
财富的不平等

奢侈只是财富的一个方面，是拥有者表达他们所拥有的一种方式，不管他们拥有的是财富、自由、时间，还是对美好经历的回味。财富的另一个方面在于财富的不平等，而这具有更为深刻的意义。在我们审视过去的 20 年对我们当今的生活、思维和体验方式造成影响的各种力量和趋势时，我们无法忽视穷与富、权贵与普通人之间日渐增宽的鸿沟所带来的影响。

从 2000 年至今，即使中产阶级在一些发展中国家得到了增长，但财富不平等和我们对它的意识也表现出同样的增长。富人们在伊特哈海底餐厅大口咀嚼鱼子酱、鹅肝和松露饺子，这家坐落在马尔代夫的餐厅位于印度洋海面下 5 米的海底。与此同时，有超过 10 亿人每天的生活费不到 2.5 美元，其中 8 亿人没有充足的食物。富人在其第二个或第三个住宅休养的同时，全球有 16 亿人生活在狭窄逼仄的住房条件下，数百万人无家可归。尽管在新冠肺炎疫情期间许多人的投资账户一飞冲天，但全球约有 17 亿人既没有银行账户，也从来没有接受过最基本的金融服务。

这种广泛的全球（甚至也在社区里）资源不平等的分配在不

同的程度上影响着每一个人，从我们出生起直到我们咽下最后一口气。

我们经常说不平等是一种挑战，深深地存在于当下。但在展望未来时，不平等（财富、资源、清洁的空气和水、教育和机会的不平等）可能是决定未来的最重要的因素。经济不平等一直是一个文化常数，其根源几乎可以追溯到人类历史之初。在21世纪，它开始受到更多的关注。原因很简单，只是因为财富不平等不再那么容易隐藏起来，而且正在呈指数级增长，没有任何迹象表明这一增长模式将发生改变。

在我们可以着手解决这个问题之前，我们首先必须问，什么是财富？

财富是难以定义的。在你生活的地方，什么样才算是富有？在你的家人和朋友中间呢？在农村的工厂和工人之中呢？在高档社区的业主之间呢？《牛津英语词典》对财富的定义是"充足的财产或金钱"。但怎么样算得上充足呢？这完全由旁观者说了算（以及资产拥有者），并且受到许多因素的影响，包括社会经济背景、收入来源以及生活方式。100万美元资产的感知价值和实际价值取决于一个人生活在什么街区，以及其日常交际的圈子。正像得克萨斯州的石油大亨纳尔逊·邦克·亨特在遭受了一次重大损失之后只是耸了耸肩膀说道："现在的10亿美元可没有以前那么值钱了。"

对我而言，像很多人一样，财富是由它所能负担的安全感和自由来衡量的：你知道你可以应对（至少在经济上）生活上的突发事件，以及你可以去做你想要去做的事情。在我看来，亨利·戴维·梭罗将财富定义为"充分体验生活的能力"是正确的。

财富的对立面——贫穷，可以被更准确地衡量。衡量贫穷的通用标准是国际贫困线。在2015年，这一标准是每天收入低于1.9美元，这是基于世界上15个最贫穷国家的平均贫困线计算出来的。在更富裕的国家，贫困标准也设定得更高。2021年，美国的贫困标准是能够满足"人类基本需求"的最低资源水平——在美国本土48个陆地相接的州中，被设定为2个成人与2个子女的家庭年收入不足26 500美元（在夏威夷州和阿拉斯加州，由于两地生活成本更高，所以设定的贫困标准也更高）。

与贫穷联系在一起，让我们更易于理解财富——对比是惊人的。2021年，据《福布斯》统计，在全世界有2 755名亿万富翁。他们拥有的财富总价值为13.1万亿美元。在2020年为8万亿美元。在这些亿万富翁中，有超过四分之一（724人）生活在美国，美国是亿万富翁最多的国家。但是，有698名亿万富翁的中国正在迅速地追赶上来。如果这些美国亿万富翁被证实是靠着勤奋工作、思想创新、健康经济和好运气赚到巨大财富的话，那将是另一回事。但这些财富中的大部分都来自继承（从名单中那么多叫沃尔顿和马尔斯的人就可以证明），以及偏向于富人的税法的支持。毕竟，有钱人可以花大钱来支持政客。而美国最极端的适者生存、劫贫济富的道德标准更进一步推动了这些税法的立法。

在一定程度上，正是由于这些倾向富人的税收政策，20%最有钱的美国人占据了这个国家90%的财富。1%最顶层的美国人的实际平均年收入是1970年的3倍以上，而0.01%顶层的美国人的收入几乎上升了7倍。同时，50%底层的美国人的平均税前收入几乎没有改变。

其他国家有着同样甚至更加惊人的财富失衡。在荷兰，10%顶层的人控制着这个国家净财富的60%。在俄罗斯，10%最有钱的人拥有这个国家87%的财富。在巴西，据乐施会统计，6个最有钱的人（都是男性）所积累的财富相当于该国最贫穷的50%人口，即2.13亿人的财富总和。而5%富人的收入相当于剩下95%人口的收入总和。在亚洲，20个最富有的家族控制了惊人的4630亿美元。

新冠肺炎疫情让当前的财富不平等问题变得愈加尖锐。在经济衰退初期，亿万富翁和我们一样受到了冲击。在美国2008年经济危机之后，福布斯榜上的400名最富有的人用了3年时间才挽回他们的损失。但在新冠肺炎疫情期间（它导致了自20世纪30年代的大萧条之后的最严重的经济危机），美国亿万富翁的财富并没有缩水，而是增长了三分之一。也许是时候重新定义1%了。是刀枪不入的神奇侠，还是一毛不拔的铁公鸡？要么干脆就叫钻石人——地球上最坚硬的物质。

在这场由新冠肺炎疫情所引起的经济危机中，很多普通人不得不在"食物银行"门口排起长队，或者加入失业大军，而这些最有钱的人却毫发无损。这种现象再次反映了财富的不平等问题。一边是数百万民众竭尽全力才能勉强喂饱他们的孩子，为了一份微薄的工资而不得不冒着患上致命传染病的危险去上班；另一边却是社会最顶层的富豪丝毫不受影响，坐看他们的财富迅速增加。

在疫情期间，人们最大的担忧是这种收入不平等变成健康不平等。在疫情还未得到充分控制之前，在英美进行的一项研究发

第十章　财富的不平等

现，富人的平均寿命要比那些最贫困的人长约 9 年（我为这只有 9 年的差距感到惊讶，这本身就说明了很多问题）。这在一定程度上是因为不平等的医疗体系，我曾经目睹医疗资源的贫富差距。即使在同一家医疗机构中，私人病房里的病人住在配备了更多医护人员的单间，有着可以随时按需定制的餐食，足以媲美最高档酒店的客房服务。富人有医生上门服务，而穷人只能在医院的急诊室里煎熬几个钟头。

对于医疗及生活其他方面的不平等的影响，还有着更多的证据：2018—2020 年，美国人的平均寿命下降了 1.8 岁，主要是由于新冠肺炎疫情。但这个数字并不适用于非裔美国人和拉丁裔美国人：他们的平均寿命预期分别下降了 3.3 岁和 3.9 岁。

数字，如经济数字和医护相关统计数字所反映的是一个现实，而梦想、志向、满足感和安全感则是另一个现实。在 1962 年的一部电影中，埃尔维斯·普雷斯利哼唱出这样的歌词："穷人想变成富人，富人想成为国王。"16 年后，布鲁斯·斯普林斯汀翻唱了这首歌，并在他的主打歌 *Badlands* 中增加了第三句："而国王永远不满足，直到他统治一切。"

人类的天性往往就是贪得无厌。马克·吐温认为人类的贪婪本性正是我们与动物之间的区别。在他的讽刺文章《最低等的动物》中，他写到了一个实验。

> 我知道有许多人积敛的财富多达数百万，超过他们的消费能力，但他们仍狂热地渴望获得更多的钱财。他们肆无忌

惮地榨取那些无知无能的人们那份可怜的食物，使他们自己的贪欲得到部分的满足。我向100种不同的野生或被驯服的动物提供了积存大量食物的机会，但它们之中没有一个愿意这样做……这些实验使我自己坚信人类与高等动物之间的区别：人类是贪婪和吝啬的，而它们却不是。

普林斯顿的分析家丹尼尔·卡内曼和安格斯·迪顿将每人年收入75 000美元确定为经济收入的幸福区。超过这个数额，幸福水平就会下降。即使知道这一点，如果有赚得更多钱的机会，大多数人会放过吗？你会吗？

这个世界中的许多人通过时尚文化获取财富的概念。通过电影、电视剧和书籍，把他们带到了一个他们直接感官体验之外的世界。这些进入其他人世界的窗口，让我们认识到自己在财富社会等级中的位置，而这种方式是在之前的几百年中所不存在的。对于之前的几辈人也许是一件好事，无知也许是快乐的，而现在通过各种媒体所带来的对比，不管是基于财富，还是社会地位，都可能为另一些人带来痛苦。如今，超级富豪的证据随处可见，更证明了我们的贫弱。正如西奥多·罗斯福总统明智地指出的："比较是偷走快乐的小偷。"

美国小说家F.斯科特·菲茨杰拉德在书中描写了"与你我不同"的大富之人。他说得没错，我自己在常春藤联盟学校的学习也进一步加强了我对贫富差距的认识。尽管富人的、中产阶级的、穷人的孩子都在学校里一起学习，一起吃午饭，但在那些公立高

第十章　财富的不平等

中毕业的学生和私立高中的学生之间的确有着差距。

一些美国人在城里或镇上的游泳池里纳凉，而另一些美国人却在东汉普顿或阿迪朗达克山区或马沙文雅岛度过夏天。我们这些人只能想到避暑小屋，而另一些人却能想到（或住在）位于纽波特、罗德岛或缅因州巴尔港的数千平方米的第二套豪宅。这两类人是完全不同的。那些来自最贫苦阶层的人在第一次遇到富豪时，甚至都不清楚自己不知道的是什么。

这样的财富差距，在过去人们往往出于礼貌，在对话中避而不谈，现在却成为文化对话的一部分。

2019年，华特·迪斯尼的侄女——阿比盖尔·迪斯尼在《华盛顿邮报》的一篇评论文章中，公开批评她所目睹的如她这样的家庭那赤裸裸的贪婪。她悲叹美国已经变成了"失衡的、两极分化的国家"，大多数美国国民贫弱不堪，而"超级富翁在政客、政策和社会消息上进行着大量的投资，从而进一步加强他们那已经大得离谱的优势"。

在21世纪，这些富人的生活发生了怎样的变化呢？让我们来看看这些所谓的"前1%"中两个极端的例子。

> 杰夫·贝索斯在2009年的财富：68亿美元。
> 杰夫·贝索斯在2020年的财富：1 870亿美元。
>
> 马克·扎克伯格在2009年的财富：20亿美元。
> 马克·扎克伯格在2020年的财富：1 050亿美元。

要是你把 10 亿美元都换成 1 美元面额的纸钞，并把它们摞起来，你将不得不仰望 109.3 千米的高度，才能看到这叠钱的顶部。如果把这叠钱放在地球表面，它的顶端将达到对流层的下部。现在，再乘以 187（贝索斯）或 105（扎克伯格）……你就明白了我的意思。这是常人难以想象的财富。

在某些时候，你会想：一个人拿着这么多钱能做什么呢？一天里，你只能吃这么多顿饭，睡那么多张床，买很多家公司，拥有很多艘游艇和飞机。哪怕你再有钱，你也无法购买额外的时间，或者逃脱最终的衰老和死亡（正如史蒂夫·乔布斯在他最后的几个月中所提醒我们的）。而且，正像艾比尼泽·斯克鲁奇所发现的，你不会仅仅因为有钱就获得赞誉。在某个时刻，这个世界会记起你的钱都被花在了什么地方，从而来判断你是否与你那巨大的财富相称。

2020 年，当全世界有很多人还在竭尽全力为房租和桌子上的食物而打拼的时候，美国最有钱的那批人却已经积聚了上万亿美元的财富。美国前劳工部长罗伯特·赖克积极倡导财富平等。他指出，美国的财富精英可以在新冠肺炎疫情期间给每个美国人派发 3 000 美元的支票，而这甚至不会对他们的财富造成任何的损失。

那些处于食物链底端的人，不仅不会得到这些财富的分享，还必须为这些富豪的过度行为付出代价。据英国慈善机构乐施会的一项研究表明，全世界最富有的 10% 人口应该为全球近一半的碳排放负责，其平均碳排放量相当于最贫穷的 10% 人口的 60 倍。然而，那些最贫困的人承担着气候变化带来的损害，甚至到了为

第十章 财富的不平等

谋求生计和安全不得不逃离家园,成为气候难民的地步。

在格拉斯哥举行的第 26 届联合国气候变化大会上,法国总统埃马纽埃尔·马克龙承认,受到气候变化冲击最大的那些人并没有从导致气候变化的经济发展模型中受益。"小岛、易受灾地区、土著居民是气候紊乱的首要受害者。"他说。印度洋西部岛国塞舌尔的瓦韦尔·拉姆卡拉旺总统直截了当地指出:"我们已经在苦苦求生。不能等到明天,那就太晚了。"

富人剥削和压榨穷人的问题存在已久。在 8 世纪,印度哲学家和诗人寂天直白地总结了这种情况:"这个世界所有的快乐都来自希望他人幸福。这个世界所有的苦难都来自追求自己的享乐。"

或者正如说唱歌手钱斯所表达的:"有些人太穷了,穷得只剩下了钱。"

重要的问题在于,所有这些富人怎么才能更好地利用他们的财富?怎样才能将这些财富分配给更多的赤贫者来改善他们的生活呢?幸运的是,至少在一定程度上,我们已经找到了办法。就像企业会在压力下追求利润之外的目标,那些最富有的大亨也开始回馈人类和地球。2010 年,在这种精神的驱使下,比尔·盖茨和沃伦·巴菲特发起了捐赠誓言,承诺在他们的有生之年或遗嘱中捐出他们的一半财产。马克·扎克伯格、理查德·布兰森和埃隆·马斯克都加入其中。

你会注意到这些积极从事慈善事业的亿万富翁都有一个共同点:他们都是白人。但并不是黑人亿万富翁缺乏这种慷慨精神,而是他们的数量本身就很少。

长久以来，人们都说财富能带来财富。在19世纪90年代，约翰·D.洛克菲勒雇用了弗里德利克·泰勒·盖茨来指导他的慈善事业。在评估了洛克菲勒的资产之后，盖茨警告这位石油大亨："洛克菲勒先生，你的财富就像雪崩一样越滚越多！你捐赠的速度一定要快于它增长的速度！如果你不这样做，它就会压碎你，还有你的孩子，你孩子的孩子！"

财富迅速增多的"问题"在很大程度上仅限于白人，因为财富在本质上是与权力交织在一起的，是和影响力相互密切联系的，是和那些享有权力的人，那些构建了权力和投资组合的人密不可分的。越来越明显的是（尽管肯定有人提出反对意见），美国一直在系统化地阻止美国非白色人种获得权力，以及阻止他们像美国白人家族那样通过享受几代人的成果来积累财富。这有着长期的影响，由美联储进行的一项研究表明，与智商、个性以及教育程度这些指标比起来，所能继承的财产更能够预测出一个孩子在将来的财富水平。

对于冷酷的资本主义总会有一些例外，甚至会有一些社会主义思想的百万富翁试图通过放弃他们的财产来实践他们的价值观。

麦肯齐·斯科特在2019年以前是贝索斯太太，她在离婚时得到了亚马逊公司4%的股份，大约为1 970万股，市场价值383亿美元。2020年，由于新冠肺炎疫情期间网上购物市场的巨大增长，这些股份的价值升高到620亿美元。如果说，她现在的财产有所减少，那是因为到2020年12月，她已经捐出了42亿美元。

在进行捐款时，她不征求任何申请。相反，在一个顾问团队的帮助下，她找出那些具有潜在价值的组织，进行审慎调查，并且在大多数情况下，选择那些最出人意料的受捐者。她的许多捐款面向注重基本需要的组织，比如食物银行（她把900万美元捐赠给佛蒙特州的食物银行，这是该组织有史以来收到的最大一笔捐款）以及上门福利送餐服务。摩根州立大学是一所坐落在巴尔的摩历史悠久的黑人学府，收到了4 000万美元，这是这所大学有史以来收到的最大一笔私人馈赠。哈佛大学收到了一笔"革命性"的捐款。更为惊人的是，据数据跟踪组织Candid的统计，斯科特的捐款占2020年新冠肺炎疫情相关的慈善捐款总额的20%。

政策研究所慈善改革计划的负责人查克·科林斯说，通过迅速的行动，而不是打造让她的子女最终可以分享这些财富的私人基金，斯科特"正在打破亿万富翁慈善事业的陈规陋习"。

麦肯齐·斯科特打破慈善常规的另一个做法是忽视慈善捐款的官僚体系，她揭开了慈善体系的面纱，因为这种体系常常加强了财富的权力动态。不像那些老式的慈善家，赠献善款来支持艺术、供养穷人，并看着他们的名字被装点在大楼上（常常是用绳子挂在上面）。斯科特使用她前夫所聚敛的财富来授权给其他人使用，无论是个人，还是组织。她的捐款是没有限制的，给予受捐人更高的灵活性，去按照他们认为合适的方法来使用这些金钱。这是一种更为积极的慈善形式，从而纠正错误，并为那些在一线与贫穷和不平等苦战的人提供支持。

贫富差距也许是一个抽象概念，但我们更难以忽视在新冠肺炎疫情封控期间，一部分人在苦苦求生的同时，另一部分人却在感叹于美国401k退休福利金的上升。在《自然食品》杂志上登载的一篇论文发现，由于新冠肺炎疫情导致在全世界有超过三分之一的人口面临营养不良。在社会较低阶层的人们在新冠肺炎疫情期间所付出的全部代价也许要在多年之后才能感受得到。在赤贫环境下的孩子们已经面临教育质量差的问题，这不仅仅是因为学校的教育质量不合格。美国在1995年进行的一项重大研究表明，父母从事高层职场工作的子女平均每小时可以接触2 153个单词，接近普通工人阶级子女每小时接触词汇量的两倍（1 251个单词）。福利学校的普通孩子呢？只有每小时616个单词。词汇量很重要，因为学龄前的词汇发展通常与以后的阅读和学习成绩相关。

新冠肺炎疫情以及它所带来的全面封控和远程教学，又会进一步加大这种差距。因为到2038年，数以百万计的成年人会在15年前缺失1年甚至2年关键的学习年度，而这又会对劳动力（以及对社会）造成什么影响呢？根据霍勒斯·曼保险公司的一份报告称，大多数公立学校的老师都反映新冠肺炎疫情对学生的学习造成了"巨大"损害。这些损害不仅表现在学业上，也表现在社交和情感发展上，尤其是对于那些心理脆弱的孩子们。比如在数学上，麦肯锡在2020年12月进行的分析表明，有色人种的孩子将失去6～12个月的学习期，而白人孩子是4～8个月。"尽管所有的学生都受到不利的影响，"这份报告最后写道，"那些在疫情前拥有学习机会最少的孩子将在疫情后遭受到最大的学习损失。"

麦肯锡在2020年6月进行的一项较早的研究发现，即使所有的美国学生都在2021年1月回到教室（事实上并没有），由于学习时间的损失所导致的在未来 40 年中收入的损失，黑人将达到 87 440 美元，拉丁裔为 72 360 美元，相对的白人为 53 920 美元。种族收入差距将进一步扩大。

生活在各个迥然不同的地点，让我对美国的贫富差距有了一种全新的视角，这是在里弗埃奇区舒适的中产阶级圈子里成长的我所遗忘的一种视角。大多数时候，我生活和工作在瑞士的沃州，但是，直到最近，我和家人在两个家之间搬来搬去：亚利桑那州的图森（接近墨西哥边境），以及康涅狄格州的新迦南，这两个地点之间有着巨大的区别。

尽管移民在这两个地区占总人口的比例大致相同（图森为 15%，新迦南为 13%），但图森感觉就像墨西哥的延伸，非常像一个拉丁城市；而新迦南给人的感觉，以及它的功能就像为零售品牌 J. Crew 打造的一个展示舞台。美国人口统计局在 2015—2019 年的统计数据表明，图森的中位家庭收入为 43 425 美元（2019 年），其中 22.5% 的人口生活在贫困线之下。与之形成鲜明对比的是，新迦南的中位家庭收入是 190 277 美元，而且只有 3.2% 的居民生活在贫困线之下。

但是，这两个城市真正的不同之处并不在人口统计学分析上，而是两地居民的期待和梦想——他们所希望的，以及他们愿意付出什么代价来实现这些梦想。

由德高望重的小说家（经常撰写科幻小说）厄休拉·勒古恩所撰写的一部经典作品，将这个问题戏剧化地表现出来。这部小说题为《那些离开奥梅拉斯的人》。在故事中，奥梅拉斯是一个让人非常快乐的地方，但它的幸福依赖于一个人的苦难。那是一个孩子，被关在一个只有杂物间大小、又湿又黑又脏的房间里。这个性别不明的孩子，"看起来只有6岁大小，"勒古恩写道，"但实际上已经快10岁了。这是一个愚笨低能的孩子。也许天生就是如此，也许是因为恐惧、营养不良和无人照顾而变成了低能儿。"

镇民走进来，给孩子送食物。他们不说话。在这个小小的囚犯说"请让我出去吧，我会听话"的时候，他们也不说话。

为什么这种残忍会持续下去？因为每个人都知道"他们的幸福，他们城市的美丽，他们友情的温柔，他们子女的健康，他们学者的智慧，他们工匠的技能，甚至他们的丰收和风调雨顺，都完全靠着这个孩子可怕的苦难"。

镇民们会为此而感到良心不安吗？是的，没错，但这并不会影响他们舒适的生活。他们明白如果把这个孩子带到阳光下，并给予适当的照顾，那奥梅拉斯的一切繁荣、美丽和快乐都将凋萎并毁灭。于是这个孩子只能被关在那间小屋里。

这部小说以高度戏剧化的方式反映了现代经济体系的困境。在传统上被视为慰藉与安乐的财富，已经在21世纪造成了巨大的分裂。而它所依赖的，正是富人和中产阶级对贫穷者苦难的视而不见。正像英国在"脱欧"之后，低收入移民和外籍工人纷纷离开，不再给英国人驾驶卡车或收割庄稼，从而让英国社会趋于崩溃。而英国人又做出什么努力来挽留这些人了吗？

在所有的发达国家中，我们已经渐渐习惯了以极低的价格购买衣服和其他商品。哪怕这些商品可能是由勉强维持生活的工人

第十章 财富的不平等

在通常并不安全的工作条件下制造出来的；哪怕我们很多人都知道，在新兴市场中的许多工人被号召牺牲他们的生活质量来促进我们的繁荣。

距离是造成这个问题的原因之一。物理距离，因为我们不再跑过街道，看看我们的商品是如何被制造出来的。还有情感距离，因为富人和穷人生活之间的巨大鸿沟。

2011年，随着美国总统大选临近，《纽约时报》开始采访没有从事政治工作或专业评论工作的人，要求他们来描述一下如果自己当选为美国总统会如何来领导这个国家。哈佛大学的一位政治哲学教授——迈克尔·桑德尔的建议直接反映了美国富人和其他人生活之间日趋严重的相互隔离。

> 如果我当上了总统，我会领导一场反对美国生活包厢化的运动。在不久之后，在球场的看台上，不管是CEO还是收发室员工，都会肩并肩地坐在一起，共同经受风吹日晒。而今天，大多数体育馆都有着高高在上的企业包厢，让那些权贵们坐在有空调的房间里，远离下方的群众。在我们整个社会中都在发生着类似的现象。富人们离开了公立学校、军队，以及其他公共机构，让阶级混杂在一起的场景变得越来越少。富人和穷人的生活正在日趋分离。

据我所知，还没有政治家站出来接受这一挑战。如果说有什么不同的话，那就是某些人，他们不仅支持奥梅拉斯人为了保证他们的"幸福"而对那个孩子的苦难视而不见的冷漠，而且在这冷漠中还添加了蓄意的残忍。在 2020 年的新冠肺炎疫情期间，Goop 品牌的远红外桑拿毯（500 美元）和宝石热疗垫（1 050 美元）创造了最新的销售纪录。在迈阿密，富人买下水边的房子，只是为了停泊他们的游艇。但这些富人仍然不满意，一名圣地亚哥女人抱怨道："在德尔马几乎不可能排到高尔夫球的开球时间。"

富人越来越活在一个与世隔绝的圈子里。正如桑德尔所指出的，当这种情况发生时，金钱已经不是一种货币，它代表的是一种文化。

一般来说，我不会盲目乐观，但我要承认一点，2020 年的"大停滞"让我们有理由对未来抱有希望。当这个世界上最繁忙的地区都停下脚步的时候，我们中的许多人也有机会慢下节奏，去以一种我们在之前狂热的生活方式中罕见（如果有的话）的方式去反思。对于许多人来说，这种反思包括更深刻地思考社会难题，诸如系统化的种族主义、特权与不平等。

在新冠肺炎疫情期间，社会差异变得更难以让人视而不见。随着疫情封控的全面生效，我们这些人显然可以留在家中，而这对于许多必要岗位上的工作人员，以及不得不上班的员工们（其中很多人都是有色人种或低薪的工作人员）却是一种奢望。许多人开始以前所未有的方式注意到这些工作人员，以及他们的奋斗和需求。我们开始更认真地思考这些杂货店的员工、快递员、仓储工人和医护人员会如何得到补偿。我们密切地关注着哪些老板给在新冠肺炎疫情肆虐时仍坚守工作岗位的员工涨了工资。突然越来越多的人开始（并且感恩地）给送餐员及其他人小费，其金额要比几周前慷慨得多。在《大西洋》杂志的一篇报道中，一家数字支付公司——Square 公司的数据表明，在 2021 年 8 月，平均消费水平仍然大大高于疫情之前的正常标准。在疫情封控期间，我们也更愿意向众筹项目捐款，以帮助那些有困难的人。在 2020 年的 6 个月中，GoFundMe 网站的用户筹集了 6.25 亿美元，用于帮助在抗疫一线的工作人员和其他受到疫情影响的人。

对于我们中的一些人来说，忽视医疗方面的不平等是尤其困难的，包括住院率、转运率甚至死亡率上的不平等。简而言之，在美国，作为少数族裔的一员就会增加患上或死于新冠肺炎的风险。而在全球层面，社会差异也愈加尖锐。一份联合国的报告指出，在 2021 年生产出来的新冠肺炎疫苗足以覆盖全世界人口的 70%。结果，在 2021 年 11 月中旬，我们看到了有 68.8% 的澳大利亚人、68.4% 的英国人和 58.6% 的美国人完成了新冠肺炎疫苗的全程接种，与之相比，仅有 25.8% 的印度人、8.9% 的伊拉克人、1.5% 的尼日利亚人和 0.49% 的乍得人完成了接种。

在美国和其他国家，乔治·弗洛伊德遇害、"黑命攸关"运动，以及凯尔·里滕豪斯在威斯康星州的受审结果，这一切所带来的对于种族歧视的广泛思考，进一步加强了我们对于当前社会不平等问题的感受，那就是，这些问题是能够解决的，而且必须马上着手解决。许多人不愿再忽视这些种族歧视和经济不平等，并且寻求机会与之对抗，甚至尝试去解决它们。

从现在到 2038 年，这些新的感受和着重点会发挥哪些作用呢？首先，全民基本收入的概念将会被越来越多的人所接受。企业家杨安泽在 2017 年参加美国总统大选时，利用竞选的大部分时间向众多美国人介绍全民基本收入的概念。他称之为"自由红利"（承诺向每个18岁以上的美国人每月支付1 000美元），让他的竞选平台与众不同。在杨安泽大选失败不久后，25个美国城市的领导人，包括亚特兰大、洛杉矶、什里夫波特和圣保罗，共同成立了"市长保障收入"组织，旨在应对新冠病毒的二次疫情以及结构性种族主义的双重大流行。在美国其他城市也开始推行全民基本收入的试点项目，包括康涅狄格州的哈特福德、加利福尼亚州的长滩、科罗拉多州的丹佛，以及佛罗里达州的盖恩斯维尔。在极短的时间内，全民基本收入已经从一种极"左"边缘化的幻想成为许多人心中对于收入不平等的一种通识性的解决方案。

我们全新的经济意识的另一个长期效应将会是（尽管有许多例外），人们会越来越不关心那些对财富的公然炫耀。我在HBO Max流媒体平台上极有兴趣地阅读了关于《欲望都市》重启季的一篇文章。编剧指出，主角凯莉·布拉德肖的包将再一次成为新闻的焦点，只是这一次，她的包不再是爱马仕，也不是芬迪，而是来自国家公共电台下属机构WNYC的一个普通的手提包。与1998年的炫耀性消费不同，她在2021年所选择的包象征着人们对于信息和知识的重视，并且愿意在经济上支持公共电台。

我还没有天真到会以为那些远红外桑拿毯、宝石热疗垫，以及亿万富翁的太空竞赛将离我们而去。不过，如果我们不再为了自己生活在光明之中，去接受让一个孩子在黑暗中遭受苦难的代价，结果又会是怎样的呢？

接下来将发生的事情，我们作为一个集体所选择的、所重视的、所允许的，会为我们的未来打下一个基础。在面对全球以及本地社会不平等现象的紧迫挑战时，人类社会将何去何从，这预示着我们的个人身份将走向何方。而我们会成为什么样的人，在很大程度上受到性别角色和性别认同领域日益加快的变革的影响。

03

第三部分
我们是谁

第三部分　我们是谁

在 2000 年末,我发布了新一年的年度趋势报告,粗略地预测了在接下来的一年中可能会出现的十大趋势。在其中的第六条,"人的无限可能"中我写道:

> "你是谁"这个问题将更难以回答。对我们自身的定义将不再能从一个又一个框架里找到答案:有时我们孑然一身,有时我们呼朋引伴;前一天我们身为企业高管,第二天却成为合同工。我们会认同多个种族、利益集团和哲学派别。试图细分消费群体的营销人员,会发现他们的目光永远也追不上不断变化的目标群体。

20 年过去了,随着人们越来越不愿意把自己挤压到他人预先规划好的社会的条条框框之中,在多种因素的推波助澜之下,"人的无限可能"的思潮不断发展壮大,并且与本书中概述的其他趋势相互交织在一起。这件事关系到社会的方方面面,从工作职位到家庭构成,尤其是与性别密切相关。

在本书的第三部分里,我们将从女性在过去的 20 年中所经历的坎坷多舛的进步之路开始,逐步探索性别、性角色以及自我认知的近期演变。

第十一章
未来真的属于女性吗

在20世纪90年代中期，我如饥似渴地阅读着坎迪斯·布什奈尔在《纽约观察者报》上连载的《欲望都市》。她表达了我们这一代女性的野心和焦虑：她渴望在工作和爱情中获胜，正如她对于自己衣橱的痴迷。所以，当她的连载被改编为电视剧后，我很少错过其中的任何一集。

凯莉、萨曼莎、夏洛特和米兰达都是白人，并且富有。她们并不符合任何女性主义的理想，她们简直是短暂而罪恶的欢愉的活广告：酒精、马诺洛·伯拉尼克的高跟鞋和性。不过这四个人也体现了在世纪之交给予女性权利的价值观：某人在职场中步步高升，支持某人的朋友，嫁给一个彰显身份或地位的丈夫。当然，她们的许多志向都很浅薄，但她们让人感到真实可信，甚至熟悉。这些女性就像我们这个年龄段中的许多人一样，正努力在男性的世界里创造公平的竞争环境。

艺术家（包括电视剧的制作人）是人类的触角，他们倾听着遥远列车的隆隆声，他们看到了转角之外的世界，然后他们与观众一起分享着这些领悟与模糊的印象。我们这一代的许多人正

第十一章　未来真的属于女性吗

是通过时尚文化了解到伟大的想法和另一种现实（或者另一种理想），包括女权运动和女性平等。从马洛·托马斯在《那个女孩》中单身的主角形象，到《玛丽·泰勒·摩尔秀》中的玛丽和罗达、戴安·卡罗尔的茱莉亚，以及贝亚·亚瑟的莫德，这些投映到电视屏幕上的形象让我知道了一个全新的世界。与我在新泽西长大时透过起居室窗户看到的那个世界相比，这个新世界有着太多的可能性。

在《欲望都市》首映的那一年，我在曼哈顿广告世界中的生活要比我年少时所能够想象的任何生活都更忙乱、更焦虑、更充实。当时我刚从荷兰搬回纽约市，终于尝到职场管理者的滋味，这让我竭力想要弄明白，一个商业女性，更不用说一个在麦迪逊大街上的女性，应该怎样做才能散发出自信和力量。时代在变化，而社会上的种种规则却是难以言状的、选择性适用的，而且不断发生着变化。那年春天，我让自己陷入尴尬的境地。那是在一场高级管理人员的会议上，我告诉那些男性听众，他们的时代快要结束了。因为在我想象的未来里，如果你不会打字，你就不会使用电脑，如果你不会使用电脑，你就无法参与竞争。我的观点就像一个铅球一样沉下去了。没有人愿意想象一个所有人都离不开键盘的世界。

技术变革弥散在20世纪90年代的空气中。同时，女性的地位也在发生着巨大的变化。当我还在上小学时，我就感到了后者的变化——女生得到了在寒冷的日子里穿裤子的权利。1971年，短篇小说作家爱丽丝·门罗（她在晚年获得了诺贝尔文学奖）总结了那个时代的精神：

> 我认为女孩和女人的人生将要发生变革了。没错，但这需要我们来实现。到目前为止，女人所拥有的一切都维系于她们与男人的关系。

到 2000 年，到处都是蒸蒸日上的景象。就在这一年，女权主义者、政治活动家格洛丽亚·斯泰纳姆结婚了。这仿佛是一个时代的隐喻。女权运动的初步目标是什么？似乎已经实现了。下一个目标是消除性别的刻板印象，并拓展有色人种女性的权利空间。

但任何庆祝都为时过早。在新千禧年中，尽管女权运动取得了巨大的进步，却停滞不前。数字会告诉我们真相。

在美国，从正面来看，从 1978 年至今，获得大学学位的女性数量要多于男性。从负面来看，与同等学历的男性的平均年收入相比，拥有高中学历的女性低 8 000 美元，拥有大学学位的女性低 12 000 美元，拥有专业学位的女性低 35 000 美元。而 72% 的职业女性从事着文职、行政和辅助管理工作，或从事服务工作。57% 的女性在工作中使用计算机，比男性多 13%，这个数据具有欺骗性，这些女性并非从事管理岗位，她们在帮助那些高薪的男性担负起行政工作的职责。

尽管如此，爱丽丝·门罗仍然是正确的。变革就在眼前，尽管世界各地的女权运动发展存在着巨大差距。而它不仅仅是关于教育和职业发展，女性也在进行着不同的人生选择。

1976 年在美国 40～44 岁的女性中，每 10 人中仅有 1 人没

第十一章 未来真的属于女性吗

有子女。而在2000年,这一比例上升到每5人中就有1人没有子女。1990—2010年,在其他国家(包括澳大利亚、奥地利、芬兰、意大利和英国),同样年龄段的女性中,没有子女的比例也表现出同样的上升趋势。而选择婚姻的女性人数正在减少,2000年,30～34岁的美国女性中有22%的人没有婚史,比1970年仅仅上升了6%。(如果你认为这个趋势会出现反转,考虑一下:伦敦政治经济学院的行为科学教授、知名的幸福问题研究专家保罗·多兰在2019年进行的一项研究表明,"最健康和幸福的人口子群是没有结婚和生育的妇女"。)

在我的一生中,我已经目睹了女性选择面的显著扩展。学术界首当其冲。当我在1976年秋天向大学提交入学申请的时候,我并没有被哈佛大学拒绝的经历。但这很可能只是因为作为一名女性,我根本没有向哈佛大学提交申请的机会;我申请了它的姊妹校——拉德克利夫学院,要是能被录取(可惜我并没有),可以获得一份来自"哈佛–拉德克利夫"的文凭。现在拉德克利夫学院已经没有了,而哈佛大学51%的本科毕业生是女性。后来,我考入布朗大学。这所大学在5年前合并了它的姊妹校——彭布罗克学院。在求学的过程中,我认为我的性别并不是一种阻碍,而是一种优势。

我那个年代的女孩恰好赶上男女同校的风潮。当我还在上初中的时候,普林斯顿大学在1973年考虑招收女学生,其他招生办公室、校友会和当年的学生都震惊了。正如南希·韦斯·马尔基尔在《让该死的女人走开》一书中所记叙的:"我厌恶与女孩同校竞争。"一名男性本科生告诉《普林斯顿人日报》:"要是我想和女生一起上课,我早就去斯坦福了。"

位于纽约州北部,只招收男生的霍巴特学院的招生主任评价道:"至少你的办公室会被那些可爱的年轻人和她们的短裙所照亮。"……在最近开始招收女性新生的北卡罗来纳大学则写道:"我只能向您表达我的哀悼。我们发现女生比男生难对付得多。"

在过去的50年里,本科生和大学管理者一样,不得不适应校园中的女性存在。2020年,在美国,女性在大学招生人数、毕业率和获得学位人数上都超过了男性。

在世界范围内也呈现出接受高等教育的女性人数上升的趋势,尽管不是在所有的地方。在中国,女性占本科生人数的51.7%。在意大利,追求高等教育的女性人数要比男性多得多。不过,由于文化差异、贫穷和暴力等多种因素影响,在非洲、南亚和中东地区,高等教育中仍然存在着巨大的男女差距。

虽然所有发达经济体在世纪之交的时候都已经向女性放开了种种限制,但仍有一个统计数字相对没有变化:企业管理层的女性比例。即使在20世纪70年代有更多的女性成为职业女性,但臭名昭著的"玻璃天花板"却让她们难以企及企业的高层职位。新千禧年也带来了新的社会骗局——"玻璃悬崖"。

艾琳·卡兰是这种残酷骗术的一个突出的受害者。她是纽约市一位警探的女儿,从纽约州的长滩市公立高中考入哈佛大学,然后很快在华尔街找到了工作。她常常在公众面前进行重要演讲。女性为她的成功而欢呼雀跃。

卡兰完全没有意识到,她很快会陷入一个蓄意欺骗的陷阱。

第十一章 未来真的属于女性吗

那些老奸巨猾的高管们知道他们的企业面临着崩溃的风险，于是他们设计了一场阴谋，把一个人质，一个替罪羊，一个毫无戒心的女性提拔到企业领导人的位置上。他们不在乎她是否具有足够的经验或资源来从事这份工作，他们看重的是她的知名度。于是，当一切终结时，他们就能逃避责任，而她将承担所有的后果。

2007年，当雷曼兄弟银行开始提拔女性、性少数群体和少数民族成员的时候，这家企业高管办公室里的聪明人就已经预感到华尔街以及他们的公司要遭殃了。那年12月，卡兰被任命为这家企业的首席财务官。"他们晋升了一些根本不够格的人，而这些人手忙脚乱、乱忙一气，"薇姬·沃德回忆起这家公司是如何把一个女人推到承担罪责的位置上，"她甚至连最基本的财会学位都没有。"薇姬·沃德写了一本书，介绍关于雷曼兄弟银行破产的全过程。

但卡兰心甘情愿地走到聚光灯下。在接受《华尔街日报》的一次采访期间，她透露她在波道夫·古德曼奢侈精品零售店中有专门的私人购物助理。她被人拍摄到在办公室里穿着（按华尔街的标准）过于隆重。2008年，她在《纽约邮报》的"纽约市最有权势的50个女人"中名列第三，仅次于希拉里·克林顿和安娜·温图尔。

她的高光时刻相当短暂。美国消费者新闻与商业频道的多米尼克·埃利奥特后来写道，卡兰曾经试图纠正这艘巨轮的航线，但她的努力"在重重掣肘之下被粉碎了，即使男性也很少在职场中被迫面对这样的阻力"。而她自己也受到了雷曼高管委员会成员（全是男性）的"令人厌烦的、富有挑战性的"批评，理由是她那具有"挑逗性"的穿着,让她的同事"难以集中注意力"。

卡兰在2008年春天从雷曼兄弟银行辞职。3个月后,这家银行破产了。华尔街为之震惊。这家企业为什么会忽视危险的信号?破产法庭长达2 200页的报告告诉了我们其中的原因:这家银行利用会计欺诈来美化它的资产损益表,欺诈金额高达500亿美元。作为首席财务官,卡兰原本应该认识到财务报表中的这些造假之处。在法庭报告中,提到雷曼兄弟银行的4名高级管理人员在富有争议的交易中忽视了"大量的红色警告",而卡兰就是其中之一。

英国埃克塞特大学的一位心理学副教授——米歇尔·瑞安认为艾琳·卡兰的起起浮浮是"玻璃悬崖真正的典型案例。当事情变得棘手时,女性常常易于在危险的时间占据这些危险的职位。而当事情变得一帆风顺时,常常会由男性来占据这些职位"。

2008年,就在卡兰遭受公众口诛笔伐那一年,一个支持职业女性的非营利性组织Catalyst在报告中指出,女性高级管理人员在经济衰退期间失业的风险比男性高3倍。

艾琳·卡兰造成的影响是巨大且长期的。多年之后,一些人还会把她当作典型人物来证明女性不应该被提升到那么高的职位。2016年,在"坠入深渊"多年之后(正如她本人所说),卡兰出版了一本回忆录,名为《一个完整的圆:深陷其中与浪子回头》(*Full Circle: Leaning In Too Far and the Journey Back*)。在这本回忆录中,她将自己的职业崩溃归咎于没有背景。它是一位曾经被公认为华尔街最令人瞩目的女性的令人难以置信的坦白。它也说明了许多女性与谢丽尔·桑德伯格的"向前一步"概念之间的复

第十一章 未来真的属于女性吗

杂关系。虽然有些人认为这是鼓励她们有勇气和自信来表达自己,但也有人认为这是错误的女权主义建议,依赖于对一个并不存在的精英世界的过于乐观的看法。即便是桑德伯格本人也在其47岁的丈夫去世不久后就改变了她那乐观的看法。在2016年的母亲节,她在脸书上发布的一则更新中,承认自己在写《向前一步》时,并没有"彻底地理解它"。她那时还没有弄明白,她说,"当家庭占据了你那么多的时间后,在工作中取得成功是多么难的一件事"。她也没有真正认识到许多单亲妈妈和寡妇所面临的经济负担的真正尺度。在《向前一步》出版的3年后,她呼吁公众重新思考职场政策,从而为单亲父母和贫困家庭提供更大的支持。

文化评判的方法之一就是去衡量它所重视的东西。在过去,人们常常对女性所遭受的性骚扰视而不见,或者把它当作到处传扬的笑料。

美国的两起诉讼案向世人揭示了在过去的20年里这种情况发生了多大的变革。

2000年,位于明尼阿波利斯的WCCO电视台以及其他5家电视台的200名女性技术人员因性别歧视而起诉美国哥伦比亚广播公司。她们宣称这家电视网络公司不为她们提供职业晋升机会,只向男性员工提供更高薪的职位,并且不惩罚造成有害工作环境的责任人。在该案和解时,美国哥伦比亚广播公司承诺做出巨大的调整。这起诉讼让这家公司损失了800万美元,每位女性获得了4万美元的赔偿。

16年后,在福克斯新闻频道曾经广受赞誉的主持人格蕾琴·卡尔森，因遭受性骚扰而起诉该新闻频道的主席兼当时的CEO罗杰·艾尔斯。福克斯公司很快进行了庭外和解，向卡尔森支付了（据称）2 000万美元赔款，并向她公开道歉。卡尔森的案子与其惊人的结果推动了"MeToo"运动（这一词汇最早是由美国活动家塔拉纳·伯克提出的）。在卡尔森达成法律和解之后，其他女性接连发起诉讼，让一个个媒体高管如保龄球般纷纷倒下。

这起案件证明了媒体和女性社会地位的提升，以及所能行使权利的增加。如果和解金能够说明什么问题的话，那就是卡尔森如果把她的故事细节公之于众，会影响她在福克斯新闻频道的声望和她所诉诸的观众的态度，更会给福克斯公司带来极大的危险。

"MeToo"运动很快蔓延到世界各地，产生了各种语言的事件标签。以荷兰为例：《荷兰评论》报道了关于荷兰电影工业中最具影响力的人物之一——约布·戈斯乔克在从事导演和制片人的工作期间超过20例不正当的性行为，据称他强迫演员通过性行为来"满足他"。另外20名男性和女性起诉了一个相当成功的荷兰视觉艺术家朱利安·安德韦格，指控他在过去的14年中对他们进行强奸和性骚扰。这个国家多所一流的艺术机构也站出来指责对他的不良行为的蓄意掩盖。然而，在其他国家，这项运动很快就偃旗息鼓了。在意大利，与"MeToo"相同性质的事件标签"quellavoltache"（thattimewhen）并没有掀起什么波澜。这并不是因为在这个国家的文化中不存在性骚扰，而是因为，据《纽约时报》报道，"意大利女性害怕说出真相后遭到报复"。如果美国和荷兰的情况能够有所预示的话，那么意大利女性的时代，同样会到来。

第十一章 未来真的属于女性吗

卡尔森案的和解,以及对那些权贵的羞辱,正如这些权贵对女性的羞辱一样,发生在这两极分化日益加剧的 10 年中。在这种环境下,政治活动远远超出了政府的范畴。

2016 年,希拉里·克林顿赢得了民主党总统竞选提名,成为第一个主要政党的女性总统候选人。几乎没有人预料到特朗普在大选中会战胜她。为什么会发生这样的结果?传统的说法是希拉里没有在中西部各州采取更为大胆的竞选策略,以及她在"亲民"战略上的失败,让她失去了这些关键州的支持。

让我们来反思希拉里失败背后的另一个潜在的原因。在她与特朗普的第一场辩论中,希拉里在中央舞台讲话期间,特朗普离开了自己的讲坛,走到了她的身后。他有着 1.9 米的身高和超标的体重,是一个相当魁梧的男性。而他侵入希拉里的空间就是为了建立他的主导优势。希拉里的反应方式正如她这一代的许多女性在社会生活中的态度一样:她忽视了特朗普的不当行为。如果她转身面对特朗普,并命令他回到自己的讲坛去(如果他拒绝的话,就让主持人命令他回去),结局又会如何呢?在那个场景中,希拉里原本可以让自己树立起优势竞选者的主导形象,并让特朗普给观众留下霸凌的印象,继而赢得更多白人的选票。现实是,有 47% 的白人把票投给了特朗普,45% 的白人投票给希拉里。不过,要是她真能成功做到这一点,她又如何同时向世界展示自己的"亲民"或"和善"的一面呢?毕竟,这是男性候选人难以企及的形象期待。

面对欺凌时彬彬有礼的态度,用礼貌、专业和优雅去面对好战的挑衅,也许会让你避免在中学被停学或受到人力资源主管的痛骂。但在21世纪，即使你发挥最大的能力，也不一定能赢得选举或者获得开展工作的自由。

随着特朗普的获胜，美国的男权政治已经展示了它的力量。但是，我们也看到了女性在面对这种挑衅行为时的态度发生了怎样的转变。想一想卡玛拉·哈里斯，在2020年副总统选举辩论中被迈克·彭斯打断发言时，那坚定的眼神和斩钉截铁的语气："副总统先生，我正在讲话。"

埃米·阿克顿短暂担任俄亥俄州卫生部部长的故事，提醒我们女性的权利常常会成为男性力量的牺牲品。俄亥俄州州长迈克·德万在2019年2月任命阿克顿担任该州卫生系统的最高职位前，她是一名拥有公共卫生硕士学位的注册医师，在医学、医疗保健政策和宣传、社区服务、数据分析等方面有着30多年的经验。

在2020年3月初，俄亥俄州出现了第一例新冠肺炎死亡病例。一周后，州长命令酒吧和餐馆停业。埃米·阿克顿时刻与该州的民众站在一起，常常召开新闻发布会，面对公众提问也格外坦诚。她立刻受到了民众，尤其是女性的欢迎。一位纪录片拍摄者把她的新闻发布会视频剪辑成了一个6分钟的视频，声称其他领导者应该注意到阿克顿对于脆弱性、授权和"残酷的诚实"的有效运用。很快，在油管（YouTube）上出现了褒奖她的视频。一款以她为模板的摇头玩偶上架销售。她在脸书上也赢得了13万关注者。

然而，这个州的防疫政策却遭到了民众无情的抗议。人们在

第十一章 未来真的属于女性吗

阿克顿的新闻发布会外高呼口号；反犹太人的诽谤；她的房子外聚集着带着枪、戴着特朗普标志性的有 MAGA（"让美国再次伟大"的缩写）标志的小红帽。共和党提议剥夺她的权力，州长原本会否决这项提议，然而，面对所发生的一切，阿克顿医生再也坚持不下去了。2020 年 6 月，她辞去了职务。一个月后，州长任命琼·杜维为新的州卫生部负责人。但杜维在接到任命的几个小时后就辞职了。她说，这个职位将会给她的家人带来危险。

我们很难把埃米·阿克顿定义为一个无足轻重的人物。作为 6 个孩子的妈妈，她在童年忍受了父母离异的痛苦，经历了无家可归和性虐待。而她从这些经历中认识到愤怒和对立并不是解决问题的方法。在辞去政府职位之后，她成为 Kind Columbus 的负责人。这是一个在该地区"致力于传播友善的言语和行为，并将友善作为一种明确的价值观"的非营利性组织。

在密歇根州，州长格蕾琴·惠特默因为要求大众保持社交距离和戴口罩的强制政策而遭受着比阿克顿所面临的还要严重的抗议行为。2020 年 5 月，一大群抗议者（部分人持有步枪）冲击了州议会大厦（似乎警察并没有阻拦）。他们在他们所以为的格蕾琴·惠特默的办公室前用力砸门，要求结束疫情封控。没有人受伤，但几个月后，警方逮捕了"金刚狼守望者"极右翼民兵组织的 13 名成员，指控他们密谋绑架惠特默并推翻州政府。

在得知这个阴谋后，惠特默回应称："我知道这项工作将很艰难。但老实说，我从来没有想到会发生这样的事情。"

作家兼编辑凯瑟琳·沃尔什把这一事件称为"了解美国仇视女性主义的一个窗口"。在《周刊杂志》上，她描写了一位密歇根州共和党州长候选人用绳套吊起现任州长的一尊裸体塑像，并发布煽动针对现任州长的暴击、私刑，甚至斩首的言论。这些威胁中无不有力地渗透着美国仇视女性主义的意识。沃尔什指出："人们把她污蔑成更年期的教师、专横的母亲，甚至'独裁的婊子'。"

在 *Vox* 杂志中，安娜·诺思认可这位州长的性别是支持民众反对惠特默的疫情限制措施的核心原因。她说："在历史上，世界各地的女性领导人和候选人常常被描绘成叛国者、两面派、腐败者和嗜权者。"她指出，在美国宪法第十九条修正案通过并给予女性投票权之后，"婊子"一词的使用就变得格外流行。诺思说："（他们认为）当像惠特默这样的女性试图限制人们传播一种致命病毒的能力时，她们就是在侵犯男性身为男人的自由。"

到 2021 年 1 月，在联合国承认的近 200 个国家中，只有 22 个国家拥有女性的政府或国家领导人。不过，在统治阶层实现性别平等的趋势仍然在进步，只是联合国估计要再花上 130 年，政商领域中的性别平等才能最终实现。

在我们等待那一天到来的同时，已经有证据让我们逐渐看清一个更平等的权力结构会呈现什么样子。在新冠肺炎疫情的早期阶段，更"女性化"（即更团结、更以人为本）的治国方式展现了其潜力。媒体频道上充斥着各国女性领导人的精彩报道，如德国的安格拉·默克尔、丹麦的梅特·弗雷泽里克森。《美国新闻与世界报道》中的一则分析描述了她们如何"面对病毒威胁，积极响应，尽早执行社交距离限制，基于专家建议制定卫生策略，并通过透明、富有同情心的沟通，使全国围绕全面防疫措施而团结

第十一章　未来真的属于女性吗

一心"。

2020年10月，在medRxiv①网站上发表的一篇论文肯定了这种模式，并指出在新冠肺炎疫情的最初6个月中，由女性领导的国家的新冠病毒相关死亡率比男性领导的国家低6倍。

在我看来，尤其令人印象深刻的是新西兰总理杰辛达·阿德恩。就在俄亥俄州反口罩、反隔离的暴民们聚集在阿克顿的房子外面的时候，阿德恩也在践行着阿克顿的人道哲学，而她的国家正在为快速走出疫情庆祝。阿德恩在2017年成为新西兰总理，当时她只有37岁，是世界上最年轻的国家领导人。一年后，她成为世界上第一个带着孩子（3岁的尼夫特·阿罗哈）来到联合国大会的国家领导人。现在，新西兰允许有年幼子女的政府部长带着子女和保姆（或其他看护人）一起出差，所有费用由政府承担。想象一下，社会对女性生儿育女的权利的认同与规范。

我当时注意到了阿德恩生育孩子的决定，但在权力动荡的潜在变革上真正打动我的是她对于恐怖分子暴行的反应。2019年，一名白人至上主义者在新西兰的克赖斯特彻奇侵入两所清真寺，枪杀了51名教徒，并导致40人受伤。阿德恩与伊斯兰世界联盟一同哀悼，甚至戴上了一方头巾。然后，她又投入工作之中。在这次恐怖袭击后的不到一个月中，新西兰议会禁止了大部分的半自动武器和突击步枪，并限制了机枪、半自动步枪，以及可以装

---

① "medRxiv"是一家免费的在线文档存储和分发的文献服务平台，用于存储完整的文献资料但未出版的医学、临产和相关科学手稿（也称之为预印本）。"medRxiv"由非营利性研究和教育机构冷泉港实验室（CSHL）、耶鲁大学和BMJ出版集团（英国医学会下属专业医学出版机构）共同创立。

填五发以上子弹的霰弹枪。

阿德恩政治策略的主要特点是在政府中并不多见的"包容"。在克赖斯特彻奇大屠杀之后，她在讨论穆斯林受害者时，充分地表达了这一点："'他们'就是'我们'。但用这种长期的暴力行为袭击我们的人并不是我们的一员。"

2020年3月，在新西兰出现第一例新冠肺炎病例时，这位总理更看重的是人民和他们的健康，而不是短期经济效益。她马上宣布政府要求进入新西兰的任何人都需要自我隔离14天。这只是她所宣称的"世界上所有国家中最大范围、最严格的边境封锁"的开始。几天后，她向非本国公民和非永久居住者关闭了新西兰边境，随后开始了全国范围的疫情封控。

再一次，阿德恩宣扬着包容的精神。她坦诚地接受了多次采访，定期在社交媒体上发表言论，常常把新西兰人民称为"我们五百万人的团队"。在一次吸引了众多新西兰国内外观众的脸书视频直播中，她穿着一件褪色的绿色运动衫，恳求所有人要保持友善。她说："留在家中，打破传染链，你们就在拯救生命。"

结果是惊人的。在疫情的最初6个月中，新西兰仅有1 900例新冠肺炎确诊病例，以及25名死者。据美国全国广播公司报道，这相当于每百万人中有320例病例。与之相比，美国达到了每百万人口25 000例新冠肺炎确诊病例。当阿德恩宣布结束疫情封控时，她说："我们可以再一次感到自豪，因为我们团结一心，实现了这个目标。"最后，她在客厅里跳了一小段舞蹈以示庆祝。

我们需要去思考的是：女性领导风格的不同是因为与她们性

第十一章　未来真的属于女性吗

别相关的内在特征吗？或者女性领导风格的不同只是她们避免遭受男性谴责和反对的一种权宜之计吗？

我们可以肯定的是，在商业中的女性需要有极高的权衡能力。明德大学的一位经济学助理教授马丁·阿贝尔在《快速企业》一书中提到一项研究，证明了女性管理者需要面对更大的压力。研究表明，当批评来自女性时，无论男女都会产生更大的负面反应。

三所大学中的研究者（华盛顿州立大学、美国西北大学和意大利博科尼大学）进行了一系列实验，证明了当处于下属地位的男性感到女性上司的威胁时，会比面对男性上司更坚持自己的主张。正如 Vice 杂志所报道的，下属会对他们认为具有野心的女性管理者表现出格外的敌意。

研究者认为，由于女性意识到强大的女性常常给周围人带来的负面刻板印象，以及违反性别常态的后果，因此她们倾向于采取更具有合作性的管理风格，确保整个团队获知更全面的信息，努力让团队中的所有人保持联系，不会掉队。

这是一把双刃剑：女人知道，如果她们表现得无能就会失去工作晋升的机会，但她们也知道被看作嗜权或好斗的消极影响。"就目前的情况而言，"研究者总结道，"为了达到商业领域的至高成就，女人不得不比为同一个职位竞争的男性们表现得更为圆滑。"

女性这种微妙、精致的"舞蹈"帮助她们在由男性制定所有规则的社会里取得成功，并且在商业世界中也被证明是一种更好的策略。由《哈佛商业评论》在 2012 年（以及在 2019 年）进行的研究发现，用客观标准而不是个人视角来评价，位于领导岗位上的女性和男性一样卓有成效。"事实上,"论文的作者说,"尽管区别并不是很大,但在我们衡量的绝大多数领导能力上,女性的得分显著高于男性。"

随着时间的流逝,我越来越坚信,让女性的声音参与到对话和决策中,会为社会和商业带来更好的结果。但进步是缓慢的,包括薪酬平等方面。世界经济论坛的《2020 年全球性别差距报告》预测,按现在的进步速度,还需要 99.5 年才能实现男女薪酬平等。而在新冠肺炎疫情期间,情况只会变得更糟。

在整个 2020 年以及 2021 年初,全世界的女性薪酬水平出现迅速下降的趋势,主要受到疫情期间子女在家上网课、家务管理、养育子女等方面的影响。在美国大都会人寿保险公司进行的一项社会调查中,58% 的美国女性表示,由于疫情期间在家中需要背负太大的负担,导致她们的职业生涯受到负面影响。而麦肯锡公司以及雪莉·桑德伯格旗下的非营利性组织"Lean In"对 2020 年职业女性的研究发现,每 4 个女性中至少有 1 人由于新冠肺炎疫情的原因考虑减缓职场节奏或完全退出劳动力市场。仅在美国,在新冠肺炎疫情期间就有 510 万女性辞掉了工作。2021 年 3 月,仍有 130 万女性没有重新就业。这篇论文的作者把这一现象称为"美国企业的危急时刻"。他总结道:"企业的风险是在管理层失去女性,以及未来的女性领导者,并且让追求性别平等进步的多年痛苦努力付诸东流。"

麦肯锡公司在报告中称,有三类女性最可能在新冠肺炎疫情期间辞去她们的全职工作,她们分别是职业母亲、黑人女性以及

第十一章　未来真的属于女性吗

在企业中担任高级管理职位的女性。

这并不是美国独有的社会现象。英国和瑞士在2021年进行的研究发现，在这些国家的女性比她们的男性配偶承担着更多养育子女和家庭教育的责任，无论她们的工资水平如何。社会印象是造成这个问题的原因之一："我们假定失业的男人会重新就业，但女人不会，因为我们刻板地认为工作只是女性的一种选择，"宾夕法尼亚州立大学的一名社会学家——萨拉·达马斯克说，"所以当她们在一个随时质疑她们工作的社会上意外失业时，就真该认真问一问她们对自身的身份是如何认知的。"

与她们的丈夫形成鲜明对比的是，大多数已婚女性从来不认为她们可以选择不去操持额外的家务。《纽约时报》调查了大量失业的美国女性，发现仅有十分之二的受调查者曾经与她们的配偶讨论过在孩子放假期间，他们中的谁该辞职来承担起照顾孩子的责任。"80%的人没有讨论过，"这篇文章如是写道，"她们认为这种讨论并没有意义。"

把家务劳动中的不平等轻描淡写地说成是由新冠肺炎疫情引起的短暂的错乱很简单，但我们都知道这种社会现象早在这次危机之前就存在了。尽管从20世纪70年代开始，女性已经在职场上取得了巨大的成绩，但人们还是认为她们的主要职责就是照顾孩子、整理房间和操持家务。

女性为什么会在职场晋升的道路上遭遇阻碍？麦肯锡全球研究所的一位合伙人梅卡拉·克里希南提出，这是因为无偿看护工作的不平衡分配（女性的工作量是男性的3倍）导致女性缺少时间进修技能或寻找工作。"乍看起来，"克里希南总结道，"男性和女性似乎在自动化时代同样的赛道中赛跑，尽管赛跑的距离差不多，但女性的每个脚踝上都被绑上了额外的重量。"

未来的几代女性会抛却脚踝上的额外重量吗？实现职场平等（以及家庭平等）会成为年轻一代所追求的志向吗？

英国最大的亲子网站"妈妈网"在2012年进行的一项调查结果常常被人引用（但有些人提出存在调查方法上的不足）。这项社会调查发现只有七分之一的女性认为自己是女权主义者，在较年轻的女性中比例相对高一些。于是，一些人把这作为证据来说明女权运动正在衰退，但我认为他们的观点并不准确。在我的经历中，许多年轻女性不愿意给自己打上标签，但在遭遇性别歧视时，她们都表现出对女权运动根本宗旨的拥护。而且女权运动正在变革和扩展，对其他社会运动兼收并蓄，从环境保护运动到种族平等、经济平等运动，它们都是相互紧密联系在一起的。

"女权运动必须能够为所有的女性谋福利，而不仅仅是为白人女性或上流社会女性或中产阶级女性服务，"西莉萨·卡拉卡尔告诉《今日美国》，"它也必须为贫穷女性、跨性别女性、黑人女性、印度女性和拉丁女性服务。"卡拉卡尔是伊萨卡学院的一名学生，她在推特上自称为"跨界女权主义者和吃货"。金伯利·威廉姆斯·克伦肖是一位民权活动家，还是哥伦比亚大学和加州大学洛杉矶分校的法学教授。在她那广受欢迎的关于跨界性的TED演讲中，她谈到了关于埃玛·德格拉芬赖德的一件案子。埃玛是被一家汽车制造厂开除的黑人妇女。驳回了这件案子的法官认为雇主在历史上雇用过（白人）女性，主要从事文秘或前台岗位，也雇用过黑人（男性），常常是在工业制造或维修岗位。他似乎并没有意识到，作为一名黑人妇女，埃玛遭受着双重歧视。

有过这种遭遇的人并不仅限于埃玛·德格拉芬赖德。人们越来越意识到，任何人，只要具有超过一项不利于他们的特征，无论是因为性别、种族、宗教、族裔，还是他们身份的其他特征，都会遭受额外的歧视和偏见。女权运动发展的主要方向并不仅限于女性职场问题、离婚问题、生育权利问题，还有其他传统的女性平等问题。这项运动将更为广泛、更为全面，直面全社会的不平等和挑战。

在世界的大多数地区，女权运动在 20 世纪取得了显而易见的成就。在教育上，女性赶上（甚至超越）了男性，她们有了更多的工作机会，她们在政府中慢慢地取得了落脚点。不过，许多女性仍然缺少的是一个平等的不可或缺的组成部分：自主权，独立做出决定并相应采取行动的自由。

当我们展望 2038 年，这正是许多人为之奋斗的要点所在。简而言之，在追求女性平等的路上（也就是为女性和社会追求更好的未来）一个主要障碍是，男人对于掌控女性的渴望：控制她们的行为、控制她们的外表，甚至控制她们的思想。

生育权显然是适于展开讨论的一个话题。毫无疑问，许多反堕胎活动家和他们的支持者的动机是真心希望保护未出生的胎儿。不过，也有大量的逸闻证据和统计证据证明了还有一批反对堕胎的人，他们更多的是期望把他们的控制欲施加到孕妇身上。2019 年 Supermajority 和 PerryUndem Research 两家机构对 2020 年美国大选的潜在选民进行了一项社会调查。调查者把调查对象分成两个阵营：希望在任何时候堕胎都合法化的那些人（我称之为"支持选择派"）和希望在任何时候堕胎都属于违法行为的那些人（我称之为"支持生命派"）。随后，调查者向两组人提出了一系列关于性别平等的问题，以了解他们的意见会有多大的分歧。反差是巨大的。

关于女性政治权利：

> 大多数"支持生命派"（54%）同意男性政治领袖要比女性优秀，而只有47%希望看到在社会职权岗位上男女人数的平等。而在"支持选择派"中，这两个数字分别是24%和80%。

> 类似的，在"支持选择派"中，有82%的人同意，如果有更多的女性担任政治职务，这会让美国变成一个更好的国家，相对应的只有34%的"支持生命派"同意这一说法。

> 在"支持选择派"中，70%的人认为在政治职位上的女性人数过少会影响女性平等，而只有不到四分之一（23%）的"支持生命派"同意这一点。

在关系到女性平等和体验等更为广泛的问题上，两组受调查者之间也存在着明显的分歧。

> 接近77%的"支持生命派"表示女性"太容易被激怒"，而71%同意"大多数女性把无辜的言论或行为解释成性别歧

第十一章 未来真的属于女性吗

视"。而在"支持选择派"中,只有38%的人同意上述说法。

类似的,71%的"支持选择派"支持"MeToo"运动,对应"支持生命派"的23%。

67%的"支持选择派"相信"社会体系的建立,给予了男性相比女性更多的机会",只有19%的"支持生命派"同意这一观点。

生育权不仅仅关系到堕胎,也是一场决定由社会中的哪一方来行使权利和影响力的更为广泛的文化战争的一部分。

"让女人待在她们该在的位置上"的期望不断在许多男人(甚至一些女人)中盛行。我们可以在"给我做个三明治"这个歧视女性的流行口号上看到这一点。网民常常用这句话来回应推特上那些"傲慢"的女性,或者对着竞选活动中的女性政治家大喊出这个口号。同样,我们也可以从在Zazzle.com网站上出售的"女人:滚回厨房去!"的T恤上看到这一点。也能在英国Topman品牌出售的"你的新女友挺漂亮!什么品种的?"T恤上看到这一点。这两者都是在遭到抗议后零售商才把商品下架的。

诋毁女性,限制她们的意见,把她们置于男性之下,规定她们的着装和外表,所有这些构成了一种控制模式。多年以来,始终有人要么通过对女性的高度性象征化,要么就把性节制强加到她们头上,来试图抵消女性的力量。在《日常的性别歧视》中,劳拉·贝茨写到高中女生"因为穿吊带上衣、紧身裤或露出肩膀等违纪行为而被赶出课堂、当众羞辱、遣送回家,甚至遭遇开除的威胁"。女孩们所接收的潜在信息有两层:她们必须改变她们的装束以免侵犯男生的学习环境，同时她们（而不是男生）要为控制男性的行为负责。

就在女生被遣送回家去遮住她们身体的同时，女运动员却遭受着压力，不得不穿上性感暴露的、可能吸引男性观众注意力的服装，尽管这样的服装并不利于展示女性运动员的力量和实力。除此之外，还有什么理由能解释国际拳击联盟中的男性为什么要规定在 2012 年伦敦奥运会上的女性拳击手要穿短裙进行比赛呢？

2021 年，挪威女子海滩手球队因为在欧洲手球锦标赛上拒绝穿上大会强制要求的过小的比基尼短裤而遭到罚款。这件事引发了全球热议。国际手球联盟要求女选手穿着"紧致并且朝向大腿根部的上倾角裁剪式样的"短裤，并且不得超过 10 厘米大小。同时，男选手可以穿着高于他们膝盖 10 厘米，只要"不太宽松"的短裤。"我们被迫穿着内裤比赛，"挪威女子海滩手球队的队长告诉媒体，"真是令人尴尬。"

挪威女子海滩手球队对短小的比基尼短裤的拒绝并不是 2021 年运动世界变革的唯一预兆。同样重大的体育事件还包括网球冠军大坂直美和体操界的超级巨星西蒙·拜尔斯挺身而出，为了她们的心理健康和身体健康而选择退出某些竞赛。大坂直美拒绝出现在某些媒体上。她们通过把自身置于她们的运动、赞助人和支持者所认知的义务之上来打破某种传统。在《时代》杂志的一篇评论文章中，大学前体操运动员凯特琳·大桥说出了这些选择的意义："我们从那么小就开始训练，我们对自己的身体没有自主权……而我们现在所看到的，正是运动员开始夺回她们的自主权并重新定义什么是胜利的表现。"

第十一章 未来真的属于女性吗

近期女性的自主权正在获得支持的另一个表现："FreeBritney"运动。这个运动把监护权问题带到了公众的视野中。还差几个月就要度过 40 岁生日的时尚明星布兰妮·斯皮尔斯，在 13 年中一直处于监护之中。2007 年，布兰妮被诊断出精神健康问题。2008 年，她的父亲控制了她大部分的生活：她的财务、她的商业合同，甚至她的医护选择。她不被允许拥有自己的智能手机或自由登录互联网。同样，就在她向法院请愿收回其父亲的监护权时，她甚至没有选择法律顾问的自由。

谈到布兰妮多年所遭受的压迫，阿什莉·D. 史蒂文斯为《沙龙》杂志撰文，指出布兰妮是"严重的不可思议的仇视女性主义"的牺牲品，在 20 年的时间里没有得到遏制的仇视女性主义。史蒂文斯质疑那些"接连不断的小报故事"把布兰妮描绘成一个滥交的、不称职的母亲。她也质疑这些"小报故事"在她失去儿子监护权的过程中起到了什么样的影响。这不禁让许多人发问：如果一个男明星在类似的情况下会有多大概率被剥夺他的权利、他的尊严、他的代理人？大多数人会认为，这样的概率真的非常小。

2021 年 11 月，在洛杉矶法庭上，布伦达·彭妮法官的宣布终于结束了布兰妮父亲对她的监管。

在美国，一个有千万家产的时尚明星在不断地争取下，终于重新获得了对自身生活的掌控权。在挪威，女性运动员拒绝了性征化和歧视她们的行为。在新西兰，一位女性国家领导人为控制一种致命病毒的传播而受到称赞。

未来会属于女性吗？就像游行中那些标语常常说的那样。它是否意味着我们会生活在这样一个世界中：在这个世界里，亚历山德里娅·奥卡西奥-科尔特斯和劳伦·博伯特会在同一个立法机关里；在这个世界里，雷切尔·玛多和劳拉·英格拉哈姆分享着空中电波；在这个世界里，玛丽娜·勒庞和安妮·伊达尔戈都对埃马纽埃尔·马克龙的继续统治构成了威胁；在这个世界里，波莉·汤因比和梅勒妮·菲利普发表着截然相反的政治评论；在这个世界里，雪莉·桑德伯格会鼓励女性在她们的职业生涯中向前奋进，而劳拉·多伊尔则会敦促她们向其丈夫投降。它是否意味着在这样一个时代中，性别是流动的，而且越来越被视为一个社会结构？

未来会属于女性吗？不会。但这一次，我想我们可以自信地说，它也不会属于男性。

第十二章
男性问题

想象一辆很长，甚至难以停进车位的皮卡，一辆像1959年的凯迪拉克Eldorado一样长的皮卡。一个比较宽敞的公共停车位有5.5米长，而这辆皮卡有5.8米。

公羊是一个传奇，直到2010年前，它一直被称为道奇公羊。它8次赢得《汽车趋向》杂志年度卡车大奖。2021年，它成为历史上第一个连续3年赢得该奖项的卡车。

2021款公羊1500 TRX皮卡有着超强的动力配备，被它的制造者描述为"卡车世界的顶级掠食者"。它的6.2升排量，702马力的Hemi V8发动机能够拖动3 674公斤的物体。它可以在4.5秒内从静止加速到每小时96公里的速度。900瓦的哈曼卡顿豪华音响系统足够一个餐厅使用。后排座位有着商业级的腿部空间。而它的驾驶感受呢？《名车志》杂志称它的驾驶顺滑程度相当于奔驰GLS。这款卡车的价格高达7.2万美元，而豪华版的价格更是超过了9万美元。

这款车的绰号叫"牛仔凯迪拉克"。虽然这个称谓可以用在任何高端的皮卡上，但公羊并不只是一辆卡车，它也是身份的象征。

谁会以这种方式来标识自己的身份？很多人。每个月大约有5.5万美国人购买公羊。当然，在这些买家中有十分之八是男性。

在这个时代，我们接收到的许多关于男性行为的新闻都是负面的。当一个男人爬上大楼去拯救一个悬挂在阳台下的幼童时，我们会惊叹于个人的英勇，而不会为整个男性群体的英雄主义叫好。相反，如果一个男性搞出了某种行为不端的大新闻，比如滥用职权、性暴力等，这个作恶者的性别就会构成更为广泛讨论的一部分：男性出了什么问题？我们要如何纠正它？当然，同样以偏概全的趋势也让女性遭了殃。身为雷曼兄弟银行首席财务官的艾琳·卡兰的失败被当作抹黑其他从事财务工作的女性的材料。不同之处在于，整个社会对于男性那格外着重的关注（尤其对于年老的异性恋白人男性），构成了男性为什么造成如此负面的社会印象这个更为广泛的问题中至关重要、不可或缺的组成部分。

当今的许多国家领导人处于所谓的"有毒的男子气概"的极端。我们有足够的理由把这些独裁者称为"铁腕人物"（至于"铁娘子"，恰恰相反，就像嘉年华中的怪人一样，既不用让人害怕，也不必加以尊敬）。在这个时代，掌控权力的铁腕人物越来越多。①

在世界的各个地区，变革的时代已经增强了公众对于更为强悍、更为坚定的领导人的需求。这些言论强硬的民粹主义者承诺要"保护"我们免于受到"他们"的侵扰。取决于讲话者的身份，

---

① 来自《时代》杂志在2018年的报道。——作者注

"他们"可能意味着腐朽的精英或贪婪的穷人、外国人，或少数民族、族裔或宗教团体的成员；或者不忠诚的政客、官僚、银行家或法官；或者造谣诽谤的记者。在这种分裂中，一种新型的领导者出现了——我们现在处于铁腕时代。

的确有着一些意志坚定的女性领导者（我们可以想到玛格丽特·撒切尔、果尔达·梅厄和英迪拉·甘地），但到现在为止，这个世界还没有哪一个趾高气扬的独裁者是女性。

大规模屠杀是男性的另一个特长。到2021年11月末，在美国从1982年起发生的124起大规模枪击事件中，仅有3起是由女性所为。而没有人会混淆导致"MeToo"运动的性虐待背后的人是何种性别。

不过，在一些传统的男性领域，男性的优势地位正受到（不管多么缓慢）女性的挑战。在家庭阵地上，"户主"和"一家之主"这些字眼都过时了，尽管美国国内税务署仍在使用前者，尽管家庭责任的分工仍然严重倾向于男主外，女主内。正如第十一章所讨论的，女性正在学校中超过男性。尽管艾琳·卡兰的故事仍然具有警告意味，但女性首席财务官的表现总体上仍然优于男性，而企业也越来越重视把更多的女性提升到上层管理岗位。

并不是每个人都欢迎这种改变。我最近和一个意大利企业高级管理人员聊天，他告诉我，他有好几个女儿。他为公司提拔女性员工感到由衷的高兴。不过，作为一名企业高管，他仍然需要去竞争下一个职位。而他感到自己在与女性的竞争中处于劣势。"谁知道我的性别会成为一种拖累？"他对我说。有这种情况的不仅他一个。

随着职场中的性别歧视日趋减少,这种仇视女性的情绪就渐渐高涨起来。男性长期占据的优势领域,诸如政治、教育、职场,以及他们与女性的关系,每一条战线上都在受到女性的威胁。我们可以预期到阻力,尤其当越来越多的男性开始感到他们正被迫改变(或掩饰)某些对于他们至关重要的东西的时候。我们已经进入"情绪时代",当一个人缺乏高情商(指理解、使用和适当管理一个人的情绪的能力)的时候,就会发现他自身处于一种前所未有的劣势之中。只有进行更多(无视性别的)情商训练,才能在这个 10 年结束前更好地掌控职场。

"女人最好待在家里。"不再是了。"男孩不要哭。"的确如此。从 20 世纪 60 年代起,在男女身份之间那条泾渭分明的分界线正不断地被侵蚀。僵化的、与生俱来的性别角色的观念,即使没有被彻底摧毁,也越来越被人们所抛弃,至少在世俗的自由文化中正是如此。

文化遗产正在流血,甚至流血而死。压迫者,却感到自己是受害者。他们为女性一步步地侵入他们的领地而愤怒,他们长久以来所习惯的特权正在被质疑。男性的"神圣权力"正在每个回合中遭到抵制。回想 20 世纪 70 年代时,我们家吃晚饭时的情景。我清清楚楚地记得妈妈会给爸爸做饭,而爸爸主持着餐后的谈话。然后他们俩像时钟般准时离开餐桌,去看我爸爸最喜欢的电视剧,包括《霍根英雄》和《陆军野战医院》。爸爸就像国王,妈妈是他的拉拉队长和助手,而我们 3 个女儿则习惯于接收(以及默许)

爸爸的指令。"除非下雪，否则你们不许穿裤子去上学。""举止要像个女士。""我保证你会照我说的做。"

现在，规则在改变。社会要求男性少一点儿男子气概，也许甚至（恕我直言）更女性化一些。此时，男性正面对着在千年之间一直困扰着女性的同样问题。例如：身体形象。由英国的防止自杀非营利性组织CALM（反悲惨生活运动）在2021年进行的一项调查发现，在16～40岁的男性中，几乎有一半由于不佳的身体形象而面临着心理健康问题（50年前，这样的统计数字是不可想象的。在那个年代，男性甚至不太可能去考虑谈论如此私人的事情，这样做，嗯……"不够爷们"）。情况可能会更糟，58%的受访者称新冠肺炎疫情对他们对自身形体的感受造成了负面影响。各个组织正在着力应对这一趋势。比如由美国艺术家、社会活动家塔里克·卡罗尔开创的"人人项目"的宗旨是"让全球男性从自我憎恨中解放出来"，并"挑战真正的男性美学的社会标准"，以及这个社会"对高度男性化和完美的痴迷"。

男性往往会跟不上整个社会对性别观念的变革。尤其在西方文化中，现在在大多数地区，"女性"可以意味着一个女性所认为她所意味的一切。女性正被邀请对男性曾经的专属领地采取态度和行为。她们可以是泼辣的、自信的、威风的。她们可以呈现为几乎任何身份（但这并不是说她们不用付出代价，正如希拉里·克林顿所发现的）。或者她们可以选择依附于更传统的女性特征，比如端庄、关怀、平和、友善，并且将家庭和持家之道的重要性置于其他一切事物之上。在很大程度上（除非迫于经济压力），她们可以自由选择。而尽管有着来自某些方面的阻力，女性还是可以为她们的选择权和她们所期望的任何身份期待更强大的支持。

同时，这个物种的雄性被敦促去完成其自身的"修缮"。之前用"男孩就是男孩"的借口轻描淡写的那些行为，现在被响亮地说出了它们的本质：常常属于掠夺性的、暴力的、粗野的、愚钝的、反社会的、不道德的，或非法的行为和态度。现代世界（至少在某些地区和文化中）正在缓慢地向着人类行为的一个标准进化。在这一标准之下，男性和女性受到一致的行为规范的评判，并排斥之前被男人认为可以接受的一些不良行为。守望着这个世界向一个新的方向发展。

当男性步入成年时，他们所面对的是一整套全新的社会规则，以及性别界限的模糊不清。他们被相互矛盾的信息所淹没——新的与旧的。他们是敏感却恬淡寡欲的，温柔却坚定的，善解人意却自信的。当社会被动员起来为女性构建平等机会的同时，男性只能动用更少的资源和更小的力量在这样一个已经改变规则却尚未完全定型的世界中航行。

整个社会也开始关注这一问题。在男性奋力寻找一个能够赢得社会认可的平衡的同时，全球的各种支持团体纷纷成长起来，帮助他们更好地在这个不断变革的社会传统中航行，并接纳他们"更好的"（也就是少一些大男子主义的）自我。在这些支持团体中包括：英国的"Humen"，这是围绕诸如缺陷、耻辱、恐惧和罪恶等主题提供群体治疗的心理健康慈善组织；同样也在英国的"Evryman"，他们通过静修、同伴主导的小组讨论、辅导及其他活动来"去除男性的脆弱性和情绪化的污渍"，并帮助他们过上更充实的生活;"Man Cave",这个组织与全澳大利亚的男孩、父母和教师合作,来"允许年轻男性探索和表达他们充分的人性"。

这些团体为男性解决这些问题提供了安全的空间,而潜在的信息是明确的:男性必须接受变革后的预期和标准。社会需要他们改变既往的行为和思考方式。

在受到威胁时,动物往往有着一套通用的反应模式。遇到危险时,它们可以忽视威胁,它们可以承认并适应威胁,它们可以逃走,寄希望于威胁不会赶上它们。或者在走投无路并感到它们的生存受到威胁时,只能拼死一搏。

在美国,最后一种反应近年来受到了媒体的高度关注。不管爱他,还是恨他,回看特朗普执政的那些年,我们很难不看到这样一幅画面:一个遭受围攻的男人,面对种种势力(他认为这些势力要剥夺他和他这类人的权利)进行着最后的反抗。

一些男人认同特朗普的原因之一是他对男性特权的看法。如果给予压力,他会承认男女在法律上是平等的,但(你们懂的)他并不是真的这样认为,而且没有任何方法让他有一丝一毫的动摇。这并不是为了某些选民的故作姿态,这正是特朗普个人魅力的一部分。在《纽约时报》的一则报道中,珍妮弗·梅迪纳采访了十几位墨西哥裔美国男性,来了解为什么当这位政治家从不隐藏他的反移民情绪时,他们还会如此地认同他。她的结论是:"对于他们,特朗普先生的男子魅力是不可否认的。他有钱有势,而且最重要的是,从不悔改。在这样一个世界里,一个人随时会因为说错话而遭到攻击,而他却总是在发表各种错误的言论,却从来不会浪费精神去自责。"

2016 年的大选结果表明，这种男性的傲慢在许多女性中间也大有市场。

如果你研读了特朗普关于女性的言论，你就会很清楚在这个世界上男女之间仍然存在着泾渭分明的分界线。以下是摘自《本周》杂志的一则汇编：

> 2016 年，他初任总统时："如果希拉里·克林顿连她的老公都满足不了，又是什么让她自以为能让美国满足呢？"
>
> 关于当时 18 岁的女演员林赛·罗韩："她很可能惹过大麻烦，因此床上功夫不错。为什么这些深陷困境的女人（很大很大的困境）床上功夫都不得了呢？"
>
> 关于"MeToo"运动："你要一直否认、否认、否认，并且向这些女人反击。如果你承认任何罪行，那你就死定了……你一定要坚定，你一定要富于攻击性，你一定要狠狠地反击，你一定要否认关于你的一切传闻，永远不要承认。"
>
> 关于所有女性："（女人）真的和表面看起来很不一样。她们比男人要糟糕得多，好斗得多。而小伙子，她们又怎么会聪明！"

女人聪明？谁会这么认为？

特朗普的铁杆信徒们甚至会为他那坚定的关于父权的 20 世纪中叶的观点而叫好。在他看来，会换尿布和照看子女的男性"活得像个娘们"。

第十二章　男性问题

同时，在英国已经立法禁止在广告中出现有害的性别刻板印象。禁令的支持者包括那些亲力亲为的父亲们。他们受够了对父亲在家里"无用"的刻板描述（阴阳的无处不在）。由爸爸们组成的一个国际小组创建了"Dope Black Dad"，这是一个播客平台，也是"希望讨论他们身为黑人、父母和男性经历的一个安全的数字空间"。他们的宗旨是："为了黑人家庭更好的未来，给黑人爸爸提供赞美、治愈、激励和教育。"除了性别模式外，尿布也要换了。

但旧有的习惯并不容易改变。女性也许会参军，但仍然是由男性来掌控着战争。这是越来越不明智的。在我们高度互联的世界中，一个军事冲突的双边国家可能是同一个供应链的组成部分。而供应链的任何破坏都会对经济的参与各方构成潜在的伤害。我们可以在美国最近进行的大多数战争中看到，参战双方都不可能在战场上取得最后的胜利。继续战斗下去，只会耗尽美国的资源和政治意志。

简而言之，战争就是历史上男性对领土独占权的争夺。战争正在被新的时代所抛弃，仅仅对于那些军工企业才有些用处。现代冲突中，在社交媒体上敲敲键盘，发起一场谣言攻势会比上千颗炸弹和 10 万名士兵更有效。为什么社会还没有进化到让人们认识到让年轻的躯体遭受战争的伤害是可耻的行为？

关于冲突和侵略的主题，还有另一些事情需要我们进行思考：当没有战争的时候，这些战士的精力要如何释放？我们如何引导这些传统的男性力量为社会创造更大的效益？我们如何在战场之外鼓励英雄主义和荣誉观？我们非常需要这两种素质。

社会学家菲利普·斯莱特在《虫茧效应：全球文化的质变》一书中研究了过时制度的持久性。他把男性抵制任何改变的现象称之为"控制文化"。他把这种文化与"独裁主义、军国主义、仇视女性、增殖壁、精神压抑，以及严苛的性别二元论"联系起来。以上这些都是男性支配的表达。

随着女性地位的提高，这个旧有的世界正在崩塌。"现代男性多年来一直在以高昂的代价接受男子气概技能的训练，"斯莱特说，"却仅仅发现这些技能对任何人都不再有用了。傲慢、吹嘘、战斗、破坏和杀戮对世界来说似乎不像过去那么重要了。"换句话说，女性不仅在侵入男性的领地，她们也已经证明她们不再依赖于男性，而男性为此感到愤怒和不安。

比起傲慢和战斗，现在什么更为重要呢？同情、慈悲，以及接纳包容的心胸，也就是说与女性（以及"女性化"的男性）相关的价值观。

对于男性而言，如果他感到自己必须表现出高度的男子气概才能算是一个真正的男人，那么他很可能越来越难以找到女性伴侣。如果当前的趋势继续发展下去，富于男子气概的男人们筹备的周末约会，很可能最终只能和其他男人一起围在台球桌边说说笑话，喝喝啤酒。结果，非自愿独身者的队伍会迅速壮大。这个嗜好仇恨的子文化群体的成员们（他们已经造成了至少一场大规模屠杀）把他们的缺陷和空虚的人生归咎于女性。正如詹妮弗·赖特在《时尚芭莎》中所说的："他们的存在不是为了孤独，而是为了把他们的孤独归咎于女性。"

当这样的男人看到"女性化"的男人在电影、电视剧和真实的生活中得到了所有"好"女人的时候，他们会大打出手，还是学会适应？我们希望会是后者。但有一些事实与我们的愿望格格不入：超大号的皮卡非常耗油，它们无法停到一些停车位里，它们的二手价值也不像SUV那么高，不过，很多男人仍然喜欢并购买它们。

第十三章
摆脱性别和顺性别

回望男人还是男人，女人还是男人的助手的年代，生理学上的"性"和社会学上的"性"还是一个意思，并且往往可以互换（至少在学术界之外）。按照传统的社会准则，男人是猎手和保护者，也是其家庭的经济供养者，在他的家里由他主宰，他的话就是法律。女人恰恰相反，只由她与其他人的关系来定义她的身份，首先是女儿，然后是妻子和母亲。她的位置就在房子里面，每天无偿地操持着各种家务、做饭、打扫房屋、养育子女，到了晚上，服侍她的男人。对于男人和女人来说，规则是清楚的。

接着这个星球发生了巨大的变化。在20世纪60年代初：避孕药、贝蒂·弗里丹的《女性的奥秘》、白宫里的年轻一代，随之而来的是大麻和迷幻药的"青春大骚动"、廉价航空，以及《爱之夏》。然后是反战抗议运动，这场运动有着诱人的口号："男孩说'不'，女孩爱。"由活跃的民谣歌手琼·贝兹普及开来。还有女性解放运动，女性不仅仅烧毁胸罩，还在追求工作的权利。

贝拉·阿布朱格在1971年当选为美国国会议员。她的运动口号是："女人就该待在房子里，只不过这个房子应该是美国国会大厦。"她可以这样说（并亲自践行）是因为，在纽约，她有着一个支持她的体系。一个和这个家庭共同生活了23年的保姆兼管家。她的女儿回忆她的父亲"经常去买菜和洗衣服"，远远不同于那个时代的大多数家庭。

20世纪70年代为女人带来了一种全新的可能性，决定是否结婚的自由、决定是否生育子女的自由、决定是否从事一种职业的自由。但性爱的选择面仍然是狭窄的：要么同性，要么异性。而只有一个选择是当时的社会所能接受的。"易性癖者"一词出现在1949年，"跨性别者"出现在1971年，但这个词汇来描述这样的"跨越性"并不会让他们更易于让社会所接受。"非自然的"性爱可能遭到犯罪指控。事实上，直到2003年，同性之间的性生活才在美国全国范围内成为合法行为。

到底是什么力量有效地推动了公众对扩大化的性定义和宽松化的性角色的认知，乃至某种接受呢？正如历史上常见的情况，是艺术在推动着社会的发展。大卫·鲍伊以长发长裙的形象出现在公众面前。卢·里德在1972年发行的同性专辑《变形金刚》中，他歌唱着在狂野边缘的行走："剃掉他的腿毛，于是他就成了她……"雌雄同体的朋克摇滚乐队"纽约娃娃"在他们的主打歌中唱道"戴着皮毛长围巾，蹬着高跟鞋的花花公子"，正如十年后火爆的流行偶像"乔治男孩"的形象。另一方面，模特、歌手兼演员的葛蕾丝·琼斯让这个世界认识到了一个惊人美丽的女性，并深深触及她那阳刚的一面。

曾经的一种奇观，仅限于艺术世界的事物，现在已经渐渐渗透到更广阔的社会之中。当然，它一直在那里，只是被深深地隐藏起来。性别的严苛概念开始变得有些过时了，但反对改变的声音仍然是广泛的。在许多坦诚的名人的思想和主流媒体中间，以及对于许多人（尤其是年轻人）而言，这个问题早已尘埃落定。但在美国各地的社区中仍然就各种具体问题进行着激烈的博弈，从在学校中如何教学性别的概念，到一对女同性恋伴侣是否能当选为校友会的国王和皇后。即使在这些争论趋于白热化的时候，性别已经成为讨论的对象，性取向远比异性恋和同性恋要复杂得多。"爱就是爱"是当今社会进步阶层的一种风气。一个人的身份可以是跨性别者①、非二元性别者②、性别流动者③，甚至"唯名者"，因为他们决定他们的性别不能由他们出生时的染色体模式所定义。已经有十几个国家在护照上增加了第三性别类别（往往是"X"）用于标识不认为自己是男性或女性的人。荷兰在国家身份证明文件上完全去掉了性别标识。

更多的人（包括顺性别者④）希望在他们的电子邮件签名处、姓名栏或社交媒体简介中使用他们个人的性别称谓。现在脸书上允许会员从超过 50 种性别标识中进行选择。

也有人反对这一趋势，有时是基于语法的原因。但更多的时候，这些反对所揭示的是把原来简单的二元选择变成了产生任意

---

① 跨性别者：感到个人的性别认同与他们出生时的性别并不吻合的人。——作者注

② 非二元性别者：认为自身既不仅仅是男性，也不仅仅是女性，而是处于两性之间或超越两性之外的人。——作者注

③ 性别流动者：性别认同并不固定的人。——作者注

④ 顺性别者：个人的性别认同与他或她出生时的性别相吻合的人。——作者注

数量性标识的复杂计算所带来的潜在不便。语言学家兼作家杰弗里·农贝格在美国国家公共广播电台上对人称代词进行了讨论之后，一位备受困扰的前外交部官员给他发来了这封电子邮件：

> 如果你今天把你的这些性别称谓教给了他们，他们明天就会来听你的自由演讲的其余部分……你也许愿意把一个人称为"他们"，但这是在语法上趋向语言劣化的滑坡，更不用说这是对于社会上极少数人的妥协，而这些人只是想用他们"新时代非二元论"的尾巴去"逗弄小狗"罢了。拜托，别傻了。我们这些热爱这门语言的人，不会坐视这些左派和像你本人这样的自由派教授毫不公平地去利用美国人在我们所面临的性问题上的困惑。

喜剧演员莎拉·西尔弗曼有着不同的观点："我们学会了如何毫不费力地说'加利费安纳基斯'和'施瓦辛格'。为什么我们就不能把性别称谓弄清楚？"

当然，我们可以弄清楚这些性别称谓。问题在于，我们想不想这样去做？一些文化已经接受了性别非二元论的观点，而另一些文化则可能永远也不会。

2021年，在伦敦的一列火车上发生的一件事在许多国家引起了激烈的争论。一名售票员在欢迎乘客上车时说道："先生、女士们，男孩和女孩们，下午好。"一名乘客听到这些话就叫了起来："我不是一个性别二元论的人，这段话其实对我并不适用，所以我不愿意听。"伦敦东北铁路公司为此道歉。当时，反对性少数群体的声音高涨，猛烈批判"伪性别意识形态"。

传统主义者不失时机地向性别流动主义宣战，把它视为对"正常"生活（也就是说，让他们感到舒适的社会环境）的威胁。像许多政治问题一样，这个词并不是他们真正的目标。他们的目标是限制人们的自由，不许人们去选择传统主义者所不喜欢的选项，而这尤其适用于女性。

这是一场传统主义者在几十年的时间里节节败退的战斗，一切从反对同性恋权利开始，也有人说这一切始于1997年4月30日，艾伦·德杰尼勒斯发布了她的情景喜剧《艾伦和她的朋友们》的时候，而她正是一个女同性恋者。在这部"特别的剧集"中，奥普拉·温弗里出演她的治疗师，劳拉·邓恩则作为一个可能的恋人出现在剧集中，还有梅莉莎·埃瑟里奇和黛米·摩尔的偶尔出镜。这部剧集吸引了超过4 000万观众，创下了该片的纪录。

尽管这部情景喜剧在开播前有着一个警告标志："由于含有成人内容，建议家长慎重考虑。"但它仍然很快就迎来了传统主义者的反击。摄影棚收到了一起炸弹威胁的电话。电视福音布道家帕特·罗伯逊给这位喜剧演员打上了"艾伦·堕落"的标签。克莱斯勒集团、杰西潘尼连锁百货、达美乐比萨、麦当劳纷纷撤出广告。一年后，这部情景喜剧被撤销了。

但《威尔和格蕾丝》《欢乐合唱团》《粉雄救兵》接踵而至。2012年，就在15年前将艾伦拒之门外的杰西潘尼连锁百货，雇用她作为它们的发言人。不过，这个决定并非没有遭到来自董事会、投资人、顾客，以及像美国家庭协会的"百万妈妈"团体的巨大阻力。其中后者批评这家零售企业"跳上了支持同性恋的时髦花车",并威胁这会让它"失去在过去的这些年里一直忠诚于它们并具有传统价值观的顾客"。

在所有这些尖酸刻薄的人身攻击之下,艾伦·德杰尼勒斯坚持了下来(尽管代价不菲)。2015年的一项民意调查中,她被提名为转变关于同性恋权利的公众舆论的最具影响力人物。2016年,奥巴马总统为她颁发了自由勋章。你一旦以个体去看待同性恋者,你就很难再去讨厌他们。由于艾伦被指控在她的脱口秀节目中虐待员工,而导致她的声誉蒙受污点。但与此同时,她作为同性恋偶像的影响力依然存在。

当对话从性取向扩展到性别认同时,公众的心态并不总会那么开明。在21世纪20年代初,这些热点问题包括:学校应该让跨性别学生使用学校的浴室和卫生间吗?或者学校应该让他们按自己的性别认同去参加校内运动队的比赛吗?该不该允许跨性别的成人参军服役?医疗保险要不要覆盖变性手术?

并不只有那些保守的、福音派的天主教徒会因为性别定义的不断改变而倍感恐惧。哈里·波特的缔造者J.K.罗琳转发了一篇关于《有月经的人》的文章。她在文章下补充道:"'有月经的人',我确定曾经有个字眼专门来称呼那些人的。谁来帮帮我,那个词怎么说来着。女银?铝人?铝银?"

罗琳是一个颇有见识的作家。她知道她的推文会引发讨论,但她并没有预料到由它所引发的那场如火焰风暴般猛烈的大批判。在《哈里·波特》和《神奇动物》系列电影中的演员(丹尼尔·雷德克里夫、埃迪·雷德梅尼、艾玛·沃森)纷纷和她划清了界线。在推特上,充满了"除名、痛打和死亡"的威胁。并没有任何中间地带的存在。

对性别流动和更广泛的性征的反对将会加速，原因很充分：我们如何定义和分辨性别的变革也在加速，正如阴阳相克。在Z世代中，有六分之一的成年人宣称自己是性少数群体。与艾伦·德杰尼勒斯的经历相比，他们中的许多人的"出柜"要轻松得多。正如《华盛顿邮报》对这一代人所指出的："他们8岁的时候恰逢同性婚姻在马里兰州的合法化。大约12岁的时候，他们意识到自己被女孩所吸引。而在14岁时，他们作为非二元性别者'出柜'，使用'他们'作为自己的称谓。"

性别错乱的年轻人为什么会在这些日子里获得更为广泛（尽管远远达不到普遍）的支持？21世纪的媒体现在正站在《艾伦和她的朋友们》《威尔和格蕾丝》以及其他热播剧集的肩上。现在网络和媒体企业的高管们并不会鼓起勇气来反对这一潮流。而且多亏了互联网的帮助，任何人现在只需要点击一下鼠标就能找到志同道合的人，同性恋者和跨性别者现在成为油管和抖音上的明星。支持团体在学校公告板上宣布聚会的消息，而且偶尔性少数群体的年轻人也会带动他们的父母"出柜"，或者至少沿着游行路线加入他们来表达自豪。

名人也为这一潮流推波助澜。公开支持跨性别子女或者性别流动子女的名人包罗了各个行业，演员如查理兹·塞隆、加布里埃尔·尤尼恩、沃伦·比蒂和安妮特·贝宁；音乐家如雪儿；运动员如德维恩·韦德。2019年，获得格莱美奖的音乐家萨姆·史密斯作为一名非二元性别者"出柜"。他说："我不是男性，也不

第十三章 摆脱性别和顺性别

是女性。我认为自己漂浮在二者之间。"1976年，我和家人们一起为蒙特利尔奥运会上的美国十项全能冠军凯特琳·詹纳喝彩（由此我也知道了他的原名——布鲁斯）。在那届赛事上，詹纳赢得了一枚金牌并创造了新的世界纪录。大约40年后，詹纳宣布她是一个跨性别者并且完成了变性手术。这个消息立刻成了爆炸性的娱乐新闻，因为当时有很多人正在试图跟上卡戴姗一家的脚步，关注着她的家族婚姻和子女。2020年末，艾略特·佩吉作为出演过《朱诺》和《伞学院》的备受人们喜爱的明星，宣布自己为跨性别者，并放弃了他的原名艾伦。2021年，MJ.罗德里奎斯成为史上第一位获得艾美奖主要演出奖项提名的公开跨性别演员，这也第一次引发了围绕奖项为什么要区分性别的讨论和恐慌。就在一周之前，一位跨性别女性戴上了美国内华达州选美冠军的桂冠。这让她进入了同年晚些时候的美国小姐选美大赛的角逐之中。

在我看来，衡量这一趋势尺度的最强烈信号莫过于为性少数群体的孩子们提供夏令营的存在。新罕布什尔州的Aranu'tiq营地是为专门接纳跨性别孩子而建立的。它的名字来自用于描述两个灵魂的一个楚瓦什词汇，人们认为这个词汇体现了男性和女性的灵魂。人们越来越能够接纳曾经引起责难和排斥的性别差距，把它视为性别光谱的组成部分。而这整个性别光谱，更要比半个世纪之前人们所能够想象的要更为广阔，更充满着千变万化。

在20世纪以中性时尚开启的趋势中，现在已经成为潜在性别认同的一道彩虹。我们中的一些人也许会尝试一个又一个性别认同，直到最终找到适合我们的那一个。或者说，我们的性别定义会是一个不断变化的目标。

当人们越来越意识到，全人类复杂、丰富的性别认同不能被粗暴、简单地塞进传统的二元化模式之中时，社会又要做出怎样的适应呢？毫无疑问，中性浴室（往往供单人使用）将变成一种社会常规。（北卡罗来纳州那富有争议的"浴室法案"，阻止跨性别人士使用符合他们性别认同的浴室，遭到了如布鲁斯·斯普林斯汀、黛米·洛瓦托、尼克·乔纳斯等人的抵制，以及 PayPal、NBA、阿迪达斯、德意志银行等企业的撤资。据估计，在过去十几年里，该州的财政收入损失了超过 37.6 亿美元。）2019 年，围绕如何营造更中性的职场空间这一主题，在人力资源专家进行在线讨论之后，一位参与者评论道："至少超过 60% 的讨论是关于卫生间的。"我的建议是，男性小便池的生产厂家应该更注重拓展新产品类别的多样化。

中性服装和性别中立品牌已经得到了多年的发展。现在我们可以期待更多的时尚设计师来拓展他们的边界，从而为适应跨性别男性和女性提供更丰富尺码的产品。Humankind 品牌已经提供了尺码丰富的中性泳装和居家服。

许多更成熟的品牌也开始踏足这一市场。李维斯牛仔裤首次推出的 Unlabeled 系列，着重于"由我们的性少数群体的员工精心策划，并适合每一个人"的理念。在这家零售商的网站上解释道："这个精心策划的产品系列拒绝循规蹈矩，歌颂个性和自我表达。这些衣服的灵感来自流动和自由的生活、自由的爱，以及做真实的自己。"这个品牌的 Beauty of Becoming 活动的代言形象是非二元化性别的贾登·史密斯。他在几年前还曾经是路易·威登品牌女装活动的代言人。

玩具制造商美泰公司也在走向包容，并推出了一系列性别中立的芭比娃娃。在推出这个系列时，这家企业发表推文称："在我们的世界里，玩偶作为孩子们的玩伴，是没有局限的。现推出'创意世界'系列，这个玩偶系列将标签拒之门外，并欢迎每个人的加入。"

性别流动几乎并不是一个现代现象。跨性别人士的历史记录至少可以追溯到公元200年的罗马帝国皇帝埃拉伽巴路斯。还有许多文化，早在几个世纪之前，就接受了第三性的概念，在印度，第三性别的人们被称为"海吉拉"；在一些波利尼西亚文化中被称为"玛胡"；在墨西哥的萨波特克文明中被称为"穆塞"。说起美洲土著人两个灵魂的传统，音乐家兼社会活动家托尼·伊诺斯谈到了这些非二元性别人群曾经扮演的社会角色：

> 在殖民化之前，我们一直是平衡的保持者。只有我们可以在男性和女性的营帐间穿行。这些性别酷儿、性别流动、性别错乱的部落个体在营地中扮演着特别的角色。他们使用特制的药物，使他们能够通过男性和女性的眼睛去看待生命。

今天的差异，以及我们在未来的20年中将看到日渐增强的这一趋势，体现了我们的思想和行为更趋向于包容的特性。随着每一年的过去，我们将越来越不去关注非二元性别人士的相异性，同时越来越倾向于去思考在更丰富多彩的层面上所存在的人类整体。壁垒会继续崩塌，哪怕反对者狂热地想要通过恢复严格的性别标准来加强他们的力量。只是这些反对者没有注意到,除了那些最为父权的社会之外,这些严格的性别标准早已被大多数现代社会所抛弃和拒绝。

讽刺的是,即使我们更善于拥抱和表达我们真正的自我,我们也在不断失去我们与其他人的联系感。欢迎来到这个皮肤饥饿症[①]和单人餐桌[②]的时代。

[①] 皮肤饥饿症又被称为触摸饥渴或触摸剥夺,指人渴望与人交流互动,却又因为某种原因而无法与人达成实质性的交流和沟通下(尤其指缺乏身体接触)所发生的一种情况。——译者注

[②] 单人餐桌是指在大约两个小时之内,绝对不能与餐厅侍者或伙伴进行口头或书面交流(也不能打电话)的一种用餐形式,强调只有你和你的食物之间的互动。——译者注

第十四章
我、自我和本我

佛说:"在这个世上,再没有什么比我们自己更宝贵。心灵流转,或有千般变化,却不能找到一人更值得珍爱。你悟出自爱有多么重要的那一刻,你就不会再让他人受难。"

——释一行禅师,《爱的教导》

我们并不总是喜欢承认我们爱自己,但大多数人都愿意在这部人类的大剧中尽可能长时间地扮演自己的角色。

我们越来越喜欢记录并宣扬我们所扮演的这些角色。已经有许多文章探讨过自拍文化,以及千禧世代和Z世代为了朋友和志同道合的陌生人而记录自己人生的趋势。我们都看到过年轻人利用灾难场景,将燃烧的大楼、地震后的废墟作为他们自拍的背景。而我们也都被《纽约时报》称之为"千禧世代突然涌现的民间艺术形式"中的种种自恋视频逗得忍俊不禁。

自拍文化,当然,不仅仅是拍照。它所包含的文化趋势囊括了自我的一切方面:自我欣赏、自我宣传,甚至自我憎恨。正如美国隽语家梅森·库勒所指出的:"自我憎恨和自恋同样是以自我为中心。"

有人说，是婴儿潮一代的"我"文化导致了他们子女的"我，我，还是我"文化。但并不是所有人都从完全负面的角度来看待这个现象。《自拍一代》的千禧一代作者艾丽西亚·埃莱尔认为自拍文化不是一种自恋的表达，而是一种新的授权方式，如同一个强大的扩音器，通过它，年轻人让社会能够听到他们的声音。尽管这种说法也许有些道理，但越来越多的证据证明，对于过度分享的这种偏爱并非全然无害。比如，缅因大学的研究者们发现，一些通过屏幕来记录人生的年轻人对于社交媒体的重度依赖，已经损害了他们在现实生活中解读非言语信息的能力。而脸书的揭发者弗朗西斯·豪根在美国国会听证会上作证时，指出这家社交媒体巨头所收集的证据足以证明它的照片墙平台对于心理健康的负面影响，尤其是对于女孩，会造成饮食失调、自杀倾向等。

即使在重度社会媒体应用之外，人类在地球上的存在也不可阻挡地趋向于以自我为中心和个体化。我们使用智能手表和其他设备来监控我们的步数、心率、血液黏稠度、睡眠模式、饮水量……我们的方方面面。据估计，使用健康和医疗 app 的美国人数量在 2020 年增加了超过 27%。我们也会小心仔细地策划我们的个人品牌，设计出几乎与现实中完全不相符的在线个人形象。

可以说最具影响力的是：我们策划定制的媒体和内容流。完全可以想象的是，在地球上没有另一个人享受着与你一模一样的媒体内容。这是你的内容，而且也只是你的内容。这带来了我们这个时代的一个巨大的悖论：随着全球近十分之六的人口连接到了社交媒体，有人以为人类会比历史上任何时候都更趋于同步。恰恰相反，通过个人偏好和人工智能大数据系统实现的定制化内容消费让我们相互隔绝。这种定制化内容消费所达到的程度，已经打败了互联网最著名的承诺：我们彼此互联。

我们比以往任何时候都更喜欢单独工作（或者至少是独立工作），这并非一个巧合。据ADP研究所的统计，在2020年初，美国的零工人数比2010年时多了600万。那么跟我们的起点2000年时比起来又会怎样呢？尽管美国长久以来一直存在着自由职业者，但几乎直到10年后（即2009年），著名的杂志（《名利场》《纽约客》）编辑蒂娜·布朗在开始使用并讨论"零工经济"这个词汇时，它才真正被收录到字典之中。

从今天到2038年，我们可以期待越来越多的人加入创业大军。他们更可能成为个体企业主，而不是雇用员工的公司业主，更不用说创立那种大型企业了。需求是巨大的：据估计，美国在2019年有29%的就业成人为个体经营业主，但2000年进行的一项学术研究表明有70.8%的美国人希望成为个体经营者。在波兰和葡萄牙，这个比例甚至更高。

我们也与我们的邻居更加相互隔绝。2000年，政治科学家罗伯特·D.帕特南在他具有重大意义的《独自打保龄》中探讨了美国人日趋严重的相互隔绝。他指出，从1975年到2000年，出席俱乐部聚会的人数已经下降了58%，而参加家庭聚餐的人数下降了43%，到其他人家中做客的人数下降超过三分之一。日趋严重的孤立状态对个人和社会都会产生累积性的影响，影响从个人健康、生活满意度到民主参与度等的方方面面。

帕特南希望通过他的书，能恢复曾经让美国团结一心的集体感。正是这种集体感在一个多世纪之前让托克维尔惊叹不已。事与愿违，这种疏离感和孤立感却日渐加强。就在疫情之前进行的一项研究发现几乎有六分之一的美国人不知道邻居的名字，而在千禧一代中这个比例更高达四分之一。难怪家用监控摄像头的销售量猛涨，预测在 2027 年将接近 120 亿美元。从 1980 年到 2012 年，麋鹿社交俱乐部的会员人数下降了一半。他们并不是唯一遇到这种情况的：美国乡村俱乐部的会员人数从 1990 年到 2014 年下降了 20%。据盖洛普公司统计，属于某个宗教机构的美国人占总人口的比例从 1999 年的 70% 下降到 2020 年的 47%。老实说，如果回到疫情之前我们一定会说，谁有那个时间？

我们也能在全球看到这种社会疏离的趋势。临床心理医师莎伯纳姆·拜里-汗把孤独称为"世界级的公共健康问题"。日本和英国都曾经委任过孤独部长，英国还下拨了经费用于帮助"通过少数群体所喜闻乐见的项目和活动与他们建立联系"的组织。欧盟的联合研究委员会在 2019 年对来自欧洲社会调查的数据进行的分析表明，即便在实施社交距离之前，在欧洲就有几乎五分之一的人处于社交疏离状态，这种情况在匈牙利和希腊尤其严重。

越来越多的人钟爱独居的趋势，让我们更加难以衡量这个问题的严重性。我们在前几章中已经讨论过这个问题，我们可以明显觉察到，这个社会趋势正把触角延伸到现代生活神秘的方方面面。社会学家艾里克·克里南伯格在他的著作《单身社会》中将这种延伸到各个年龄层次、地理区域以及政治观点各异的群体中的社会趋势称为"一场惊人的社会实验"。我在之前说过独居人口占东京市总人口的 40%。据日本的国家社会保障暨人口问题研究所的统计，预计到 2040 年，在这个国家中几乎有 40% 的家庭将是单身家庭。但这与瑞典比起来简直微不足道。在瑞典，单身家庭已经占据了全国家庭的大多数。在美国，独居人口在过去的 50 年里几乎翻了一倍，在 2019 年达到了社会总人口的 14.6%。在一些城市里，包括辛辛那提、匹兹堡和圣路易斯，超过四分之一的成人是独自居住。

西班牙的学术研究者们认为，独居人口的增加"已经在现代西方社区的许多方面成为标志性的特征，因为它代表着从根本上牺牲家庭的代价，来迎合个人和个人追求的重要性"。"用数据看世界"网站的研究者发现了西方价值观之外的关联性：在越富有的国家，人们越喜欢独居。新的核心家庭是：我，自我和本我。

在自我授权的独立与社会疏离之间有着一条微妙的分界线。老几辈人难以想象他们的孙辈们在一天 24 小时会享有无穷无尽的电影、电视剧、书籍、文章、音乐，以及其他内容。我已经活了足够大的岁数，还记得小时候，我们的电视频道（那时只有 4 个频道）会在午夜前后通过播放国歌来表示当天播放节目的结束，然后整个电视屏幕上就只剩下一片静电雪花——今天就到此为止了，伙计们，该上床睡觉了。

那时候我绝对想不到人们可以自己来拍摄、剪辑并发布一部电影，更不用说只靠他们的手机就可以做到这一切。或是居家办公，与几千公里外的同事召开视频会议，同时分享屏幕中的影像和文件。或是根本不用亲自去商店购买材料就能翻新和装修房子。承认吧，人类有着惊人的数字能力，但我们所付出的代价又是什么呢？

在本质上，人类是社会动物，我们需要在情感上相互联系，在现实中，早在新冠肺炎疫情时代实施社交距离规定之前，我就开始撰写和讨论21世纪令人不安的触摸剥夺的趋势，它的心理学术语是：皮肤饥饿。

被剥夺了触感对所有动物都是有害的，包括人类。得不到拥抱的婴儿无法健康成长，成人则会出现其他反应，表现为反社会行为、抑郁、焦虑和压力感。缺乏触摸甚至会减弱人的免疫系统。

正因为我们如此渴望身体的碰触，所以一个消费市场迅速出现了。在过去的20年里，我们已经见证了拥抱派对的出现。在这种派对上，陌生人聚集在一起（有时只穿着宽大的睡衣裤），以无性的方式相互依偎和抚摸。在新冠肺炎疫情期间"抱抱牛"突然受到了人们的热烈欢迎。据纽约北部的一名农场主所说："你不能拥抱你的朋友，你也不能拥抱你的孙子，"但如果每小时花上75美元，他又补充说，"你就能拥抱贝拉和邦尼（两头安格斯奶牛）。"

人们也被模拟人类触摸感的无生命物体所吸引。重毯出现在20世纪90年代末，但直到最近几年才突然流行起来。2020年，这些重毯的全球市场规模估价略低于5.3亿美元。人们预期这一市场将在2026年前每年增长14%，最后达到11亿美元以上的规模。这些毯子标价往往在100～300美元。它们的生产商宣称它们对身体的压力会减少与压力相关的激素皮质醇分泌，同时促进健康化学物质血清素和睡眠激素褪黑素的释放。一个形象却缺乏科学依据的解释是：这种毯子让使用者感到如同被人拥抱般舒适。

同样越来越受到欢迎的还有紧身衣。这种紧身的服装并非用

第十四章 我、自我和本我

于提高运动员的运动表现，而是减轻穿着者的焦虑感。一个销售这种紧身衣的澳大利亚公司把它比喻成"对用户身体的持久而温柔的'拥抱'"。这种感觉可以降低焦虑，甚至防止恐慌感的突然袭击。

独居并不一定意味着孤独。在新冠肺炎疫情之初，少数几个积极的媒体故事之一就是动物收容所中的宠物被领养一空。"收容动物之家"是一个对全美国动物救助机构进行统计调查的组织。它发现在2020年的前10个月中，人们比2019年同期多领养了26 000只宠物，增加了大约15%。在其他国家和地区也可以看到类似的反应。比如在中国香港和巴基斯坦的研究者，对于在2015—2020年底使用与猫狗领养有关的关键词进行谷歌搜索的趋势进行了调查。他们发现，相关搜索量在2020年4—5月间出现了直线上升，恰恰是在世界卫生组织宣布新冠肺炎疫情之后不久。

有人说，一些人之所以选择领养宠物，是因为他们终于有足够的时间在家适当地训练和照顾宠物。不过，我认为可以确定的是，人们把这些"毛茸茸的"朋友带回家，只是因为它们在一个特别有压力的时期能给人陪伴、安慰和舒适感。

加拿大皇后大学的一名助理教授——L.F.卡弗对新冠肺炎疫情期间的宠物主人开展了一项社会调查。她写道：

> 一位参与者说："如果没有我的狗的陪伴，我不知道我该怎么办。"另一位参与者说："它是唯一让我保持理性的东西。"还有其他人表示宠物的存在是救赎（生命的救星）并带来快乐。还有一些人说他们会和宠物说话，并且宠物会帮助

他们摆脱孤独。

人类豢养宠物的历史可以追溯到几千年之前，但从21世纪初开始，人类与宠物的关系已经发生了转变：随着压力和焦虑在全球的直线上升，猫狗以及其他四条腿的领养宠物已经转变为"支持动物"。也就是说，非言语疗法的提供者。在美国，国家服务动物登记处（该机构出售颇为官方的宠物背心和"支持宠物"证书）在2011年只注册登记了2 400只服务犬、心理治疗犬和情感支持犬。但到2021年中期，注册服务犬的数量已经超过了22万只。

不管有没有"支持动物"的证书，宠物都填补了现代生活的空白，为人们提供慰藉、无条件的爱，以及身体影响。而这一切在我们生活得更集体化的时代就已经成为人类社会密不可分的一部分。这在一定程度上是因为触摸。人们已经发现，抚摸动物能降低心率和血压，因此，在大学考试期间会出现"慰藉犬"，而在自然灾难之后会有"危机响应犬"来安抚灾后的民众。对于一些人而言，抚摸或搂抱他们的犬、猫或仓鼠，是他们在大多数日子里能够持续地接触鲜活生命体的唯一体验。这可能正是医生所要求的。

对猫过敏？没有时间遛狗？那就整个机器人吧。我们也许与我们的同类（人类）沟通日益减少，但许多人的房子里充满了数字互动对象——从人工智能音箱到扫地机器人。

智能音箱，如亚马逊的Echo，谷歌的Home，等等。这些智能设备的全球市场规模在2019年略低于120亿美元，预计在

第十四章 我、自我和本我

2025年将超过355亿美元。在我们的家里有这么多智能设备，这也许就能解释为什么有些人在一天里与他们的智能应用的沟通比与家人和朋友的沟通还要多。有些人甚至对家里的智能设备产生了某种情感，无论好的还是坏的（如果你从来没有因为欺负Alexa而向"她"道过歉，那我敢说你并不拥有一台亚马逊的Echo）。随着我们的设备变得越来越聪明、越来越能言善道，我们也将越来越多地从它们的身上寻找陪伴、慰藉，甚至爱情，正如斯派克·琼斯在2013年的电影《她》中所戏剧化地展现的情景。

2017年，我以前的通信公司进行了一项全球调查，发现在千禧一代的每四个人中就有一个人相信人类与机器人之间会出现深度友情，甚至爱情关系。在某些市场，这个数字甚至更高，在中国达到54%，在印度为45%。现在，这个时刻就要来到了。技术专家斯科特·杜因确认"性爱机器人是一项很快就会出现的技术，而且会对人类性关系的未来产生深远的影响"。市场上已经出现了来自生产商RealDoll公司的产品：一系列可定制的、等身大小的娃娃。如果你愿意花上几百美元，购买一个人工智能性伴侣，你可以定制她的体型、皮肤色调、眼睛颜色、头发类型、化妆风格等等（这家公司现在并不出售男性"伴侣"）。

杜因认为这样一个越来越像人的人工智能设备会带来一些潜在的影响：

也许人类不会因为像核战争或小行星撞地球这样突然而巨大的灾难而灭绝。也许我们只是因为自行选择不再繁衍后代而走向灭绝。因为当那些先进的人工智能机器人从"恐怖

241

谷"① 中一路走来，爬到我们的床上的时候，我们便只会选择它们，而不是人类作为我们的性爱对象。

与我们一起享受床笫之欢也许是技术与人所能达到的最大的亲密程度。而这说明了人对于当前现实的不满。正如谷歌前 CEO 埃里克·施密特所说的："所有人口中的虚拟世界实际上是一个比当前的现实世界更能令人满意的世界。在那个世界中，你会变得更有钱、更英俊、更漂亮、更强大、更迅速。所以，再过几年，人们会选择戴上他们的虚拟眼镜，在虚拟世界里度过更多的时间。"尽管施密特在硅谷有着神一般的地位，但他还是悲叹道："这个世界将变得越来越数字化，而脱离现实。这对于人类社会来说并不一定是件好事。"

> **时空雷达：**
>
> 到 2038 年，我们会进一步开发"思想技术"——由我们的思想所控制的 app 和设备。在 2021 年，美国食药监局已经批准了这样一件设备——使中风病人可以在相当大程度上恢复对自己手臂运动的控制。麻省理工的一名科学家甚至设计出一种头戴式设备，可以把思想转化成语言。想象一下在国外旅行时，这个设备可以把你的想法自动翻译成另一种语言说出来。适当的隐私提醒：当这些设备让我们可以截取他人的想法时会发生什么事情？

---

① "恐怖谷"是一个机器人学术语，用于描述人们遇到与人类极为相似，但又不完全真实的机器人时所感到的不安感。——作者注

第十四章 我、自我和本我

我们的智能音箱口若悬河；性变态遇到了性爱机器人；梦想在虚拟世界中实现……欢迎来到我们新的人工智能媒介的现实。

想象一下，如果新冠肺炎疫情发生在1989年会怎么样？我们在互联网问世之前要怎么打发隔离在家的那么多时间？看看书、长时间看电视、加上录像带中的剧集和电影、给亲朋好友打电话、也许写些什么、也许下下棋。但那时的我们有什么安全的方法可以在疫情期间保持公司业务的运转吗？更不用说保证学生的学业了。

这30年带来了多么巨大的改变。想象一下未来的30年会带来的不同。

在新冠肺炎疫情之前，有成千上万的人选择让他们的生活最大限度地远离屏幕。因为在很多文化中，"现实生活"是"应该"在实体空间中与实体对象面对面发生的。在这些文化看来，基于屏幕的生活只是这种"现实生活"的一种空虚的、懒惰的、道德低下的替代品。

新冠肺炎疫情从根本上重塑了这种观点，尽管肯定有些人会为这种变化而悲叹。不受打扰的空间和通过屏幕的生活成为疫情封控期间必要的工作环境，它成为居家隔离的人们开展工作、社交和学习的唯一途径。曾经被人们看作次要的选项现在却成为唯一的选择。

2020年4月，我的丈夫通过Zoom会议软件，与他远在图森、布鲁克林和澳大利亚墨尔本的家人们，一起庆祝逾越节（我在网上根本来不及买到逾越节薄饼，多亏一位远在英国的朋友通过即时通讯软件WhatsApp分享给我一份逾越节薄饼的菜谱）。全家人选择与许多名人"一起"坐在一张虚拟的餐桌上,"一起"共享这场逾越节家宴。这些名人包括杰森·亚历山大、本·普拉特、莎拉·西尔弗曼、哈维·菲尔斯坦、谭·法兰斯、伊迪娜·门泽尔、芬恩·伍法德和乔许·葛洛班等。我们通过故事、音乐和喜剧来庆祝逾越节。这场周六晚上的逾越节家宴不仅带来了快乐,让人们团聚在"一起",还为美国医控中心基金会的冠状病毒快速响应基金筹集了大约200万美元。就在那个月,方济各教皇在线主持了复活节主日弥撒。数以百万的用户(并不都是天主教徒)来注册观看这场圣典,以及梵蒂冈在圣周播出的其他内容。

除了最强硬的鲁德分子外,新冠肺炎危机已经向所有人表明,屏幕对于提供生活所必需的事物,包括安全和便利的社交形态,有多么的重要。早在新冠肺炎疫情之前,我们已经具备了通过屏幕构建商业、个人和教育关系的技术,但我们很少利用这些技术。现在,思维模式的足够转变让屏幕对于许多人而言,不再是一种可能,而是潜在甚至偏爱的选项。但对另一部分人来说也构成了挑战。换句话说,新冠肺炎危机为许多人早已质疑的假设打上了闪亮的问号。

对于企业来说,当许多雇员可以在家完成工作,甚至更好地完成工作,还不用浪费时间和精力用于通勤时,那么运营成本高昂的办公室还有什么意义呢?(反观点:节省下来的经费能不能足以抵消让员工们团结协作的集体感的缺失?)当必要的工作都可以通过视频会议来完成时,为什么企业还要继续为长途出差参加会议承担巨大的财务和环境成本呢?(反观点:企业能忍受远程培养客户关系吗?)是什么阻止了中学和大学放弃几百年的教学模式，更好地利用更便宜、更有效的在线教学方法？（反观点：当处于危险境地的学生无法接受学校通常提供的支持服务时该怎么办？）为什么没有更多的医疗系统使用视频诊疗技术来提高诊疗效率和结果呢？（反观点：医生会不会错过疾病的身体症状或难以建立起在危急时刻必要的医患信赖关系？精神健康专业的医护人员如何通过屏幕去判读病人的身体语言？）随着数字技术的每一点进步，我们都有所得，也有所失。我们如何才能在取得进步的同时又能避免在无意中失去人类体验中的基本要素呢？

在我看来，真正的问题不是生活的哪些方面可以迁移到网上，而是哪些不能。具有公信力的大品牌完全可以为各行业通过资质认证的专业人士建立平台，诸如医药、金融、法律等。你是否更愿意雇用一个通过谷歌公司认证的金融顾问？通过苹果公司认证的网站设计师？我会的。在缺乏面对面沟通的情况下，一个可信来源的认证会让人觉得可以信赖。一位瑞士的朋友最近在荷兰寻找一位可靠的犬只护理员。我把我用的网站网址发给了她。我在康涅狄格州时在这个网站找到了一名护理员来照顾我的金毛犬——本和哈利，那时我们要分离一个周末的时间。一名黎巴嫩朋友向我征求在纽约市租房的建议，我把我用的网站网址发给了他，在这个网站上，我曾经找到了一个单间，直到 2018 年我搬去欧洲时才搬出了那套公寓。

来自朋友的推荐是重要的，而在像猫途鹰和 Edmunds 这样的网站上由陌生人进行的评论也同样重要。在 2020 年，由 BrightLocal 进行的一项社会调查发现，94% 的受访者更愿意和具有正面网上

245

评价的企业打交道，而92%的受访者不愿意与具有负面评价的企业打交道。而且79%的受访者表示他们就像相信家人或朋友的推荐一样相信网上的评论。这与我父母的世界非常遥远。在他们的世界中，推荐是来自街道对面的邻居们，或者来自亲人几十年积累的生活经验。它也突出了在构建人与人之间的信赖关系时，得到媒体对于品牌的肯定具有越来越重要的作用。我可以欢迎你进入我的世界吗？人们会发现，这将是一个被越来越频繁提出的问题。

不再靠着面对面的交往，而是越来越多地通过屏幕来经营我们的人生，这会让我们在新冠肺炎疫情期间更加的安全。但副作用是让我们在数字世界中愈加脆弱。

数字世界长久以来一直是人类"病原体"繁衍生息的场所：欺诈者、骗子、钓鱼者、虚假网站、黑客、身份信息窃贼以及谣言制造者。直到目前为止，人们的数字安全在很大程度上还是依赖于私人市场，由企业来提供保护，由互联网用户进行购买（或不进行购买）。太多的互联网用户的数字安全意识和实践都处于可悲的低水平。这就相当于在现实世界中不戴口罩或不洗手。

随着个人和组织把他们的生活越来越多地迁移到网上，我们正史无前例地面对着数字疫情的巨大风险。

随着个人和组织把他们的生活越来越多地迁移到网上，我们正史无前例地面对着社会疏离和失去人际联系的巨大风险。

在短期内，数字技术的进步也许更像是对个人发展、人生满意度和社交幸福度的侵蚀。我们要更加小心翼翼地去发展数字技术，但我们又有多擅长这样的谨慎呢？

虽然我们集体性的前景不如我们大多数人所希望的那么光明，但更有力地掌握对我们不利的力量和在不远的地平线上所形成的趋势，将使我们更迅速、更明智地做出选择，创造一个我们可以和谐生活的未来。所以我们现在就出发吧，去游览那些可能影响我们决策的"风景"。

04

第四部分

未来会怎样

不管那是什么……总有结束的时候。就在几周前，所有人还在马拉松式追的那部电视剧——你还记得它的名字吗？去年冬天，充斥在所有频道里并且固执地萦绕在你的脑海里的那首歌——你现在还能哼唱吗？去年，那些震动了你的世界的名人新闻——现在是不是都不值一提了呢？

时尚潮流是短暂的，今天早上还在流行，到今天晚上就结束了。真正的趋势则不同，就像火箭一样，它需要巨大的能量来起飞并逐渐加速，一旦升空，它会保持着飞行状态，至少在较长的一段时间内。而且如果它足够强大，它就不会在燃烧中消失殆尽，而是会转变成一个或多个新的趋势，并在这个过程中改变我们的文化。

一个人如果不能了解趋势出现和发展的大环境，他就无法充分了解这些趋势。所以，我以回顾过去作为本书的开篇，分析20年前的两个危机周期。

我以1999年为起点，着重于技术，特别是千年虫危机给全世界带来的威胁。正因为全球各个国家和企业认真地对待千年虫问题，相互合作，并不惜代价地解决它，才让它最终没有转化为一场真正的危机。各个团队的程序员不仅解决了眼前的问题，而且能够放远眼光并在功能上对计算机做出改进。危机就这样消弭无形，人们显然放松了警惕。

在接下来的几年中，互联网从一条狭窄的、摇摇晃晃的索桥发展成了多车道的高速公路，并且把它的触角伸进了我们生活的方方面面。我们正处于通信的黄金时代：一个世界，一个被联通的世界；但我们渐渐发现，这种互联性比许多人所能想象的更脆弱并充满危机。

在千年虫危机的 20 年之后，我们面对着另一场全球危机，只是这次危机并没有被化解。新冠病毒如同一场医学上的谜题，迫使民众躲藏在他们的家中，企业不得不关门停业，连政府都要封锁国境。科学飞速发展，以创纪录的速度生产出有效的疫苗。然而，即使在许多地区都实行了强制性的口罩令，但我们还是看到新冠肺炎确诊和死亡人数直线上升，从 2020 年 3 月 9 日的不到 4 000 人，跃升到 2021 年同一天的超过 260 万人。

新冠病毒在无知、猜疑和谣言中找到了完美的载体。各种阴谋论四处蔓延，让科学理性面对重重困难，难以实现科学突破。取决于你相信的是谁，这个病毒从一种自然现象，快速地演变为一场"阴谋"——政府、比尔·盖茨、犹太人、欧盟或大型制药公司，其中的某一方蓄意释放的一种病毒。或者它只是一场骗局——其实并不比季节性流感更可怕。疫苗呢？显然，根据一些阴谋论的观点，只是政府（或者非常邪恶的比尔·盖茨）为了把微芯片植入毫无戒心的民众体内，以便对大众进行控制而伪造的借口罢了。在外交情报委员会（听起来很正规吧？）的博客中发布的一则信息警告称，美国批准的 mRNA 新冠肺炎疫苗是为了把接种者变成携带着"超级"变种病毒的生物武器，以便把这些病毒释放出来杀死那些没接种疫苗的人。这篇博文的作者宣称，这场疫情是一个巨大的罪恶阴谋。据这些阴谋论的散播者称，安东尼·福奇博士、美国国家卫生研究院的共同目标是：种族灭绝。

你也许以为这些稀奇古怪的阴谋论会很难赢得人们的关注，那你就错了。现实是在社交媒体平台的推波助澜下，虚构与幻想迅速传播。

社交媒体平台的初心并非如此。那些最受欢迎的社交媒体平台的内核都是以理想主义开始的——至少如果我们相信它们的营销说辞。脸书在2009年的使命宣言是"让这个世界更开放和更联通"。在十几年的迅速发展之后，脸书的创立者和主席马克·扎克伯格却遇到了麻烦。他的公司被指控"向用户推送极端主义内容来增加用户在这个网站上的浏览量"。人们把各种不良行为都归咎于这个社交媒体平台，从帮助煽动在埃塞俄比亚的暴乱，到挑起2021年初对美国国会大厦的冲击。

到底是哪里出了问题？

主要的问题，是人。或者说，技术理想主义者对于人类天性的幼稚观念。

2020年，新冠病毒在全球蔓延的时刻，政治家、活动家、煽动者、骗子、偏执狂、无知者、偏见者早已开始利用社交媒体来分裂美国，并放任人们相互争斗不休，结果导致人们白白死去。

当我们一步步走进21世纪20年代时，美国人正在目睹着史无前例的社会分裂——据说是美国内战之后最大的分裂。曾经被视为一个统一的地区力量的欧盟，注定要被奥地利、法国、德国、意大利和西班牙的大多数人弄得"四分五裂"。由皮尤研究中心对位于亚太、欧洲和北美地区的17个发达经济体的社会调查发现，有十分之六的受访者表示他们的社会比新冠肺炎疫情之前更加分裂了。

从现在开始，之后20年呢？20年后的世界又会是什么样？

我们的目标设定在2038年，与2020年并不是相隔完整的20

年，但它足以达到我们的目的。

在 2038 年，专家警告称，我们能看到千年虫问题的一个变种，尤其是我们将见证 Unix 时间的终结。在 2038 年 1 月 29 日，仍然遍布世界的 32 位计算机会用尽储存时间的数位。这会导致 Unix 时间重置为 1901 年 12 月 13 日，从而让 32 位的计算机发生程序错误。我认为，2038 问题是对用尽了时间和空间的一个强大的隐喻。

一些人会提出反对意见，称这是一个小问题，因为它与千年虫问题的不同之处在于，受到它影响最严重的那些设备并不与互联网联通。更重要的是，似乎人们已经修复了这个问题，或者说，在甲骨文公司的一个名叫达里克·J. 王的聪明家伙至少把它推迟到了 2486 年。然而，我们仍然需要注意到，在技术领域的一些问题是循环出现的，并且嵌入了操作系统，有着明确的时间表。如果我们以为这个潜在的技术定时炸弹不会引起一大批阴谋论，那我们就真是太天真了。毕竟在我们生活的这个时代，连 Neddy Games 公司推出的阴谋论冷知识桌游（"Tinfoil hat not included"）从 2017 年推出后都已经更新了三代，还发布了好几个扩展包。这个游戏考验玩家关于互联网阴谋论的知识，并且可以扫描游戏内的二维码来"发现真相"。〔我原本会更关注阴谋论理论家布鲁斯·西尔的《在 2038 年的预警后》（这本书预言人类文明已经"用光了时间"），假如他之前没有写过另一本《在 2016 年的预警后》的话。不过，也有很多人的确认为 2016 年是特别悲惨的一年。〕

在日历上还有另一件事，其本身所引发的问题相当有限，但它说明了更广泛的问题。十代蝉每 13 年或 17 年出现一次，它们出现在2021年，下一次它们将在2038年出现。我们容易把蝉和蝗虫相混淆，除了它们巨大的数量和制造的噪声之外（雄性吸引雌性），它们并没有任何相似之处。

我们为什么要在乎2038年的蝉？同样，是因为技术。在不久之前，准确地预测蝉的出现周期仍然是非常困难的。2019年，科学家设计了一个名为"Cicada Safari"的app。这款app已经被下载超过15万次。通过上传蝉的照片并进行地理标注，在遥远地点的观察者可以帮助科学家追踪这种在地下生活多年的昆虫的出现周期。

多亏了技术的帮助，我们可以发现这些蝉经过高度进化的周期正在缩短。因为气候变化，这些周期可能会进一步缩短。这些蝉就像煤矿中的新金丝雀。

伊恩·弗雷泽在《纽约客》中写道：

> 当土壤温度达到17.78℃时，这种昆虫就会出现。如果每年一月都会达到这个温度时又会发生什么呢？或者如果土壤温度从来不低于17.78℃又会如何呢？对于今天的蝉的第4代曾孙来说（它们会在102年后出现，也就是2123年），我们的这颗星球也许会变得更热了。

显然，不仅是蝉面对着气候变化的威胁。世界野生动物基金报告称，动物种群灭绝的速度是自然灭绝速度（不存在人类的情况下，动物种群灭绝的速度）的1 000～10 000倍。这个组织估计每年有1万到10万种动物灭绝。

你不觉得这格外让人焦虑吗？也许你该听听著名的生物学家保罗·R.埃利希的评价："在将其他物种推向灭绝的过程中，人类正忙于锯断自己赖以生存的树枝。"这句警告被铭刻在位于纽约市的美国自然历史博物馆的生物多样性大厅的墙壁上。正如我们看到在纽约市中央公园被释放的椋鸟一样，人类、植物，以及所有其他的生物形式构成了一个生物系统，其中的每一个变量都在影响着其他所有的变量。我们可以用同样的角度来看待我们近期的未来。在2025年采取的一个行动，会在2038年产生回响。而我们无法准确地计算出这些回响将是什么。我们所能采取的最明智的措施就是对自然界的这种相互关联性保持着敬畏之心，以避免让我们的世界坠入螺旋式的失控之中。

在本书中，我已经剖析了将在未来的20年中塑造我们的世界的两个重要因素：技术，既是人类的福音，也带来巨大的风险；气候变化，一个如此令人忧虑的问题，恐惧与积极行动同样都是恰当的反应。加上第三个重大因素：新冠肺炎疫情不仅影响着我们的工作、学习和生活方式，也影响着我们如何决定生活中的优先顺序。

技术、气候，以及疫情：从现在直到2038年（及以后），这三个线索将相互交织，形成新的模式。既然我已经为你们提供了自2000年以来塑造社会的种种力量的内容和背景，那么接下来，我将介绍很可能决定我们未来至少20年轨迹的十大趋势，以及数十个将重塑我们个人和职场世界的子趋势。

第十五章
2038年的世界

即使从我作为数字技术的早期采用者和趋势预言者（顺便说一句，我讨厌这个词）的优势地位来看，我也会为近20年彻底的数字化对我们的世界造成了多么巨大的变革而感到惊讶。在20世纪90年代末，如果你想在网上看一部流媒体的电影，你不得不给你的电视机连上一根电话线，然后打电话预订一部具体的电影，接着等待网络接通。

据《卫报》上的一篇文章称，《纽约时报·书评》的编辑——帕梅拉·保罗，仍然通过邮件寄送的方式租赁Netflix上的电影。我甚至不知道现在还可以这样去租DVD碟片。她特别注意严格限制她的（以及她的子女的）数字应用，仍然通过CD机来听音乐，通过缓慢的邮件来寄送支票，避免使用平板电脑。像许多人一样，她悲叹随着我们把模拟时代抛在身后让我们失去的一切，从在没有GPS设备的情况下进行导航的能力，到童年时的无聊时光。"无聊时光发挥着重要的作用，"她说，"当你没有接收输入的时候，你就会产生输出。这是你学会深度思考的过程。"她的话在我的心中引起了巨大的共鸣：当我们的下一代那么着迷于各种数字设备，很少有机会去深思或用他们的想象力去创造一个世界的时候，我们又怎么去培养富于创造力、具有坚韧品质的孩子呢？现在的孩子还会有想象中的朋友吗？或者说，他们想象中的朋友早已被动画片、视频游戏或他们设备上的其他流媒体内容中的形象所取代了呢？

在我展望 2038 年以及更遥远的未来时候，显然今天的孩子们将继承的这个世界要比我的童年所能想象的要远远复杂得多。而他们的孩子所出生的那个世界又该是什么样的呢？

在成长的过程中，我如书虫般非常喜欢《金银岛》和《诱拐》，而我偶尔会想引用它们的作者罗伯特·路易斯·史蒂文森的一句话："不要用你的收获，而要用你播下的种子来评价每一天。"

通过这本趋势之书，我寻求种下其他人也愿意播种的种子。到现在为止，我已经从个人和专业两个方面，分析了我关于社会政治趋势、文化趋势、环境趋势和技术趋势的观点。正是这些趋势在过去的 20 年里塑造了我们的生活，并且将影响我们明天的生活。我已经一次又一次地重申这几大主题，而我再一次将这十大趋势罗列如下：

1. 暴怒的大自然母亲开始反击，而她完全有权利这样做。这个世界在燃烧。人类与自然之间古老的冲突，已经转变成一场战斗。这场战斗不仅是为了保护这颗星球，更是为了守护我们人类的未来。

2. 现在和未来的混乱状况变得越来越严重，这对我们的身心健康和幸福构成了长期的挑战。随着许多地区进行着迅速的变革，人们缺乏可靠的社会规则。同时，混乱的力量是那么持久而强大，以至于我们难以及时地适应或驯服它们。在这混乱之中，没有任何事物是确定的，人们也无法获得心灵的安宁。

3. **这个世界有强国，但任何一个强国都无法实现我们所需要的未来**。在当今时代，这个世界所面对的巨大挑战需要全球各国团结合作并做出牺牲，而国家的传统优势将变得越来越难以维持。

4. **绝望的时代需要从绝望中诞生的计划**。在绝望中，有人选择了"掩体心态"，为了自我保护而把自己过度封闭起来。也有人选择"未雨绸缪"，一边与这个绝望的时代和平共处，一边为自己准备好退路。我们每个人都被迫思考：我们将同谁一起逃亡，逃向哪里，如何逃避，以及为了何种目的。

5. **压力在于我们要在一个日益模糊和相互融合的世界中构建界线分明的泳道**。在许多界线得到加强的同时，也有许多边界被打破，许多"绝对真理"都变得模糊不清，并且越来越难以强化。

6. **小就是新的大**。当我们试图拯救最单纯的快乐，或者尝试掌控细节的时候，小就变成了新的大。面对混乱而迅猛的变革所带来的巨大压力时，可掌控的尺度感正是一剂有效的解毒剂。

7. **最简单的才是最奢侈的：呼吸的空间**。在一个充斥着物质性、不确定性和情感负担的世界里，寻找自我和恢复秩序的时间就变得格外宝贵。我们都渴望一个安全的空间（在心理和生理上），在这个空间里，我们可以吸收现代生活的考验和磨难。

8. **公平是新的战斗口号**。社会在大多数方面表现出惊人的失衡，不仅限于财富以及对重要资源的利用。少数精英享有过多的资源，而其他人唯一富有的就只剩下对社会分配不平等的怨恨和愤怒。

9. 身份在改变。严格的性别角色和一刀切的性别定义正在向混搭式的灵活性让步。这种灵活的性别角色一方面可以治愈社会的创伤，另一方面却也引发新的社会矛盾。身份被刻在沙子上，而不是石头上。

10. 以自我为中心。随着社会和文化制度不断地发生变革，我们的关注点开始转向内在，着重于个人体验、个人成长和个人品牌。人们将努力与志同道合的人一起，去创建或加入新的体制和系统。这不仅是为了保卫他们的利益，也是为了设计并执行他们所认为的最优解决方案。

在不同的程度上，这些大趋势相互交织、叠覆，但每一个都体现了社会环境和自然环境的剧烈变革。在这种变革中，人们在奋力取得控制权、保护他们的未来，并寻找真实和意义。

我在这里列出的十大趋势，在集体层面和个人层面，将对我们在2038年的生活方式、工作方式以及思维方式产生巨大的影响。还有其他分支的趋势、变革和发展同样会挑战和重塑我们的未来。我相信其中的一些尤其具有影响力。我把它们分享如下。

早期预警系统和网络监控

由于新冠肺炎疫情造成大量的死亡病例、巨大的经济破坏，以及社会分裂影响，全球科技公司和医疗卫生部门将合力构建传染病预警系统CAWS。在21世纪20年代，就有很多人使用可穿戴设备。到2038年，他们会使用无创性的个人CAWS技术，来监测人们的生物指标（如血氧含量、炎症标志物）的变化，并整合这些数据，以监测潜在的大规模传染病暴发。这需要对公民隐私权和公民自由权等做出大量的承诺（或妥协），而它会对企业利益集团、政府部门，以及滥用这些系统的罪犯产生巨大的诱惑。

到那时，对于网络监控和滥用个人信息的担心并不会在很大程度上减缓人们对嵌入传感器的手环或手表的购买。在一些国家，这些设备被用于健康使用设备；而在另一些国家，公民将被强制要求佩戴身份手环，以监测使用者的心率、体温和出汗情况，以便更有效地追踪接触者；甚至可以监控使用者面部的肌肉运动、声调以及身体动作等更能体现内心情感的指标，从而实现更为完美的深度控制。

到2038年，更多的国家和企业将利用技术来监控用户对政治和商业信息的反应。在硅谷已经出现了这样的技术，它现在还没有被用于政治控制，但在17年后，它可能被用来应对察觉到的威胁。

"老大哥"的街道摄像头和卫星现在能看到你了，而且如果你使用任何形式的入网设备，你也很可能被监听到。同样，这个技术已经出现，而社会正在日渐放宽使用这一技术的容忍度。在2038年，监控将会比现在普遍得多，目的是追求安全。

机器人革命

疫情加速了人们工作方式的转变，并预示着新的变化。这一切都是由技术促成的。在人工智能和机器人技术上的快速发展将进一步推动工作和经济革命。许多之前需要人类工人来执行的职能，从手工劳动到高度专业化的工作，都可以由机器以更快的速度、更低的成本来完成。这将为控制机器的少数人创造极大的财富，同时导致几千万工人失业，导致爆炸性的社会和政治矛盾。在经历了大量的痛苦和实验之后，社会将建构起新的人工智能政策。在各种措施之中，这种新的政策将为那些不再从事传统工作的人（包括失业的仓库装卸工和物流司机）提供各种有意义的活动。哪怕你不是一个教徒，你也会相信"游手好闲之人，必会惹是生非"的格言。人们需要实现自我价值，感到自己为社会做出了贡献，才会觉得自己是与社会真正相联系的。

工作：争分夺秒

"是谁第一个发明了工作而抛弃了自由……去耕种、去纺织、去锤炼、去挖掘——噢！最可悲的，在这死木制成的书桌边的繁重无聊的工作。"英国散文作家兼诗人查尔斯·兰姆在1819年写下了这些文字。两个世纪过去了，社会正在逐步践行一条更为明智的前进道路。

2038年，各种工作形式的混杂，包括现场工作和远程办公的各种不同的搭配形式，将成为生活中无所不在的组成部分。就像早晨喝一杯咖啡，坐校车，送外卖一样普遍。"你处于静音状态"仍将是组成我们日常生活的声轨的一部分。对于许多人而言，去上班将只意味着偶尔需要通勤，如果有的话。

重新想象工作实践的情景，意味着重新思考时间。在各行各业中，从周一到周五的作息时间，无论是上班，还是上学，都按照为产业工人所制订的时间表来运行。而这一切将会被一种非共时的生活方式所取代。那些最幸运的人将会在最适合我们生物时钟、生活方式和家庭节奏的时候进行登录、工作和学习。我们会认识到"时刻在线"只适用于电子商务。工作流将是连续的，但由于同事们也会按照最适合他们的时间表贡献出相应的工作量，所以你可以随时停止工作或进入工作。

传统的办公室仍将存在，但许多办公室将作为团体中心用于合作性工作、主办活动、接待客户和合作伙伴，而不是作为主要的工作场所。最富于效率的组织会为它的员工提供工具，并允许他们借助数字技术按照自己的意愿弹性上班，从而让他们可以随时随地贡献出他们最好的表现。工作时长仍然是重要的，但公司主要通过员工的产出来评判他们。律师在20世纪中期发现按小时收费可以让他们赚到更多的钱之前，这原本就是白领的工作标准。

1938年，美国富兰克林·罗斯福总统签署了《公平劳动标准法案》，为许多雇员建立了每周工作5天，共40个小时的劳动标准。而在100年之后，降低到每周工作4天将成为许多国家和行业的劳动标准。在冰岛，这一劳动标准已经得到了成功的执行。当然，每天的工作时长也会缩短。在瑞典进行的一项实验表明，每天工作6个小时可以极大地提高工作效率、精力和提升幸福感。自动化，由机器来取代人的工作，都会迅速地变成现实，这不仅意味着机器人将成为我们的同事，也意味着所残留下来的工作文化将会宽松得多。

未来会有一天，父母不得不向他们的子女解释传统的办公室是什么样子的，或者作为曾经的标准，周一到周五朝九晚五地工作，每天早晚漫长的通勤时间是怎么一回事。

校园里的日子

同工作一样，教育也会发生巨大的变革。2020—2021年疫情封控期间在全球各地被迫关闭学校和进行家庭教育的实践让我们认识到这种措施的正面和负面效应，并从我们的错误中汲取经验。在未来，较低年龄（小学）的孩子也许是唯一在每个星期花上四五天的时间坐在真正的教室里学习的年龄群体。这么做最大的好处是方便上班的家长，以及让孩子们学会社交。更大些的孩子会在网课中进行学习（只要技术和带宽之间的缺口得到解决），按照半固定的时间间隔到校参加课外活动。学习将更注重技术培养、模块化教学，以及因材施教。让学生在学习的过程中不断积累各学科的结业证书和工作经验。

我们仍然会说"去上学"，就像老一辈的人说"检查电话留言机"和"播放磁带"一样。但是，到2038年，去上学也许只意味着在家中上网课，或者前往附近安装有交互式学习设备的学习空间。那会是与我们现在所了解的互联网教育截然不同的学习体验。多亏了触觉技术的巨大发展，这项技术可以模拟触摸感和运动感，从而让你可以感受到与实体对象直接交互的感觉。远程学习将会感受到"真实"，为实习技能训练和虚拟在职培训铺平道路。

关键在于（仍然是）技术。凭借着在2038年几乎无处不在的计算机和网络（2021年全球有十分之七的人使用互联网），数字学习会让人们极为便利地接受教育。这种便利程度是在20年前难以想象的。对于在过去因为经济负担而无法离开家去上大学，或者被困在一个教育质量较差的学区中的那些人来说，这是游戏规则的改变。提升技能将成为新的流行词，我们会看到人们能够以可负担的价格来购买教育。对于一些人，购买教育是为了取得证书，从而赢得职位晋升，更好的职位和更多的钱；对于另一些人，他们的动机将是追求知识本身。

金融科技

正如生活中的许多领域一样，技术会让金融领域发生天翻地覆的变化。大多数交易，不论数额大小，都已经实现电子化——在数字账户中瞬间转账。那些字节仍然代表着由国家政府发行并控制的传统货币——美元、欧元、日元、人民币、英镑等。到2038年，加密数字货币将日渐成为新常态，某些形式的加密数字货币甚至会取代美元成为全球储备货币。加密数字货币关键的吸引力（以及担忧）在于它们不是由国家发行并调节的，这意味着它们将不受政府的控制。

随着我们的生活几乎在每个方面都走向数字化的时候，加密数字货币就将顺理成章地成为我们日常的支付手段。（埃里克·亚当斯在2022年1月1日就任纽约市长的时候，要求以比特币的形式支付他前3个月的工资。）我们也可以合理地推断它终有一日会如大厦倾倒，而我们会把它当作失败货币的最新化身，聊作谈资，正如荷兰的郁金香狂潮。数字货币是否能取得成功，在很大程度上取决于各国政府能不能预防数字货币损害到它们提高收入和强化法律的能力。

技术巨头与亿万富翁

新冠肺炎疫情给人们带来许多意想不到的影响，其中之一就是少数人财富的大幅度增加，尤其是那些科技巨头。世界最富有的几个人所创立的市值达到数十亿美元的技术公司，在千年虫危机还是一个大新闻的年代，往往只是刚刚起步的小公司，甚至完全不存在。如今这个世界却指望着技术的各个分支，诸如医药技术、教育技术、清洁技术和生物技术等，能够解决它所面对的最紧迫的挑战。今天的一些十几岁的少年，或者刚刚二十出头的小伙子，会成为这些领域中的巫师，跻身于2038年的富豪之列。

在富人的财富以指数级增长的同时，评判谁是不是真正富有的标准也随之水涨船高。亿万富翁，而不是百万富翁，将成为富豪的新标准。甚至有人提出万亿富翁将成为现实，特斯拉公司的CEO埃隆·马斯克将会是头一个。

解决不平等问题

如果整个社会充满着公平和正义，那么因产业自动化或整个产业的消失而失业的那些人就能过得稍微好一点。到2038年，美国将落实全民基本收入，主要由（尽管并非出于自愿）极为成功的企业出资，包括那些在新冠肺炎疫情期间赚取了巨大财富的公司。越来越多的人会同意罗宾汉[①]始终是正确的。不过正确的是他所追求的目的，而不是他的手段。劫富济贫正是（正如它一直

[①] 罗宾汉，英国民间传说中的英雄人物，他武艺出众，是一位劫富济贫、行侠仗义的英雄。——编者注

是）帮助贫苦人民和维持经济平等的最直接手段，并且在这个过程中，它能够提升社会的稳定性和凝聚力。麦肯齐·斯科特式的处世之道将带动其他高净值人士通过有目标的捐赠来推动社会进步。

数字化制造与生活

在 2025 年之前，人们还会通过互联网来购买实体商品。这些商品不得不经过仓储、包装、分发和派送。但是，随着 3D 打印技术发展得更为高端，并且成本更为低廉，越来越多的产品可以通过数字终端直接制造出来：数字制造机，或者计算机控制的生产机床。到 2038 年，许多家庭和企业将拥有这种设备。我们将像我们的前一辈人憎恨他们的喷墨打印机一样憎恨我们的数字制造机。没有那些负责服务和维修的技术人员，没有那些供应原材料的企业，我们将陷入怎样的困境呢？多亏了这种新的按需打印技术，这个世界所产生的垃圾将会少得多；装满那些塑料小玩意漂洋过海（或者堵塞在港口里）的货轮也会少得多；大街上那些空空荡荡的橱窗（稍后会详细介绍）恰好可以用于安装这些数字制造机，以供本地社区使用。

环境问题：被拯救还是文明终结

在过去的 20 年里，我们目睹了充斥着塑料垃圾的海洋与河流、不断消失的冰川、痛苦的野生动物，所有这些带来了持久的紧迫感。新冠肺炎疫情迫使人们慢下节奏，减少出行，也让我们为这个似乎不可能重建的世界窥见了一丝希望。随着疯狂的人类活动在2020年减缓了脚步，一些高度污染的地区重新看到了蓝天，野生动物也重新出现在人们的视野里。

到2038年，由于我们在"人类活动大暂停"中学习到的经验教训，我们也许会更温柔地对待这颗星球。内燃机的逐步退出，疫情时代航空旅行的短暂崩溃，以及可再生能源技术的迅猛发展，将会构成一种新的规范，那就是对环境造成的影响越小越好。越来越多的人将具有道德抱负，自觉按照这种规范来生活。衡量个人碳排放量的智能技术让民众能够有办法看到他们的日常活动对环境和生物造成了多大影响。到2038年，科学家也会从食塑料菌种中开发出超级酶，从而最终控制住看似难以治理的塑料污染问题。

当然，一些国家在关注环境问题上会比其他国家更为卓越。德国已经制订了一个计划，准备逐步停止化石燃料的使用。到2038年，这个国家将结束它的燃煤时代。芬兰将在2029年停止使用煤炭。美国设定的目标是到2035年前实现100%使用没有碳污染的清洁能源发电。

那些化石能源企业的员工该怎么办？如果完全按计划进行，那些在经济上对煤炭有轻微依赖的国家将会克服煤炭行业的反对，提高其雇员在新行业的工作技能。一些失业的工人会在清洁能源行业找到工作。许多工人将进入改进基础设施的行业大军，去维护那些年久失修的基础设施。年轻一代中的一部分人会在2021年并不存在的一些领域中工作。接近绝迹的煤炭工业的文物将被送到世界各地的博物馆，一些煤矿地区将重新焕发生机，成为家庭度假胜地。

第十五章 2038年的世界

新一代能源

随着分布式发电和微电网（本地甚至跨地域发电）的广泛采用，技术将为这颗星球提供帮助。这些基础科技大多早已实现：太阳能、风能、水力、地热能、生质燃料、沼气，以及微动力设备。就像20世纪70年代到90年代的计算机一样，挑战在于让这些技术制造出更小、更强，成本更低廉的设备，并进一步实现网络化。人类将会在2038年前战胜这一挑战。

英国在推动家庭接受可持续能源方面一直走在前列。通过英国政府的"可再生供热刺激"计划，安装了可再生供热技术设备的业主，如太阳能热水器或生质燃料系统，就可以在7年间获得政府四分之一的补贴。一些英国家庭使用可再生能源技术生产少量的电能，并把这些电出售给国家电网，英国"智能供电保障"计划将会付钱购买这些电能。这些计划的效果正在累积起来：在2020年，英国全年发电量中只有1.8%属于煤炭发电，而在10年前这个数字还是40%。这个国家将在2050年前实现零碳排放。

一颗干渴的行星

干旱是人类所面对的最迫切的亟待解决的问题之一。到2038年，可饮用水甚至更为稀缺和宝贵。各国会为了争夺水资源而发动战争，甚至把它当作武器。改进后的海水淡化技术将帮助发达国家满足民众的需求，但那些欠发达地区将面对极大的水资源压力。除了庄稼枯萎，河流和湖泊也会干涸，人们将在荒漠中死去，以及大规模难民，甚至有更多的人会被迫流离失所。

谁想到会是木头

并不是所有的气候支持技术都是数字化的。谁会想到人类在经历了石器时代、青铜时代、铁器时代以及塑料时代之后，现代人类会进入木器时代呢？借助高科技工程木材，我们将能够住在古代传统木框架住房的一种变体中，或者在更为复杂的现代木制建筑物中，包括高楼大厦。由于打破常规的聪明才智（正如日本在 2020 年宣布的木制卫星所证明的），在现代生活中，没有什么领域是木头不能在某种程度上替代对环境有害的混凝土、塑料和钢铁的。正如我们已经发现的，木头相比这些材料有很多优势。它是一种可再生资源，它能固定碳，它可以循环利用，而且它看起来美观，就好像大自然知道自己在做什么一样。

再谈肉食

生物技术也是技术。素食主义的支持者曾经说过，如果有一种食物比肉便宜，比肉好吃，比肉健康，而且跟肉相比，对环境的破坏更小，那么就没有人会再想吃肉了，他们将被证明是正确的。人们发明了能够在实验室创造出美味、营养的蛋白质产品的技术。这些技术已经让世界上最发达地区的肉禽需求量出现下降。尽管一些人会坚持称只有动物的肉才是"真东西"，但这些人数在逐年减少。我已经可以预见到，会有一天顾客到餐馆里必须要求特殊的"肉食菜单"才能满足他们那肉食动物的欲望，就像现在的人们到店里可以要求一份素食菜单或谷蛋白菜单一样。蘑菇是备受欢迎的肉类替代品，它在《纽约时报》2022 年的年度食材榜中赢得了一席之地。我们也可以预见到都市蘑菇农场的出现。

同时，全球肉禽行业的萎缩将会让环境大大受益。困难在于，如何为这些蛋白产品起一个合适的名字。在21世纪20年代，蛋白技术企业会吹嘘它们的"素肉"有着这种或那种动物肉的质感和味道。到2038年，动物将不再是顾客们的偏爱点，因为更多的顾客会因此产生反感。

树的风潮

从城市出现开始，它们就为获得声望和居民而相互竞争。哪个城市的大楼最高？哪个城市有最丰富的艺术场景？哪个城市有最好的餐馆和学校？最有效的公共交通？在未来的20年里，我们会看到另一种竞争日益激烈：哪个城市是绿化度最高、最健康、最可持续发展的城市？

在钢筋水泥的丛林里，树木有着极大的益处：①它们能够抵消水泥和柏油路面的集热效应。②它们可以净化空气。③它们能够降低风速并吸收水灾溢流。④它们极大地增强了居民们的幸福感，降低压力，吸引他们外出和运动。

即使在新冠肺炎疫情（以及随之而来的对生活空间的重新评价）之前，大都市的领导者已经着手在生活空间中插入更多的绿色植物以满足人们对自然的渴望，并维持税收的基本面。乔治亚州的亚特兰大就为它作为"森林城市"的称号而自豪。但在城市之间，关于树木覆盖面积之冠的竞争却一直难以决出胜负。为了帮助解决一些相互矛盾的问题，Treepedia网站着手建立了大量基于航拍图像和街景数据的交互式城市地图。目前居于前列的城市是佛罗里达州的坦帕市（36.1%的树木覆盖率），还有几个城市的树木覆盖率也超过了25%，其中包括：布雷达（荷兰）、蒙特利尔、奥斯陆、新加坡、悉尼以及温哥华。墨尔本也在积极争取加入这份名单，宣布在2040年之前把树木覆盖率几乎翻倍，达到40%。在这个比例下，树木可以发挥出最大的降温效应。

乡村生活

除非你不得不在城市里的办公室上班，否则为什么不到乡村去生活呢？为什么一定要住在城郊，而不沿着乡间小路，走进你梦想的生活——不管是海滩上的别墅，还是加勒比海上的船屋。通过强大的通信技术，以及全新的工作方式，这一切突然变得可能了。

我们可能已经在目睹着这一趋势的形成。在新冠肺炎疫情之前，每个人都想住得离上班和娱乐的地方近一些，对于房产和服务的激烈争夺推动了房价上涨，使城市成为居住成本最高的地方。而乡村，有着较低的人口密度、生机盎然的环境、新鲜的空气，还有着神奇的传说。而这一切，都不再离我们那么遥远。我们比疫情之前更在乎安全问题，远离新冠肺炎疫情的安全，以及身体健康上的安全。而在这两个方面，乡村都是具有吸引力的。我们会更为敏感于新鲜空气对身体健康的好处，也更敏感于自然景观、"森林浴"，以及赤脚走在土地上、青草上或沙滩上对精神健康的好处。而且生存主义者以及其他末日论者（他们的数量正在增长）都很喜欢乡村。

各国小镇上的街道将迎来一次文艺复兴。经营不善、成本过高，以及网上零售平台和镇外的大型购物商场所带来的巨大竞争压力，让那些曾经被民众当作社交场所的店铺早就关门停业了。现在，小城大镇都在尝试用新的方式来利用它们的中心。在小镇上，就像在大城市一样，空虚寂寞的漫长人生是人们难以忍受的。他们需要机会和空间来打发时间，如与其他人共度时光。

当城市失去一大批最富有的纳税人之后，人们要如何来调整城市经济呢？城市的管理者能想出聪明的办法来吸引那些原本负担不起城市高房价的年轻大学生吗？乡村地区能够接收这些来自城市的移民吗？或者说，农民们希望这样吗？可以采取哪些措施来防止人们在可能破坏环境的地方或在易于受到极端气候影响的地区建造房屋呢？每次移民，无论是向着哪个方向，都会带来新的挑战。

随时准备战斗

正如我曾经说过的，寻求远离人群生活的末日生存主义者，以及其他人，将构成迁居到偏远地区的人口的重要组成部分。多年之前，我就讨论过"掩体心态"的出现。当混乱变成这个世界的日常现象时，希望躲藏在地堡之中的心态已经形成了一股新的趋势。这个趋势的极端表现就是末日生存主义者，他们中的许多人会储存各种商品（在美国，他们还会储备枪支）。

新冠病毒很可能会导致生存主义者的人数增加。这其中既包括更多的中坚分子，也包括只想为下一次危机做好准备的普通人。我们能够预见到，人们开始认真地进行物资储备（瓶装水、罐装食品、燃料），也会有企业涉足这个市场来满足大众新的需求（同时触发我们的恐惧心理）。现在你已经可以在沃尔玛超市中买到长期应急供应口粮。到2038年，高级公寓楼和住宅开发商不仅会吹嘘最新式的体育场馆和漂亮的业主俱乐部，也会夸耀楼盘中的应急措施。在美国，我们已经见到小镇警察部队装备了军用车辆、个人防护装备以及其他通常用于战场之上而不是交通违章处理的器材。那么距离全副武装的突击队员在高档社区巡逻还会有多长时间呢？

医　疗

对于那些出得起高价的人，在医疗技术上的进步将带来最前沿的治疗和改善身体的方法。为了数以亿计的迫切希望对抗衰老影响的人，医疗机构和技术专家会把抗衰老研究放在优先的位置。

今天的生物电极的植入，像植入起搏器使心率正常，植入电子耳蜗提高听力，只是对未来的小小预演。我们的操作系统所在地——大脑，也许是能够为改善生命提供最大可能性的器官。在大脑中植入的芯片可以帮助我们存储记忆，或者修复因受伤、中风或阿尔茨海默病而受损的脑组织。细胞移植和再生为脊髓受伤人士带来了恢复机能的前景。

迅速开发的新冠病毒疫苗让大众见识到了mRNA技术的神奇之处。在未来的几十年中，研究人员将更充分地利用mRNA药物的潜能来应对病毒类疾病。而随着CRISPR技术的快速发展，像囊性纤维化、多发性硬化等非传染性疾病的治愈将成为可能。同时，多种类型的癌症将可以被治愈。

但未来医疗技术上最大的进步，将体现在对21世纪覆盖最广泛、代价最高昂、症状最致命的疾病的治疗上：2 型糖尿病、中风和心血管疾病。这些疾病导致了全世界 80% 的非传染性死亡，但这些疾病的易感人群却几乎不可能迅速改变他们的生活方式来从根本上避免患上这些疾病。事实上，这一趋势正在向相反的方向发展。所以只有靠科学家来拯救这个时代了。

绝望的疾病

在不久之前，人们还广泛认为精神健康问题是可耻的，是一种不惜一切代价也要向老板、邻居，甚至家人隐瞒的痛苦。心理健康是禁忌的话题，只有在讨论如喜剧演员罗宾·威廉姆斯和画家凡·高这些受难的天才时，这种疾患才足以无伤大雅。美国人口统计局在 2020 年 12 月进行的调查表明，在美国有超过十分之四的人具有焦虑或抑郁症状，比前一年增加了 11%。与之类似，英国国家统计局在 2020 年 12 月进行的调查发现，19% 的受访者表现出抑郁的症状，比新冠肺炎疫情之前的数字几乎翻了一倍。

尽管新冠肺炎疫情加剧了这一问题，但具有焦虑、抑郁、滥用药物、酒精依赖和自杀倾向等症状的人群数量的增加早在几年前就常常成为新闻头条（包括与使用社交媒体的关联）。而卫生健康部门把这个问题称为"绝望的疾病"。来自联合国的一份报告指出，精神健康问题带来了巨大的社会和经济成本。而且自杀已经成为 15～29 岁年龄段人群死亡的第二大原因。在这些人中，许多人没有专业人士可以求助：在全世界，每 1 000 人对应的心理健康专业人员平均不到 1 个人。据估计，由于工作人员受到抑郁或焦虑的困扰，将导致全世界每年的经济损失超过一万亿美元。

从 2022—2038 年，这个世界将更明智地解决对精神健康人群的歧视问题，并投入更多资金寻求解决方案。我们将看到与可穿戴神经反馈设备一起工作的高度优化的应用程序，比如"Mendi and Muse"。治疗，无论是在线治疗还是面对面治疗，都将被视为人们健康工具箱中的标准工具，而不是需要隐藏的东西。而企业，无论规模大小，都会更认真地构建员工支持体系，包括成立员工资源小组，来推动构建多样化和包容性的工作场所，并营造更团结的集体观。

谣言时代的民主

维持控制对政府而言并不是一件小事。加密数字货币的兴起，集中在相对少数人手中的极大财富，以及气候变化的影响，都代表对国家稳定性（甚至对国家存在本身）的威胁。在一些国家开始或继续走向极权主义的超级大国的同时，另一些国家却向分裂主义屈服——分裂成更小的国家，以保持种族或宗教的纯粹并消除派系冲突。

在 21 世纪的前 20 年中，在全世界，我们已经见证了人们渐渐失去信心，不再相信民主制度可以解决人类所面对的最紧迫的挑战。从现在起的未来 20 年中，人们将不会再把民主视为最优（或者缺点最少）的国家制度。同样，技术对这一趋势的影响是显著的。

正如新冠肺炎疫情所证明的，我们对现实的共识正在崩塌。20 年前，你我之间也许会有分歧，但我们至少会对现实的基本构成达成共识，也就是基本事实。20 年前，也有一些人会异想天开，相信外星人、阴谋政治小集团或阴谋论，但他们只是极少数的个人或小团体中的成员。现在，以及在未来，这些个人和小组可以轻而易举地在网上找到彼此，聚集起人数达到百万计的巨大群体。在一个许多事实已经虚拟化（由屏幕作为媒介）的世界中，有着相当大的空间，可供人们通过他们定制的信息筛选通道，呈现给自己独特的"另一种事实"，从而让他们可以隐藏在他们各自不同的现实之中。

图像造假技术的快速发展将更进一步推动"另一种现实"的进化。人们可以利用影音素材制造出以假乱真的虚假现实。哪怕最大的谎言都可以借助官方背书的"纪录片式"视频证据得以广泛地传播。

尽管我们最年轻的一代人能够带来各种各样的积极改变，但图像造假技术的兴起会让各国政府和跨国组织更难以召集起足够的公众支持来应对诸如气候变化或物种灭绝这样的重大问题。而对非国家发行的数字加密货币的广泛使用也会降低政府收入。民主制度，不仅会在黑暗中死去，也会因人们的广泛不满和相互隔绝而凋亡。

非洲大陆

当所有的人都在关注中国的崛起时，我们常常会忽视位于中国西南方向，而且比中国、印度、大部分欧洲或美国本土加在一起还要大的一块大陆——非洲。这块大陆正在因第四次工业革命的划时代技术而受益。正如世界经济论坛将第四次工业革命评价为一次"以跨越了物理、数字和生物范畴的技术融合为特征"的变革。布鲁金斯学会在 2020 年进行的研究表明，非洲各地的经济增长仍将继续超过其他地区。当前，在非洲有世界上发展速度最快的十大经济体中的七家。

在非洲长期保持着与欧洲的经贸关系的同时，中国现在占非洲贸易总量几乎达到五分之一。非洲与亚洲其他地区、南美洲和中东地区的贸易联系也取得了进步。

从 2020—2050 年，非洲人口将翻一番。在 2050 年，这块大陆将成为 25 亿人的家园，其中一半人口的年龄小于 25 岁。展望未来，到下一个千禧年的时候，非洲人口将占全世界总人口的三分之一。而到下一个世纪之交的时候，全世界将近一半的年轻人将住在非洲撒哈拉沙漠以南地区。

就在其他大陆上的居民开始拉响走向乡村的汽笛的同时，非洲将走向相反的方向——城市化。在非洲，人口超过 100 万的城市数量已经同欧洲一样多。而这块大陆正走在同中国一样的城市化道路上。到 2030 年，非洲的一半人口将生活在城市，极大地提高生产效率，带动劳动力从农村向城市流动，推动高技术产业、服务产业以及生产制造业的发展。位于尼日利亚的电影产业，被称为诺莱坞，每年制作大约 2 500 部电影，它的产量已经大于好莱坞，仅次于印度孟买的宝莱坞。而 2007 年在肯尼亚开业的 M-Pesa 移动支付公司，现在已经被视为世界移动金融市场上的排头兵。

非洲是一块丰饶的土地，但是，正如印度一样，过高的婴儿死亡率、较低的预期寿命（2021 年出生的女性预期寿命为 66 岁，男性为 63 岁，相对应世界平均值分别为 75 岁和 71 岁）、缓慢的

第十五章 2038年的世界

就业市场发展、一些国家孱弱无能的政府，以及在气候变化下极为脆弱的生态环境，都延缓了这个大陆向着更现代化的经济体转变的进程。

美洲大陆的另一半

国家或者地区的未来并不是用混凝土浇筑而成的。这些国家或地区如何利用它们的优势（如自然资源、接入贸易路线等），如何对待超出它们控制的客观存在，决定了它们的命运。谁会想到在二十世纪四五十年代饱受战火摧残的韩国，会成长为一个富有、教育程度高、技术先进的强大经济体呢？谁会想到，仅仅经历了两代人，中国就走出了政治动荡和贫穷，成为拥有不断增长的中产阶级群体的世界第二大经济体呢？谁会想到，冰岛这个曾经贫瘠的、人口稀少的北大西洋岛国，会发展成世界最先进的信息社会，取代韩国成为ICT发展指数（衡量信息化和通信业指标）之首呢？"谁会想到"的类似说法也同样适用于其他国家，包括但不限于日本、爱尔兰、德国、芬兰和新加坡。以这样或那样的方式，这些国家或地区克服了重重困难，取得了令人震惊的发展。

在南美洲，这一趋势（至少现在）却正在背道而驰。在20世纪80年代末油价直线下跌之前，委内瑞拉在长达几十年的时间里一直是一个富裕的国家。经济问题导致政治混乱，乌戈·查维斯在1998年当选总统，等到他在2013年去世的时候，在包括美国经济制裁等多种因素的影响下，委内瑞拉的经济出现了进一步下滑。由于受到物资短缺和通货膨胀的困扰，大约460万委内瑞拉人（约占总人口的 16%）作为经济难民逃离了这个国家。同委内瑞拉一样，阿根廷在一个世纪之前曾经是世界上最富有的国家之一。但随着一直延伸到 21 世纪的政治动荡、债务违约、高通货膨胀的一次次循环，它的经济地位早已大不如前。尽管面对着经济衰退，但它仍然是拉丁美洲最大的经济体之一，拥有大约 4 500 亿美元的 GDP 总量，在农业和能源方面也拥有大量的自然资源。

那么从现在到 2038 年这段时间会发生什么呢？拉丁美洲的这些国家中，既有大国（巴西、阿根廷、墨西哥），也有小国（萨尔瓦多、哥斯达黎加、巴拿马）。尽管这些国家之间有着巨大的差异，但这些国家的未来中都具有或多或少类似的劣势：

政治：体制落后、让人难以信赖的行政管理、缺乏民众的政治参与、滋生暴力和腐败。

经济：过于依赖原材料，较低的生产率增长，低水平的储蓄额和投资额。

人员：教育质量差，缺乏创新能力。

在美国近期发生的事件表明，即使在长期有着公民参政和政治稳定的国家中，民主制度也不是刀枪不入的，更不用说在那些不够稳定的国家了。几十年来，许多拉丁美洲国家都难以维持具有广泛支持并平衡各方利益的稳定政治体系。相反，无论是通过政变，还是最终转变为独裁的"民主"接管，许多国家都会在某个时刻落入实行军事独裁的铁腕人物的统治之下。其中包括：乌拉圭的博达贝里、巴拉圭的斯特罗斯纳、巴西的卡斯特洛·布朗库、智利的皮诺契特、阿根廷的魏地拉和加尔铁里、巴拿马的诺列加、危地马拉的里奥斯·蒙特。这些地区的人民也常常将希望寄托在善于利用贫富差距和怨恨的民粹主义者身上，著名的有阿根廷的胡安·裴隆、危地马拉的查维斯和现在的马杜罗、巴西的博索纳罗。

总的来说，这些铁腕人物和独裁者会使动荡的社会趋于稳定，哪怕是通过威吓和镇压人权。然而，结果表明铁腕定律是一条死胡同，它并不能带来国家应对当前种种问题所需要的那种发展，更不用说为未来做好打算了。我们已经在拉丁美洲国家对新冠肺炎疫情的应对上看到了证明：它的感染率和传染率都处于世界最高水平。

当我们思考这个地区的发展方向时，我们看到了民众对民主制度的支持率处于下降之中，尤其是在那些最年轻一代的选民以及即将进入选票年龄的准选民中间：那些处于16～24岁年龄段的青年。美国国家民主基金会称民主制度"岌岌可危"，而"对于信息源，包括传统的新闻媒体和科学家的不信任"更加剧了这种下降的趋势。

不过，尽管在拉丁美洲地区始终有着不断发酵的腐败丑闻、愈演愈烈的社会暴力、虚弱无力的法律制度，但我同其他人一样，有理由看到希望。互联网的接入和普及为该地区的年轻人提供了新的成功途径，创业精神在各国逐渐兴起。在拉丁美洲的企业家中间，洋溢着显而易见的乐观精神：马扎尔企业管理层指数发现在拉丁美洲接受调查的企业高层管理人员中间，有91%的受访者预期他们的企业收入会在2020年出现增长，相对应的全球平均值为 71%。对未来持乐观态度的原因包括技术进步，以及采用曾经保护了更发达经济体的商业模式，如远程办公。

走向合作的必然

多边、多国、多语言、多种族、多平台、多代。对于孤军奋战的任何企业和个人而言，这个世界都过于复杂了。这又让我想起了我在多年中一次次引用的伍德罗·威尔逊的名言："我不仅运用自己全部的智慧，还虚心地向所有人请教。"这是我非常青睐的处世之道。

在商业领域，我们尤其看到人们对于合作和协作的日渐重视。比如非营利性组织 Accumulus Synergy 是一个数据分享平台。它汇集了 10 家生物制药公司（安进、安斯泰来、百时美施贵宝、GSK、杨森、礼来、辉瑞、罗氏、赛诺菲和武田），"改变药物创新者和卫生监管机构的互动方式，从而更快、更有效地为患者提供安全有效的药物。"还有 Climate Collaborative，这个由几百家公司组成的独立组织，致力于"（利用）天然产品业的力量来逆转气候变化"。

我非常期待我们能看到政府与私人企业深度合作的扩展，正如我们在 20 世纪所看到的通用电气公司与 NASA 在阿波罗 11 号项目上的合作。

总体上，这些从现在到 2038 年形成并进一步加强的趋势，说明了我们的世界对于其自身长期存在所面临的威胁是高度敏感的，也说明了人们已经广泛意识到了当前世界的运行方式（也就是人们工作、生活于其中的世道），并不是我们对未来所期望的样子。

第十五章 2038年的世界

在某些方面，这是富有希望的。解决问题的第一步必须先接受问题的存在，而在当今很少有人还会宣称，我们未来的道路是平坦笔直的。数字是可怕的，人们是惊恐的，空气中充满了变革的味道，而艰难的工作就要开始了。

结论　这会给我带来什么

既然你已经接受了我的分析和预测，那么该是时候把这些预测应用到你独有的环境和目标上了。第一步是保持对社会现象和规律的关注。如果说，你已经从我在交错的时空旅行中学到了什么的话，我希望那就是打开你的眼睛和耳朵，去发现我在本书中尚未提到的趋势，或者目前还没有在文化层面、社会政治层面凸显出来的趋势。要敢于提问，提出具有深度的问题，不要仅仅接受那些表面现象，学会分辨那些昙花一现的时尚和耐得住时间考验的趋势。你还要考虑到所有负面的影响，但永远不要忘记问问自己，在这些正在发生的社会现象中有哪些正面的意义，有哪些你可以支持和欣赏的。在你对未来的思考中加入乐观主义，无论是近期的还是遥远的未来。然后，为了建立一个让大家更为满意的人生，想一想你在今天就可以做哪些事情。

在《地球村：21世纪的世界生活与媒介的变形》中，马歇尔·麦克卢汉写道："21世纪最伟大的发明将会是发现了人并不应该以光速去生活。"从2020年到2021年，世界上的许多地区都突然停顿下来。一如往常，这仍然体现了一种阴阳的转换关系。我们不喜欢这个世界停下脚步，但我们喜欢它让我们有时间去思考，去构想一种新的生活方式，去决定什么才是最重要的。那些能够在家中工作的人欣赏家庭生活环境的改变，尽管同时我们也为这种改变而恼火。我们在家中重新认识了我们的家人，在社交媒体平台上重新加深了与朋友的联系，并且远离那些我们曾经以为是朋友的人。我们发现新的兴趣，我们深深地呼吸，我们仰望天空并且去思考，也许是头一次，我们的生活应该是什么样子。然后，随着越来越多的人接种了疫苗，越来越多的工作场所重新开放，一些人回到"之前"的生活中去，一些人则适应了混杂着改变的"之后"。

这里写下最后一个预言：许多人在 2038 年的梦想将是一种缓慢的生活，正如我们在 2020 年和 2021 年的那几个月中所经历的生活。早在新冠肺炎疫情成为头条新闻之前，我们就看到了这种趋势。慢运动，最早被称为"慢食运动"，开始于罗马西班牙台阶脚下的西班牙广场，为了抗议一家麦当劳餐厅的开业。考虑到意大利人更愿意享受"dolce far niente"（无所事事的幸福），这倒是一个合适的场景。几年后，在意大利的基安蒂和多斯加尼，诞生了"慢城运动"，以帮助城镇真正慢下节奏，来追求更美好的生活质量。今天，全世界的城市都成了"慢城运动"的成员，每座城市都在致力于实现更缓慢的、更有意义的生活，并反对大规模生产文化。

随着越来越多曾经实现了中产地位的人拒绝承受激烈竞争的生活方式的巨大压力，"慢下来"将成为全世界共同的呼声（对于在最贫穷国家中的，仍然在为生存而挣扎的数以亿计的民众来说，这种压力很可能被认为是"第一世界的问题"）。而消费阶层中的那些幸运者,将会与他们的家人和朋友一起,聚拢在诺迪克人所谓的"知足如盛宴般美好"或"完美—简朴"或荷兰所流行的"hygge"的哲学思想周围。"hygge"在荷兰语中意为"慵懒的归属感",这种为社会流动所提供的安全空间,已经成为我们许多人应对我们那日渐严重的焦虑的一种解毒剂:这艘"救生之舟"可以让我们更加轻松地驶过充满着不确定性的未来。这种更缓慢、更恬静的生活很可能正适合这个世界上,许多老年人占据更大比例的地区,显然如欧洲、东亚和拉丁美洲。中国年轻人已经开始支持一种被称为"躺平"的处世之道,这正是对工作和竞争中的无情压力的一种反应。品味属于自己的时光将会是许多人可以负担得起的一种奢侈。

我在20世纪90年代生活在阿姆斯特丹的时候,体验过一种"躺平"文化。对于我这个好动的美国人,那是让人眼界大开的体验,是无数充满着富有意义的对话、真正的心灵相通的慵懒傍晚。没有网络、没有刻意的迎合、没有长长的排队,只有享受和其他并不完美的人类(这恰恰是一种完美)共度的时光。在这种傍晚,焦虑会慢慢融化、消失。25年后,我仍然渴望荷兰人对于真实、平和、社交和稳定的看重,并且当我在一个飞速前行的世界中航行之时,我一直试图重新抓住这种感觉,有时成功,有时失败。

不管你是谁,不管你的信仰如何,你都必然想在一个安全的空间睡去和醒来,有一个安全的空间来接纳你的孩子,以及你所关心的人,还有关心着你的人。

在我与其他人一起写作《未来》一书,预测新千禧年的生活和工作的时候,我还生活在荷兰。得益于全新的网络连通性的第一线工作（我们当时正在帮助互联网服务先驱美国在线构建发展的动力，这家企业现在已经将业务扩展到全球），我们准确地看到了数字经济的重要性、美国霸权的终结，以及许多曾经标志着生活的各个不同领域的无形分裂的恶化——家庭对工作、教育对娱乐、营养对药物，所有的界限都开始变得模糊。但我们完全没有预见到自我的崛起，或者更准确地说，是让20世纪70年代的"自我十年"相形见绌的高度关注自我的兴起。

到2013年，我们无法忽视自我专注文化（那一年"自拍"成为牛津词典的年度词汇）的兴起。在我为2015年进行的一场讲演中，我预测"自我"将成为那个时代的关键词，并不是靠它自己，而是一种组合：自我描画、自我模仿、自我参照、自我痴迷。"自我"就像一根红线，串起了从流行文化偶像到博主到高雅文化的卫道士们口中、笔下的每个字眼。

我在当时说过，自我的一切，让人们感到它无处不在。在诸如自信、自尊、自律、自爱等一系列健康指标的推动下，塑造出一个积极的自我形象。如今，这已经成为所有人心中的一件大事。换句话说，自我提升已经成为自我保护的一种必要工具。在我们把"自我"那略少自我参照色彩的表亲——"个人"或"私人"这些字眼加入其中的时候，这一趋势甚至愈加惊人。私人教练、个人电脑、个性发展和个人品牌都关注的是个人。

"自我"也有着另一面：无私。帮助他人已经成为自我感觉良好的重要组成部分。我们热爱积极行动、合作共赢和利他主义，因为它们带来满足感，增进人际关系，推动我们在商业和集体中的发展。

自私与无私,这两个方面充斥在生活的方方面面之中。这种趋势将持续下去,而且会进一步加速,因为正如我们渴望生活慢下来一样,恒定的连通性让我们总是在关注自己的得分。每时每刻,我们都不得不扪心自问:我做得好吗?我是否帮助了他人?我给谁带来了好处?是这颗星球上的所有人?我的集体?还是只有我自己?

永不终止的压力会推动我们以更高效的方式去追求我们所渴望的,去扩大我们掌控的能力,去改善我们所能呈现的面貌——以及更愿意让技术去实现原本只能在科幻小说中见到的场景。2005 年,发明家兼未来学家雷伊·库日韦尔所幻想的 21 世纪 30 年代的未来中,"思维上传"将成为日常现象,而"纳米机器"将被安装在大脑里用于接收信号。而对于 21 世纪 20 年代剩余的部分,库日韦尔预测计算机将能够"自动学习并建立新的知识",而且大多数人都可以拥有超级计算机:"1 000 美元的美国个人计算机将会比人类的大脑强大 1 000 倍。"

我期待这种相互平衡,这种二元性:一边是缓慢而舒适、人道、无私和温暖,另一边是涡轮增压般的快节奏、自恋和机械。

弗兰克·R.斯塔顿在 1882 年发表《女人,还是老虎?》,是一篇被一代代孩子们喜爱的儿童故事。在故事中,一位时而残忍、时而人道的国王统治着大陆。他设计了一种独特的方法来审判案件:他让人把受到犯罪指控的人带到竞技场。那里有两扇隔音的门。在一扇门后面是一位被认为与他门当户对的女人。如果他选择了那扇门,他就必须迎娶这个女人。而另一扇门后面是一头猛虎。如果他打开门，老虎就会猛扑出来。惨死？还是新婚？机会将驱使这个男人选择哪扇门呢？

我们的情况和这个人相似，但仅仅在一个方面。我们有历史，而且我们知道我们是如何走到此刻的场景之中的。我们并不需要被迫盲目地做出选择，一心只希望能碰上好运。我们可以采取行动，保证自己能够安全地离开竞技场，其中最重要的行动包括：重新评估我们对成功的定义和我们充满物欲的野心；应对现代生活的混乱所导致的心理健康挑战；与我们的行星地球构建一个全新的、更适当的关系；消除性别、种族和财富上的不平等；通过灵活的边界来实现稳定性和确定性；着重于合作而不是竞争；在我们的自我感与集体感之间取得平衡。有很多工作亟待完成，而且有两个截然不同的未来在等待着我们，一个未来将迎来人类的进步，而另一个则走向灾难。

到2038年，我们会知道我们选择了哪扇门。

原文索引及参考文献等内容
请扫描以下二维码进行阅读